公務員を
めざす人に贈る

行政法
教科書
第2版

板垣勝彦

法律文化社

第2版はしがき

　5年前に刊行した初版は，読者のみなさんから非常に好評をいただき，このたび第2版を刊行する運びとなりました。書名のとおり，「公務員をめざす」学部生・大学院生に向けた本ですが，それだけではなく，法科大学院生や法曹実務者にもご愛読いただいたことは，たいへん心強く，また嬉しく思います。

　この間，辺野古紛争や泉佐野市ふるさと納税事件などを巡って重要な最高裁判決が相次いだり，個人情報保護制度について一元化が図られるなど，行政法を取り巻く環境は大きく変化しました。改訂に際しては，初版で好評を博したコンパクトかつ読みやすい説明を大切にしながら，最新の立法・司法・行政の動向を反映させるとともに，行政判例百選・地方自治判例百選の改訂にも対応させるなど，随所でアップデートを施しました。また，読者のみなさんから寄せられたご意見やご感想を参考にしつつ，誤解されやすいポイントや説明を補った方がよい箇所など，授業や試験を通じて気付いた点についても加筆しています。その一方で，新型コロナウイルスの感染拡大を受けたリモート授業のYouTubeでの動画配信（https://kibatai2004.com/lecture/）を引き続き活用していただく見地から，ページ数の増減がないように工夫しました。引き続き，この本をご愛読くださいますよう，よろしくお願いします。

　改訂に際しては，法律文化社の畑光さんと徳田真紀さんから多大なご助力をいただきました。心から御礼を申し上げたいと思います。

　　令和5年5月

板 垣 勝 彦

はしがき

　この本は，主に2単位・15コマの授業で「行政法」の全体を講義する場合に用いられる教科書です。法学部の多くでは4単位・30コマないし8単位・60コマの授業が「行政法」に割り当てられているのですが，非・法学部の教養科目において，2単位・15コマの授業で「行政法」の全体を講義しなければいけないところも少なくありません。そうした大学では，行政作用法と行政組織法（の一部）を取り扱って，やむなく行政救済法は割愛することも多いと思います。しかし，それでは行政法の全体像を伝えることは難しいですし，公務員（とりわけ地方公務員）を志望するみなさんのニーズに応えることもできません。公務員試験では，行政救済法まで範囲に含まれるからです。行政救済法まで含めた行政法の全体像を1つにまとめるのは，決して簡単ではありませんでしたが，講義ノートを基に体系を思い切って組み替えたり，相互参照を活用するなど，いろいろと工夫を凝らしてみました。もちろん，4単位・30コマの授業の教科書として用いることにも対応しています。歴史や思想，社会問題に関する記述も，私が教壇に立った経験上，みなさんの興味をひき，難しすぎず，理解の助けとなる範囲で盛り込みました。

　また，この本は，自習用のテキスト，つまり，みなさんが手元に置いて何回も繰り返し読むための「読み物」でもあります。単に語句を覚えたり，重要なフレーズに下線を引いたりするテキストならば，受験対策用の本で十分でしょう。ですが，そのようなやり方で勉強をするのは苦痛ですし，何より知識も身に付かず，理解もできません。そうではなく，行政法の基本的な考え方を着実に身に付けてもらうことが，この本のねらいなのです。どうしても行政法のテキストは複雑な制度趣旨や組織原理の説明が多くなり，引用される条文や判例も長いので，読んでいて疲れる傾向があります。そうならないように，可能な限り短く簡明な記述を心がけましたが，説明しづらい概念に対しても決して逃げずに，説明を加えています。正直なところ実務ではまず不要な概念や学界では過去のものとなった議論についても，試験に出題される以上は割り切って取

り上げました（記述のメリハリで，そのあたりの取捨選択の心理を読み取ってもらえればと思います）。公務員試験を受験される方は，この本を繰り返し読みつつ，過去問題集を繰り返し解いてみてください。実戦的な問題集と併用することで，相乗効果によって，知識・理解の定着度合いは飛躍的に高まります。「公務員をめざす人に贈る」という書名には，そうした願いが込められています。

　この本の内容は基本的な事項が中心ですが，法科大学院の授業の経験を基にしており，法科大学院入試における行政法の既修者認定はもちろんのこと，司法試験に向けた基礎知識の定着にも活かすことができるはずです。短答式試験が廃止された現在，行政法では論文式の事例問題しか出題されないため，覚えなければならないことはそれほど多くはありません。私自身，法科大学院の1期生でもあり，必修の7科目と選択科目に取り組まなければいけない法科大学院生の負担の重さは誰よりも承知しています。学問の最高水準を追究するテキストの重要性は疑いありませんが，みなさんに到達してもらいたい現実的な水準を示すことも大切です。だからこそ，研究者が書いた本ではまずふれられることのない，みなさんがつまずきやすく，理解の不十分な《**学習のポイント**》について，あえて強調しています。わかりやすさだけでなく，正確な理解——できれば，みなさん自身の言葉で，行政法の考え方について説明することのできるような水準の——がなされるように，心がけました。とにかく読者本位に徹した私の気持ちを読み取ってください。

　そして何よりも，執筆の際には，みなさんが試験を突破した後にも，この本を繰り返し参照してほしいという思いを，常に心に留めました。高校受験や大学受験，就職試験，資格試験を問わず，試験というのはそれをクリアするだけではなく，そのために身に付けた知見をクリアした後の人生に活用してこそ，意味があるものです。格好良い表現は使わず，可能な限り「頭に残る」説明を行ったため，何度も読むことで，知識も理解も定着することでしょう。その上で，私自身の若干の行政実務の経験や，都道府県・市町村での職員研修，そして審議会などを通じて会得した「実務に役立つ」知見を盛り込みましたので，法治行政の実現のために，ぜひ役立ててください。

　約10年前，行政法の研究を始めたとき，指導教授であった交告尚史先生は，北村和生先生ほか著『行政法の基本』に書いてあることはきちんと身に付ける

ようにと話されました。この名著を刊行している法律文化社から教科書を発行できることは，たいへんな光栄です。私に声をかけてくださり，企画・編集に尽力されて，時間をかけた執筆を辛抱強く待ってくださった上田哲平さんには，心から御礼を申し上げたいと思います。

平成30年3月

板 垣 勝 彦

[増刷にあたって]

　新型コロナウイルスの感染拡大を受けて，大学の授業もリモート方式で提供する機会が増えました。この本の内容も，YouTube にて動画配信していますので，関心のある方は，私の個人ホームページ https://kibatai2004.com/lecture/ を参照してください。

令和3年2月

板 垣 勝 彦

目　次

凡　例

▶ ことば……重要な語句についての説明です。学習を進める上で引っかかりやすい概念や紛らわしい概念を中心に取り上げました。

▶ 判　例……リーディングケースとなる重要な判例の事案と判旨の説明です。より高いレベルをめざす方は，判例百選や原文に当たってください。

▶ システム……特徴的な法律のシステムについて，短くまとめました。

▶《学習のポイント》……はっきり言って学問的な事項ではないけれども，みなさんがつまずきやすいところについて，学習のコツを書きました。

▶ ＊……関連事項や応用・先端的な事項の説明なので，最初は読み飛ばしてもらって構いません。

▶ §……法律，政令，省令，条例などは，引用が必要な場合に限って掲載しました。現在は IT 技術の発達で，細かい法令もすぐに参照できますので，ぜひ実際の法令に当たってください。

▶ Tea Break……私が行政法に興味をもったきっかけなど，好きなことを書きました。

▶【タイプ1】〜【タイプ4】……この本の工夫として，行政法で問題となる紛争類型を4つのタイプで示しました。少し変形したりすることもありますが，この4つを身に付ければ，ほとんどの行政法の事例はマスターできます。

▶ 百選Ⅰ／百選Ⅱ……本文中の「百選Ⅰ」「百選Ⅱ」は，斎藤誠・山本隆司編『行政判例百選Ⅰ〔第8版〕』『行政判例百選Ⅱ〔第8版〕』（有斐閣・2022）を指しています。また，「地方自治判例百選」は，小幡純子・斎藤誠・飯島淳子編『地方自治判例百選〔第5版〕』（有斐閣・2023）を指しています。

《行政法で問題となる紛争類型の4タイプ》

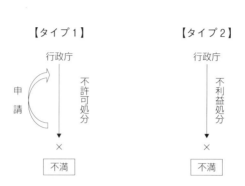

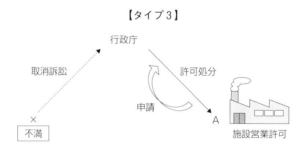

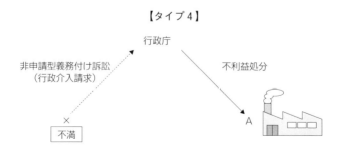

第 1 節　行政法の存在理由

1　行政法とは

　行政法とは, 行政活動を法的にコントロールするためにある法律の分野です。一般には, 行政活動が法律に則って行われているか, チェックすることが, 行政法の役割です。したがって, 行政法について理解するためには, そもそも行政は何のために存在しており, なぜ行政活動を法的にコントロールする必要があるのかについて, 簡単に理解しておく必要があります。

2　行政の存在理由

　ご存じのように, 都道府県知事（大抵の場合は, 保健所長に権限が委任されています）から営業許可を受けずにレストランを開店して営業すれば, 無許可営業として処罰されます。しかし, この世の中に行政が存在しないとすれば, どうでしょうか。保健所も当然ありませんから, レストランを開店することも自由ということになります。

　ところが, 誰でも好き勝手に営業を行ってもよいこととすると, 必ず, 店によって品質（ここでは衛生）の管理にばらつきが生まれます。真夏の暑い時期に冷蔵もしないで食材を提供するレストランでは, しばしば, 食中毒が起きることでしょう。

　でも, 心配は要りません。食中毒で入院して50万円の費用がかかった人は,

あとから不法行為に基づく損害賠償を請求することができるからです（民法709条）。損害賠償金50万円をお店から得ることができれば，被害者はプラスマイナスゼロで，（金銭的には）埋め合わせがなされるというのが，民事法の発想です。そして，市場主義的にみても，食品の衛生管理が不十分なお店はやがて悪評が広まり，市場競争において淘汰されていくから，行政が規制する必要はないという理屈になります。

　ですが，ここまで説明を聞いた人ならば誰でも，「そもそも，最初から衛生管理をきっちりできる人にだけレストランの営業を認める制度にすれば，食中毒にかかる人が生まれずに済むのではないか」という疑問が浮かぶでしょう。民事法だけが存在する世の中では，必ず誰かがサンプルとして悪質なレストランの犠牲になります。あとからお金を払ってもらえればよいとはいっても，当事者間の解決には，時間もお金もかかります。それだけではなく，不幸にも亡くなったり健康を害したりすれば，取り返しがつきません。

　こうした公共の利益（法律学では，しばしば「公共の福祉」とか「公益」などと表現されます）を代表して行動するのが，行政の第一次的な役割なのです。最近では，「安心，安全」という言葉で表現されることが多い，おなじみの思想です。近代国家の最低限の役割は，国民の「安心，安全」を守ることにあります。

3　行政を法的にコントロールすることの意義

　それでは，そうした行政活動について，なぜ法的にコントロールする必要があるのでしょうか。公共の利益のために活動しているのだから，応援されこそすれ，コントロールされる覚えはないと言えないでしょうか。

　食中毒が起きるようなことが一切ないようにするには，どうしたらよいでしょう。誰でも思いつくのは，規制を厳しくすることです。一罰百戒の精神で，どんなに些細な食中毒事件が起きた場合であっても，即，営業許可を取り消すこととすれば，品質管理は厳格になり，多くの食中毒事件は起きなくなるとも思われます。

　でも，そのような窮屈な規制の下では，誰もレストランを営みたいとは思いませんよね。あまりに規制を厳しくしすぎると，商売にならないので，飲食店を営業しようという人がいなくなってしまいます。そのようなことは，おいし

い料理を食べたい国民全体の幸せにとってもよくない事態です（さらに言えば，一定限度を超えると，いくら規制を厳しくしてもその割に食中毒は減らなくなるので，費用対効果の面からも望ましくありません）。

　行政による規制は，度を越すと，私人の権利を不必要に制限することにつながりかねません。何事もほどほどが肝心なのです。そうした不必要な制限が起きないためにはどうすればよいか。そのための知恵が，みんなでつくったルールによって，行政活動を管理するという発想なのです。

　程度の差こそあれ，私人の活動を規制するような行政活動は，濫用される危険性が構造的に高いので，国民の代表である国会が制定した法律のコントロールの下に置くべきである。これが，行政法が必要とされる理由です。

＊　国家観の変容と行政・行政法

① 　市民革命と権力分立

　行政法は行政活動を法的にコントロールするための法領域なので，行政活動のあり方に強く影響を受けます。行政活動のあり方は，その時々の国家観（国家に対する見方）によって左右されてきました。

　近代西欧では，17〜18世紀の市民革命の後，国王権力を制限するための原理として立憲主義が発達してきました。具体的には，国王の権力から①立法権（議会）と②司法権（裁判所）を奪い，これらを独立させることで，権力同士の抑制と均衡を図ったのです。

　このとき，国王の手元に残ったのが，行政権なのだと考えられます。つまり，国家権力から①立法権と②司法権を除いた残りが，③行政権なのです。これを**控除説**とよびます。

② 　夜警国家観と規制行政

　社会契約説がいうように，国家の存在意義は，国民を「万人の万人に対する闘争」（ホッブズ）から保護することにあります。特に行政には，国民から集めた税金により運用される統治機構を通じて国民の生命・身体を守ることが，最低限，要請されます。

　とはいえ，市民革命が終わったばかりの時代には，再び国王権力が肥大化することは何としても避けなければなりませんでした。そこで，19世紀の主流の考え方は，国王に残った行政権は，治安維持など必要最小限に要請される活動だけをしていればよいというものでした。このような国家観を，**夜警国家観**とよびます。夜警国家観の下では，国家の役割は，徴税権，警察権，軍事・外交権などに限られまし

た（ここで**警察**とは，警察官の行う治安維持に限らず，食品の衛生や建築の安全を確保する活動を幅広く含む概念です）。

行政は，公共の利益のために市民の自由を制限する**規制行政**（侵害行政とも）だけを行っていればよいとされたのです。市民の福利を増進する活動などは考慮の外に置かれ，国家権力が私的自治に介入することなど，もっての外でした。憲法では，自由権的基本権に対応する考え方です。

③　社会国家政策と給付行政

ところが，20世紀に入り，私的自治・契約自由（国家の市場経済への自由放任）を絶対視することが，社会の中での「格差」の拡大を助長しているのではないかとの懸念が示されるようになりました。そこで，私人間の格差を是正する目的で，私的自治・契約自由の原則に制限を加える労働法，経済法（独占禁止法），消費者法などの法規制が施されるようになり，さらには，社会保険，社会福祉，公的扶助といった**給付行政**の拡大による**社会国家政策**がとられるようになりました。このように，社会国家政策の下で注目されるようになったのが，給付行政です（憲法では社会権的基本権に対応します）。

④　現代では

20世紀の終わりになると，社会国家政策が国家の役割の肥大（行政国家現象）を招いていることが各国で認識されるようになりました。財政的な困難にあえぐ一方で，災害・リスクに対応するために，国家に期待される役割は拡大の一途を辿っています。私は，国家に対してあまりに過剰な役割を期待することは，限られた行政資源を有効活用していくことが求められる現状からみて，非現実的であると思います。これからは，行政資源を本当に取り組まなければいけない課題に絞って集中的に投下していくための理論と実践を構築することが必要になっていくでしょう。

ことば　「行政」概念

憲法65条は，「行政権は，内閣に属する。」と定めています。通説である控除説では，「行政」というのは，すべての国家作用のうちから，立法作用と司法作用を除いた残りの作用であると理解します。

控除説は歴史的な経緯にも合致しており，「行政」という領域の懐の深さをある意味で表現しているのですが，定義としては消極的に過ぎるきらいがあります。

かつて田中二郎博士は，「行政」概念を，「法の下に法の規制を受けながら，国家目的の積極的な実現をめざして行われる全体として統一性をもった継続的な形成的活動」として積極的に定義することを試みました（田中二郎『行政法総論』（有斐閣・1957）22頁以下）。

《学習のポイント》 **法律による行政の原理と行政組織法**

　第2節と第3節は，この本を読み解いて，行政法の世界に入り込むための約束事のような部分です。面白い内容ではありませんが，わからないなりに一読してから，第2講以下に進んでください。最初は理解できなくてもまったく支障ありません。

第2節　法律による行政の原理

1　総　説

　「法律による行政の原理」というのは，あらゆる行政活動は法律に従って行わなければならず，法律に違反してはならないという原則のことです。法治国原理とよばれることもあります。元々は国王と議会との間の権力争いから生まれた考え方なのですが，歴史的な経緯はともかく，現代の民主主義国家では，行政権が権限を恣意的に行使して国民の権利を損なうことのないように，国民代表である議会の制定した法律によって行政権をコントロールしよう——そして，行政権がきちんと法律を遵守しているかは裁判所に判断させよう——という発想で理解すれば十分です。「法律による行政の原理」は，法律の法規創造力，法律の優位，法律の留保に分かれます。それぞれについて，みていきましょう。

2　法律の法規創造力

　国民の権利を制限したり，国民に対して義務を課すことは，「法律」という名の規範を用いなければできません。これが，**法律の法規創造力**という考え方です。「法規（Rechtssatz）」には特別な意味があり，「国民の権利を制限したり国民に対して義務を課すことのできる規範」のことを指します。つまり，「法規」は「法律」という法形式によってのみ体現することができるという意味なのです。

　憲法41条によれば，この「法律」という法形式を制定できるのは国会だけです。つまり，国民の代表である国会が——公共の利益を守るために，国民自身

の自由を縛るものとして——制定したからこそ，「法律」は，国民の権利を制限し，国民に義務を課すことが許されるのです。そこには，人の自由を拘束することができるのは，その人の自由意思による同意のみであるという自由主義の理念が現れています。

　法律の法規創造力は，とてもわかりやすい原理です。しかし，実際には，法律では一般的・抽象的な規律しか行われておらず，具体的な規律については，行政の定立する政令・省令（行政立法）に任せている局面が少なくありません。これを委任命令とよびます。程度問題なのですが，あまりに法律が具体的な規律を政令・省令に丸投げすること（白紙委任）は許されません。

3　法律の優位

　法律の優位とは，あらゆる行政活動（①法律行為〔行政処分（行政行為），行政契約，行政計画〕，②事実行為〔権力的事実行為，行政指導など〕），および③行政の定立する法規範（政令，省令，通達，告示といった行政立法）よりも，国会の制定する法律が優位するという考え方です。法律に違反する行政活動は，無効になります。

《**学習のポイント**》　**法規範の間の優先順位**

　　法律よりもさらに優先するのが憲法です。そのため，優先順位としては，憲法＞法律＞行政活動の順番になります。行政活動は，憲法に違反してもいけないのです。

《**学習のポイント**》　**憲法と行政法**

　　行政法学は，国会の制定した法律はひとまず正しい（誤りはない）という前提で話を進める分野であり，行政活動が法律に適合しているかについてのみ着目するので，至ってシンプルです。これに対して，そもそも法律が間違っているかもしれないという視点に立つのが，憲法学です。ほとんどの場合，法律の内容が間違っているということは起こらないのですが，多数決で決めることなので，とりわけ少数者の権利が不必要に制約されるといった誤りは起こり得ます。そして，憲法とは，法律の内容が正しいか間違っているかを判断するための，より上位の（メタな）基準なのです。法学部のカリキュラムでは憲法→行政法の順番で勉強するのですが，実

のところ，憲法学はかなり応用的な学問ですので，行政法を学んでから憲法を振り返ることをおすすめします。

> **ことば** **事実行為と法律行為**
>
> その活動に法的効果があるものを法律行為，そうでないものを事実行為とよびます。法律行為の典型は，契約の締結です。行政行為（行政処分，処分⇒**第2講**・15頁）は，私人の権利を（法的に）制限し，（法的な）義務を課すものですから，典型的な法律行為です。これに対して，私人の身柄を拘束する逮捕や，違法建築物を物理的に取り壊す代執行は，それ自体が法的効果をもつわけではないので，事実行為ということになります。それ以外に，行政指導も事実行為に分類されます。法律の学習では，法律行為ばかり学習するのですが，現実世界では事実行為が圧倒的です。

4 法律の留保

　行政がある活動を行おうとするときに，法律の根拠が必要であるという場合，「その活動の正当化根拠は"法律に留保されている"」と表現します。補助金を給付する活動には法律の根拠が必要であるというなら，補助金給付の正当化根拠は"法律に留保されている"ことになります。このように，ある活動の正当化根拠として法律が必要となる場合（これを裏返せば，法律の根拠がなければその活動を行うことができない場合）を表現するのが「**法律の留保**」の原理です。

（あ）侵害留保説

　行政実務で支配的なのは，**侵害留保説**です。侵害留保の原理ともよばれます。侵害留保説では，「私人の権利を制限し，私人に義務を課す場合には，法律の根拠が必要であり，その場合にのみ法律の根拠を必要とする」と考えます。租税法律主義（憲法84条）や罪刑法定主義（憲法31条）と発想は同じです。法律の法規創造力と表裏をなす考え方です。最もシンプルで理解しやすく，法律で制定すべき事項が明確であることから，現在でも多くの支持を集めています。その一方で，社会福祉サービスのような侵害以外の活動の比重が大きくなった現在では，行政活動を的確にコントロールすることができないという批判があります。

（い）社会留保説

　そこで提唱されたのが，法律の留保の範囲を社会国家活動まで広げようという社会留保説です。社会留保説では，生活保護の受給決定や補助金の交付決定，さらには給付行政のサービス提供の側面にまで，法律の根拠が必要であると考えます。社会留保説のねらいは鋭いのですが，多様な社会国家活動のすべてに法律の根拠が必要としていたのでは，行政の機動性を害するのではないかと批判されます。

（う）権力留保説

　侵害留保説への批判の高まりとともに，生活保護の受給決定や補助金の交付決定のように，行政の権力的な判断を伴う活動にも法律の留保の範囲を広げようという権力留保説も唱えられました。生活保護の受給決定は，行政が一方的に判断を行う点で権力的ですが，私人に利益を付与する行為なので，「侵害」には該当せず，侵害留保説では法律の根拠を必要としません。そこで，このような行為にも法律のコントロールを及ぼそうという意図があります。しかし，どの範囲を「権力的な活動」と位置付けるのかについて見解が一致しないことから，あまり支持は得られていません。そもそも，権力を創出することができるのは法律だけであり，権力留保説は同語反復にすぎないのではないかという鋭い批判が向けられています。

（え）全部留保説

　侵害留保説の対極にあるのが，およそ行政活動はすべて法律の根拠が必要だとする全部留保説です。全部留保説は，法律による行政活動のコントロールを貫くという意味では理想的にみえますが，行政の臨機応変な活動の需要に対応できないこと，あらゆる事象を想定して法律を制定するのは不可能であること

から，あくまで理念にとどまります。

（お）重要事項留保説（本質性理論）

　重要事項留保説は，行政活動として重要なものには法律の根拠が必要であると考える学説であり，ドイツの有力説である本質性理論から影響を受けています。重要事項留保説では，私人の権利・義務に直接の影響を及ぼすわけではない組織規範であっても，国や地方公共団体の根本をなす重要なものについては法律の根拠が必要であると考えます。一定程度，実務に影響を与えている学説ですが，何をもって重要か否かを判断するかについて，明確な判断基準がないのが弱点です。

第3節　行政組織法

1　"器官"と"人"

　行政法の授業では，しばしば「行政庁」という概念を耳にします。具体的には，「経済産業大臣」とか「神奈川県土地収用委員会」，「さいたま市長」といったものが，「行政庁」です。教えるときにとても苦労するのですが，建物としての庁舎のことではないので，注意してください。「行政庁」に対して，「行政主体」という概念があります。これは，「国」，「神奈川県」，「さいたま市」などの組織全体を指します。学習が進めば慣れてくるのですが，行政処分を発付する権限をもつのは行政庁であるのに対して，財産権など権利・義務の帰属主体になるのは行政主体です。

　「行政庁」と「行政主体」の違いは，人体における"器官"と"人"に喩えるとわかりやすいと思います。つまり，人体は手足や内臓などのさまざまな器官（Organ）の集合体です。そして，器官それ自体は人格をもちません。あくまでも，集合体としての人の身体全体が，意思をもつ人格として認められます。意思をもつ人格は法的にも当然に"人"として認められ（自然人），権利義務の帰属主体となります。

　ドイツのイェリネックは，これを法人とその機関の関係にあてはめました。法人の内部には手足や内臓などさまざまな機関（器官）が置かれ，1つの人格のために意思決定を行い，活動している。その中でも意思決定を行う脳と，そ

れを外部に表示する口をあわせもつ器官——身体で言えば，頭に該当する器官——が最も重要です。これを**行政庁**とよびます。行政処分を発付するのは，まさに意思決定を行い，それを外部に表示する行為ですから，行政庁の役割になるのです。行政庁は，国ならば内閣総理大臣を初めとする各省大臣，地方公共団体ならば都道府県知事や市町村長などのトップが務めます（時たま，保健所長や建築主事といった専門の行政機関や，教育委員会，人事委員会，収用委員会などの合議制機関が行政庁となることもあります）。行政庁は，最も重要な法人の機関（器官）なのですが，それ自体は法人格をもちません（行政庁に就任する自然人はもちろん法人格をもっているので，誤解しないでください）。

＊　会社組織と行政組織

　株式会社などの会社も法人であり，権利義務の帰属主体となります。それに対して，代表取締役，監査役，株主総会などは，機関（器官）ですから，法人の一部にすぎず，それ自体は権利義務の帰属主体とはなりません。代表取締役は，会社の通常の業務遂行について意思決定を行い外部に表示する機関ですから，行政組織における行政庁に相当するといってよいでしょう。元々法人と機関の関係は，会社について形成されてきた考え方を，ドイツのラーバントやイェリネックが，国などの行政組織にもあてはめたという経緯があります。これを国家法人説とよびます。

ことば　天皇機関説

　歴史の授業で習った天皇機関説というのは，国家法人説を，日本の国と天皇にあてはめた考え方です。国は法人であり，明治憲法下の天皇はその中で最も重要な機関（器官）であるという，何ということのない考え方であり，昭和天皇自身も天皇機関説に納得していたと言われます。「機関」という用語が機械の歯車のような印象を与えたことが，誤解を増幅したのではないでしょうか。個人的には，Organについて，生物学の用語である「器官」ではなく「機関」と翻訳したことが，法人と機関についての正確な理解を現在まで妨げているように感じます。

　これに関連して，行政主体の内部での関係（上級官庁と下級官庁との間の関係）を，行政の内部関係とよびます。人体に喩えると，身体の内部の"器官"同士の関係です。これに対して，行政主体と他の法主体との関係を，行政の外部関

係とよびます。主に念頭に置かれるのは，ある行政主体と私人（私企業も含む）との関係です。

　訴訟の場に現れるのは，基本的に行政の外部関係に限られます。行政の内部関係については，機関訴訟という特別の訴訟類型によって規律されるのですが，機関訴訟は法律に特別の定めがある場合しか提起することはできません（行訴法42条）。成田新幹線訴訟：最判昭和53年12月8日民集32巻9号1617頁・百選Ⅰ2では，この点が問題となりました（⇒**第7講**・102頁）。

2　作用法的機関概念（行政官庁法理）と事務配分的機関概念

（あ）作用法的機関概念

　行政主体と外部の私人との法関係（行政作用法）を念頭に組み立てられる機関の概念を，作用法的機関概念とよびます。作用法的機関概念では，先述した"頭"としての機関である行政庁が中心に置かれ，それ以外の機関は行政庁の指示に従う"手足"であったり（執行機関），頭に栄養を送る"内臓"であったり（補助機関），頭脳からの諮問に応じたり（諮問機関）など，行政庁の従たる機関として位置付けられることになります。行政庁を中心とする考え方であり，行政官庁法理とよぶことがあります。行政法の学習で重要なのは，この作用法的機関概念です。

（い）事務配分的機関概念

　これに対して，行政事務の配分に着目した機関の概念を，事務配分的機関概念とよびます。外交を担当する外務省，財務を担当する財務省，防衛を担当する防衛省といったように，みなさんが日常でイメージする機関の概念は，こちらに近いと思います。イメージしやすい概念なので，取り立てて覚える必要はありません。

3　代理，委任，専決（代決）

（あ）概　要

　行政法の判例を読んでいると，法律では許認可の権限が都道府県知事に付与されているはずなのに，福祉事務所長とか保健所長などが許認可を行っていたり，実質的な決裁を課長などが行っていることがしばしば見られます。どうし

てこのようなことが起きるのかというと，本来，権限を付与されている大臣，都道府県知事，市町村長はあまりに多忙なので，細かい事務は補助機関と分担して行っているからです。"頭"である行政庁が，"手足"である補助機関を上手に使いこなしていると表現してもよいでしょう。そこで重要になるのが，代理，委任，専決（代決）のしくみです。

（い）代　理

　代理には，授権代理と法定代理があります。民法の任意代理と法定代理の区別と同じと考えて構いません。授権代理の場合，法律の根拠は不要です。法律で代理の定めが置かれている場合のことを，法定代理とよびます（地方自治法152条など）。いずれにしても，民法の代理と同じで，代理権を付与された補助機関が本来の権限を有する機関のためにすることを示して行為し（顕名），その効果は本来の権限を有する機関に帰属することになります。伊達市長が入院したので当面は片倉副市長が代理するような場合，片倉副市長は，「伊達市長代理片倉副市長」と名乗って権限を行使します。

（う）委　任

　行政法学における委任は，民法643条以下の委任契約とはまったく異なるので，注意してください。行政法学では，本来の機関に付与された権限を補助機関へと変更することを委任とよびます。法律で配分された権限を変更することなので，法律の根拠がなければ，委任を行うことは許されません。委任された補助機関は，自身の名義で権限を行使することになり，本来の機関は一切現れなくなります。出入国管理及び難民認定法69条の2は，「出入国管理及び難民認定法に規定する法務大臣の権限は，政令で定めるところにより，出入国在留管理庁長官に委任することができる。」と定めていますが，この規定に基づき上杉大臣が直江長官に権限を委任した場合，以後，在留特別許可（同法50条）などは，直江長官が自身の権限として行使することになります。

（え）専　決

　補助機関が本来の機関として振る舞うのが専決であり，行政実務において日常的に行われています。というのも，多忙な徳川市長が行政の隅々まで目を通すのは難しく，徳川市長の名義で下された行政処分であっても，実際の決裁は，酒井副市長であったり，本多課長などが行っているからです（これだけだ

と，他人の権限を冒用しているようですが，もちろん，本来の機関である徳川市長の了承は取っています）。専決は，あくまでも実務上の運用であり，法律に定めはありません。諸説あるのですが，代理の一種であり，本人の名前のみを示して行われる署名代理として考えるのが妥当でしょう。専決の中でも，本来の機関が病気などの理由で欠けているときに行われるものを，代決とよびます。

Tea Break　行政法の勉強法

　自分の学生時代を振り返ると，先生が授業でしゃべった内容をノートに書き写すのに精一杯で，試験期間中にノートを見返したり，教科書を読んで，ようやく全体像がつかめたような気になったものでした。そして期末試験が終わるとまた忘れていき，また思い出すことの繰り返しでした。

　行政法の分野や，法学に限ったことでもないのですが，勉強の極意は，最初にその分野の全体像を大雑把に理解してしまうことです。民事法ならば，お金を貸したのに返ってこないときに，貸した相手に対して給付訴訟を提起して，勝訴したら民事執行を通じて強制履行を実現する（場合によっては担保権を実行する）というような，全体の過程を把握することが重要です。行政法の場合は，行政庁が行政処分を発出したところ，不満をもった私人から取消訴訟や国賠訴訟が提起されるという一連の過程（行政過程）が，これに相当します。全体像を理解してしまえば，あとは細かいところを詰めるだけです。

　しかし，法律の勉強はとっつきにくいので，往々にして，テキストも最初の1～2割だけ読んで力尽きてしまいがちです。7～8割を読み通してしまえば，ぼんやりとしたイメージがつかめるようになるのですが，事前にそこまで到達できる人はわずかでしょう。法学部・法科大学院の授業は過密スケジュールですし，公務員試験や司法試験の勉強にしても科目数がとても多いので，やむを得ないと思います。

　その点，この本はとにかく分量を少なくすることで，みなさんが独力で読み通すことができるように腐心しました。①**第2講**～**第5講**（および**第14講**・**第15講**）が「行政作用法」とよばれる領域，②**第6講**～**第10講**が「行政争訟法」とよばれる領域，③**第11講**～**第13講**が「国家補償法」とよばれる領域になっているのですが，最初に読むときは，①（**第2講**～**第5講**のみ）→③→②の順番で読むとよいかもしれません。国家補償法は，行政法の全体像を把握するのにうってつけの領域だからです。違法な行政処分を受けた私人は，その後，いかなる手段に打って出ることができるのか，一連の過程を大まかにつかんでみてください。

第2講　行政過程の全体像, 行政処分の「違法」①（実体的違法）

第1節　行政過程の全体像

　行政法とは，行政活動を法的にコントロールする法分野です。具体的には，ある行政活動について，行政庁がいろいろと考慮して活動を行ったところ，その行政活動に不満をもつ私人から訴訟が提起され，裁判所によってその行政活動が適法か違法か判断されるという経過を辿ります。この一連の過程のことを，行政過程とよぶことがあります（塩野宏『行政法Ⅰ〔第6版〕』（有斐閣・2015）96頁以下）。

　最もわかりやすいのは，次の2つの類型です。

【タイプ1】　私人Xから営業許可の申請がなされたが，行政庁は不許可処分を下した。
【タイプ2】　行政庁が，私人Xに対して，営業停止命令を下した。

　図からわかるように，この2つの類型では，いずれも，行政庁は行政処分とよばれる活動を行っています。行政処分というのは，許可（一般的に禁止されている行為を一定の条件の下で解除する），命令（国民に対して一定の行為をするように義務付ける），禁止（国民の権利を制限する），など，行政が，個別・具体的に，私人の活動を制約する活動のことです。

　とはいえ，行政処分は，さまざまな行政活動の中では，決して数が多いわけではありません。むしろ，非権力的な活動やサービス的な活動のほうが，行政の職務としては大多数を占めています。それでは，なぜ行政処分に注目するの

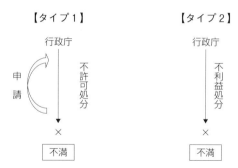

かというと，行政処分は行政にだけ特別に与えられた権限だからです。

　対等の立場にある私人同士で，相手に対して許可，命令，禁止を行うことは
できません。友だちに対して命令を下せば，喧嘩になりますよね。契約という
形で，両当事者の自由意思による合意がある場合に限り，相手に対して権利
（債権）をもち，義務（債務）を負担するにとどまります（会社の上司から仕事内
容について命令を受けるのは，この契約に基づく義務です）。

　しかし，行政には，公益を守るために，相手の意思に反してでも一方的に，
個別・具体的な許可，命令，禁止を行うことが認められています。**第 1 講**で学
んだ通り，そのためには，法律の根拠が不可欠です。そして，行政処分は行政
にのみ認められた特別な権限であるため，行政活動を法的にコントロールする
上では，最も重要な活動類型であると言えるのです。

ことば　行政行為，行政処分，処分

　行政法を教えていて最初に悩むのが，行政行為，行政処分，処分という言葉の使
い分けです。公務員試験を受けて，行政実務に進む限りにおいては，いずれも同じ
意味であると割り切って構いません。

　正確に説明すると，元々行政行為という概念が講学上のものとして組み立てられ
てきました。ドイツのように，実定法において「行政行為」が定義されている法制
もあります。これに対して，日本の実定法で用いられているのは「処分」（行手法
2 条 2 号）という概念です。ところが，そこでは，「処分　行政庁の処分その他公
権力の行使に当たる行為をいう。」としか定義されておらず，結局，解釈による定
義付けに任されています。「処分」という用語はさまざまな領域で用いられるの
で，行政法における処分のことを指して，「行政処分」とよばれることも多いで

す。この本では，「処分」あるいは「行政処分」という表現を中心に用います。

　そして，学習していく上では，審査請求や抗告訴訟の対象となる「処分性」（行審法1条2項，行訴法3条2項）が重要です（⇒**第7講**）。

第2節　行政処分の「違法」①（実体的違法）

1　法律の条文の構造──要件と効果──

　取消訴訟では，処分が違法であることを理由に，その取消しが請求されます。違法というのは，法律に違反することです。法律による行政の原理からは，行政活動は法律に従って行われる必要があるために，違法な行政活動は効力を有しません。ですから，処分に不満のある私人は，「当該処分は法律に違反しているので，早急に取り消してくれ」と裁判所に訴え出るわけです。

　しかし，処分権限を有する行政庁（処分を下した行政庁という意味で，これを「処分庁」とよぶことがあります。行審法4条1項など）により一旦なされた処分は，取り消されるまでは一応有効なものとして扱われます。処分の効力を失わせるには，①処分庁自らが過ちを認めて取り消すか，②−1 国民が行訴法に基づき取消訴訟（行訴法3条2項）を提起して請求認容判決をもらうか，あるいは②−2 国民が行審法に基づき審査請求を行って請求認容裁決をもらう以外にありません。①のことを職権取消し，②のことを争訟取消しとよびます（⇒**第4講**・53頁）。

　処分の違法について理解してもらうためには，具体的な法律の例を用いるのが一番ですので，食品衛生法の例を用いて説明しましょう。

---

§　食品衛生法（昭和22年法律第233号）

第5条　販売（不特定又は多数の者に対する販売以外の授与を含む。以下同じ。）の用に供する食品又は添加物の採取，製造，加工，使用，調理，貯蔵，運搬，陳列及び授受は，清潔で衛生的に行われなければならない。

第6条　次に掲げる食品又は添加物は，これを販売し（不特定又は多数の者に授与する販売以外の場合を含む。以下同じ。），又は販売の用に供するために，採取

し，製造し，輸入し，加工し，使用し，調理し，貯蔵し，若しくは陳列してはならない。

一　腐敗し，若しくは変敗したもの又は未熟であるもの。ただし，一般に人の健康を損なうおそれがなく飲食に適すると認められているものは，この限りでない。

二　有毒な，若しくは有害な物質が含まれ，若しくは付着し，又はこれらの疑いがあるもの。ただし，人の健康を損なうおそれがない場合として厚生労働大臣が定める場合においては，この限りでない。

三　病原微生物により汚染され，又はその疑いがあり，人の健康を損なうおそれがあるもの。

四　不潔，異物の混入又は添加その他の事由により，人の健康を損なうおそれがあるもの。

第54条　都道府県は，公衆衛生に与える影響が著しい営業……であつて，政令で定めるものの施設につき，厚生労働省令で定める基準を参酌して，条例で，公衆衛生の見地から必要な基準を定めなければならない。

第55条　前条に規定する営業を営もうとする者は，厚生労働省令で定めるところにより，都道府県知事の許可を受けなければならない。

２　前項の場合において，都道府県知事は，その営業の施設が前条の規定による基準に合うと認めるときは，許可をしなければならない。ただし，同条に規定する営業を営もうとする者が次の各号のいずれかに該当するときは，同項の許可を与えないことができる。

一　この法律又はこの法律に基づく処分に違反して刑に処せられ，その執行を終わり，又は執行を受けることがなくなつた日から起算して２年を経過しない者

二　第59条から第61条までの規定により許可を取り消され，その取消しの日から起算して２年を経過しない者

三　法人であつて，その業務を行う役員のうちに前２号のいずれかに該当する者があるもの

３　都道府県知事は，第１項の許可に５年を下らない有効期間その他の必要な条件を付けることができる。

第59条　厚生労働大臣又は都道府県知事は，営業者が第６条……の規定に違反した場合……においては，営業者若しくは当該職員にその食品，添加物，器具若しくは容器包装を廃棄させ，又はその他営業者に対し食品衛生上の危害を除去するために必要な処置をとることを命ずることができる。

２　略

第60条　都道府県知事は，営業者が第６条……の規定に違反した場合，……第55条第２項第１号若しくは第３号に該当するに至つた場合又は同条第３項の規定による条件に違反した場合においては，同条第１項の許可を取り消し，又は営業の全

部若しくは一部を禁止し，若しくは期間を定めて停止することができる。

2　略

第61条　都道府県知事は，営業者がその営業の施設につき第54条の規定による基準に違反した場合においては，その施設の整備改善を命じ，又は第55条第1項の許可を取り消し，若しくはその営業の全部若しくは一部を禁止し，若しくは期間を定めて停止することができる。

　一般に，処分の根拠法規は，「行政庁は，　A　のときは，　B　をしなければならない。」という規定になっています。このときの　A　を要件規定，　B　を効果規定とよびます。行政庁は，法律によって，　A　という条件が満たされたときにのみ，　B　を行うことが許されます（場合によっては，　B　をすることが義務付けられます）。どうしてかというと，　B　は，許可，命令，禁止という性質をもつため，もし行政庁が自由気ままに行使することを許せば，国民の権利が著しく侵害されかねないからです。他方で，食中毒事件を頻繁に起こす飲食店の営業を野放しにするわけにもいきません。そこで，行政庁の権限行使を制約しつつ，多くの国民の健康という公益を確保する必要が生まれます。その鍵となるのが，法律なのです。

　第1講で学んだことの復習になりますが，法律は，国民の代表である国会が制定するものなので，法律の中で，「　A　の場合には，公益上の必要から，国民の権利を制約し，義務を課す内容の　B　という行為をしても構わないよ」という授権がなされている場合ならば，国民が公益上の必要から自らの権利を制約し，自らに義務を課すことに同意していると言えるからです。つまり，行政庁が国民の権利を「一方的に」制限し，義務を課すとはいっても，究極的には国会を通じて国民が同意していることに，そのような権限を行使する根拠があります。ともかく，国民の権利を制限し，義務を課す行為をすることができるのは，法律に記載された一定の条件を満たす場合に限られます。

　こうした行政庁による権限を行使するための根拠となる法律を，実体法とよびます。本講では，実体法への違反（実体的違法）について説明します。これに対して，権限を行使するための手続を定めた法律のことを，手続法とよびます。手続法への違反（手続的違法）については，第3講で説明します。

食品衛生法55条2項は，飲食店の営業許可について，「都道府県知事は，その営業の施設が前条の規定による基準に合うと認めるときは，許可をしなければならない。」と規定していますが，「その営業の施設が前条の規定による基準に合うと認めるとき」が　A　で，「許可」が　B　ということになります。同法60条1項は，飲食店の許可取消し，営業禁止，営業停止について，「都道府県知事は，営業者が第6条……の規定に違反した……場合……，第55条第2項第1号若しくは第3号に該当するに至った場合又は同条第3項の規定による条件に違反した場合においては，同条第1項の許可を取り消し，又は営業の全部若しくは一部を禁止し，若しくは期間を定めて停止することができる。」と規定していますが，「営業者が第6条……の規定に違反した……場合……，第55条第2項第1号若しくは第3号に該当するに至った場合又は同条第3項の規定による条件に違反した場合」が　A　で，「同条第1項の許可を取り消し，又は営業の全部若しくは一部を禁止し，若しくは期間を定めて停止すること」が　B　ということになります。

2　効果裁量

（あ）裁量と覊束

まず，効果規定について説明しましょう。食品衛生法55条2項のように，「許可をしなければならない」という規定になっているときは，　A　を満たしているにもかかわらず，行政庁が　B　の許可を行わずに不許可処分を下した場合，その不許可処分は，取消訴訟の請求を認容する判決（取消判決）によって，違法なものとして取り消されます。

「しなければならない」という規定ぶりのときは，行政庁には　B　をするか否かについて選択の余地はなく，要件が備わっている限り，必ず　B　をすることが義務付けられるわけです。このようなとき，「行政庁は　B　をするように覊束されている」と表現することがあります。いかめしい表現ですが，覊束とは，牛や馬などを縛り付けて，言うことを聞かせるというような意味です。

これに対して，　B　について，「しなければならない」ではなく，「することができる」という規定になっている場合もあります。食品衛生法60条1項

では，「同条第１項の許可を取り消し，又は営業の全部若しくは一部を禁止し，若しくは期間を定めて停止する」というさまざまな選択肢（オプション）が与えられています。このような選択の余地のことを**裁量**とよび，「行政庁には，　Ｂ　をするか否かについて裁量が与えられている」と表現します。効果について裁量が付与されているので，効果裁量とよばれます。

（い）裁量の逸脱・濫用

　行政庁に（効果）裁量が与えられている場合，原則として，その処分をしてもしなくても，与えられた範囲の選択を行っている限りにおいては，当・不当の問題を生ぜしめるにとどまり，違法となることはありません。ただし，行政庁が与えられた裁量の範囲を逸脱していたり，不正な動機に基づき裁量権を濫用的に行使したような場合には，下した処分が違法と判断されて，取り消されることになります（参照，行訴法30条）。

　次の比例原則とも関係するのですが，たとえば食堂で提供した刺身が少し傷んでいて，１人，家に帰ってからお腹を壊したとしましょう。この場合，食堂の行為は食品衛生法６条１号に該当しますから，同法60条１項の処分要件を満たします。だからといって，同項に従って食堂の営業許可を取り消すとなると，やりすぎだろうと感じますよね。しかし，この営業許可取消処分は，形式的には同法60条１項で規定された選択肢の範囲内にあるわけです。このようなとき，営業許可取消処分を違法なものとして取り消すための理屈が，裁量権の逸脱・濫用なのです。行政庁には，与えられた選択肢の中で最適な判断を行う義務があると言い換えてもよいかもしれません。

　多くの法律は，行政庁に効果裁量を与えています。それは，起こり得るあらゆる事象をあらかじめ想定して法律に書き込んでおくことは相当に困難だからです。裁量は，ケース・バイ・ケースの柔軟な対応を可能にするための知恵であるといえます。続いて，効果裁量の逸脱・濫用を判断するための視点として，比例原則，平等原則といった法の一般原則について説明しましょう。

（う）比例原則

　比例原則というのは，行政による権限の行使は，行政目的を達成するために必要な範囲でのみ許されるという原則です。

　たとえば，軽微な食中毒事件を発生させた飲食店に対して営業停止命令を下

す目的は，原因の究明と再発防止のためです。大抵は，数日間で済まされます。それにもかかわらず，目的と比較して不相応なほど長期間の，たとえば1か月の営業停止命令を下すことは，目的と手段の均衡を欠くものであり，比例原則違反として違法になります。

　重い違反には重い処分，軽い違反には軽い処分が求められるというわけで，発想としては，罪を犯した者に対してどのくらいの科刑が適切であるかという罪刑均衡の原則と共通するものがあります。たとえば，窃盗罪は10年以下の拘禁刑または50万円以下の罰金に処することとなっていますが（刑法235条），上限いっぱいの10年間の拘禁刑に処されるのは，よほど高額なものを悪質な態様で盗んだ場合に限られることを考えてください。

ことば　判断代置と社会観念審査

　行政庁が裁量を行使しているとき，取消訴訟において，裁判所はいかなる手法で裁量権の逸脱・濫用がないか審査するのでしょうか。まず，裁量については論者によってさまざまな概念が用いられるので，非常に混乱しやすいことに注意してください。この本では，最も一般的に用いられる用語法を使います。

　手始めに，比例原則との関係で用いられることの多い，判断代置と社会観念審査について説明しましょう。これは，裁判所が行政活動の是非に対してどこまでふみ込んだ判断を行うかという問題です。たとえば，職員Xに対して，任命権者が停職6か月の懲戒処分を下したとします。Xから処分の取消訴訟が提起され，裁判所は審理の結果，「自分ならば停職3か月の処分を下すけれども，任命権者の立場に立ってみると，社会観念上，停職6か月という判断も許容範囲内である」と考えたとします。

　このとき，**判断代置**の手法をとると，任命権者（行政）の判断を裁判所自身の判断に置き換えて（代置して），停職6か月は重すぎるとして，処分を取り消すことになります。それに対して，**社会観念審査**の手法では，社会観念上，6か月の停職処分も許容範囲内であるので，処分は取り消さないという結論になります。

　神戸税関事件において最判昭和52年12月20日民集31巻7号1101頁・百選I 77は，裁判所が懲戒処分の是非を判断する際には，判断代置ではなく，社会観念審査の方法をとることを明らかにしました。

（え）平等原則

　平等原則というのは，行政が，合理的な理由なくして国民を差別的に取り扱

うことは許されないという原則です。たとえば，市立公民館の一室を会議で使いたいから使用許可を申請してきた宮本さんと佐々木さんに対して，宮本さんには許可を下したのに，佐々木さんは不許可とするようなことは，合理的な理由がなければ許されません（地方自治法244条3項）。もちろん，「合理的な理由」の内容は，さまざまなものがあるでしょう。会議室は1つしかないのに，同じ時間帯に宮本さんと佐々木さんが申請してきたようなときは，①早い者勝ちにするか，②抽選にするか，③申請書の中に使用理由を記載させて，より公益性の高いほうに使用させるといったやり方があり得ます。ただし，③は何をもって「公益性が高い」と判断するかについて基準を立てるのが非常に難しいので，採用例はほとんど見られません。また，会議室は30人までしか収容できないのに，佐々木さんが100人規模の集会を開きたいといって使用許可を申請してきたような場合には，施設の容量不足を理由に不許可とすることも構いません。

（お）不正な動機

　形式的に処分要件を満たしていたとしても，不正な動機に基づいて下された処分は，違法と判断されることがあります。事例としては，余目町個室付き浴場事件が有名です。

判　例　**余目町個室付き浴場事件**

　Xが山形県余目町に個室付き浴場を開業しようとしたところ，周辺住民による反対運動が起きたため，山形県と余目町は，個室付き浴場の予定地から134メートル離れた場所にある廃校跡地を児童福祉法上の児童福祉施設である公園として認可することにしました。当時の風俗営業取締法4条の4は，児童福祉施設の周囲200メートル以内で個室付き浴場を営業することを禁止していたため，児童福祉施設ができれば，個室付き浴場の営業を食い止めることができると考えたのです。県知事による児童福祉施設の認可は，それ自体としては児童福祉法の要件を満たすものでしたが，最判昭和53年5月26日民集32巻3号689頁・百選I25は，この認可はXによる個室付き浴場の営業を阻止することを主たる動機としてなされたものであり，行政権の著しい濫用によるものとして違法であるとしました。

　余目町個室付き浴場事件で難しいのは，児童福祉施設の認可に裁量の余地が

あるかという問題でした。というのも，公園として認可されるためには，一定の面積があり，安全な遊具が備えられているといった要件を満たしさえすればよく，逆に言えば，そのような要件を満たしている申請については，県知事は認可を与えるように羈束されているとも言えるからです。

3　要件裁量

　理解の都合上，効果裁量について先に説明したのですが，　Ａ　の要件の認定についても，裁量は観念されます。食品衛生法55条２項では，「その営業の施設が前条の規定による基準に合うと認めるとき」という要件が定められています。これは，前条（同法54条）で，「条例で，公衆衛生の見地から……定めなければならない」とされている「基準」に「合うと認める」か否かについては，都道府県知事の裁量に任されているということです。このような場合，要件に該当するか否かの認定について裁量が付与されているので，要件裁量とよばれます。

　以下に，食品衛生法54条について定めた架空の「基準」をお示ししましょう。通常の店舗で飲食店を営業する場合ならば，次の基準に合うと認められなければ，許可は与えられません。

> ### §　　Ｙ県食品衛生法施行条例
>
> 別表
> （ア）　洗浄設備は，食品及び器具それぞれ専用のものであること。ただし，衛生上支障がないと認められるときは，この限りでない。
> （イ）　食品の洗浄設備は，調理のそれぞれの段階に応じた専用のものであること。ただし，衛生上支障がないと認められるときは，この限りでない。
> （ウ）　食品の取扱量に応じた十分な大きさを有し，かつ，10度以下の温度に保つことができる冷蔵設備が設けられていること。
> （エ）　冷凍食品を保存する場合にあっては，冷凍食品の取扱量に応じた十分な大きさを有し，かつ，零下15度以下の温度に保つことができる冷凍設備が設けられていること。
> （オ）　調理場の食品及び飲食器の保管設備（冷蔵設備及び冷凍設備を除く。）は，床面から0.5メートル以上の高さに設けられていること。

（カ）　放冷の必要がある食品を取り扱う場合にあっては，これを衛生的に放冷するための設備が設けられていること。

（キ）　客に飲食させる食品の施設以外の場所への運搬用の器具は，蓋付きのもので，かつ，洗浄が容易なものであること。

（ク）　まな板及び包丁は，調理の方法及び食品の種類により必要に応じてそれぞれ専用のものであること。

（ケ）　生食用の食品を扱うまな板は，合成ゴム製又は合成樹脂製のものであること。

（コ）　自家製ソーセージを調理する場合にあっては，次に定めるところによること。

a　調理場は，次に掲げる構造設備を有すること。

（a）　肉ひき機，充填機，くん煙機，湯煮槽，冷却槽その他必要な器具が備えられていること。

（b）　給湯設備を有する器具の洗浄設備が設けられていること。

（c）　流水式手洗設備及び手指の消毒設備が設けられていること。

（d）　製品の中心部を測定できる温度計が備えられていること。

（e）　肉の水素イオン濃度を測定するための装置が備えられていること。

（f）　細菌検査装置が備えられていること。

b　原料肉用及び製品用に区画された冷蔵設備が設けられていること。

c　添加物，調味料等の専用の保管設備及び添加物，調味料等の計量のための計器が備えられた計量室が設けられていること。

（サ）　生食用食肉（牛の食肉（内臓を除く。）であって，生食用として販売するものに限る。（シ）において同じ。）を加工する場合にあっては，次に定めるところによること。

a　設備は，専用とし，他の設備と明確に区分されていること。

b　器具及び手指の洗浄及び消毒のための設備が設けられていること。

c　温度計を備えた加熱殺菌設備が設けられていること。

d　冷却設備が設けられていること。

（シ）　（サ）a及びbの規定は，生食用食肉を調理する場合について準用する。

　一読しただけでも，「衛生上支障がないと認められるとき」，「食品の取扱量に応じた十分な大きさ」，「洗浄が容易なもの」といった要件に該当するか否かの判断について，都道府県知事に裁量が認められているのがわかると思います。これに対して，「10度以下の温度に保つことができる冷蔵設備」，「床面から0.5メートル以上の高さに設けられている」，「合成ゴム製又は合成樹脂の

もの」については，要件に該当するか否かの判断について裁量の余地はありません。

　こうした基準が定められている場合，行政庁の判断に裁量権の逸脱・濫用があるか否かは，①基準そのものの合理性と②その基準に対する具体的な事実のあてはめの合理性という2段構えで判断されることになります（なお，本文で取り上げたY県食品衛生法施行条例の別表は，条例ですのでこれに従う法的義務があります。しかし，審査基準は一般的には法的拘束力のない行政規則（⇒**第4講**・60頁）として定められていることがほとんどですので，以下，本文の説明は，行政規則として審査基準が定められているものと仮定します）。

　①については，上に掲げた「基準」を一読する限り，洗浄設備，冷凍設備，生食用の食品加工について必要な設備が備わっているかというような，施設の衛生面に配慮した規定が置かれており，適切であると思われます。

　しかし，たとえば，「基準」の中に，「調理場が500平方メートルの広さを備えていること」という規定があり，みなさんの飲食店の調理場はとてもそんな広さを備えていなかったために営業申請に不許可処分が下されたような場合はどうでしょうか。500平方メートルと言えば，体育館程度の広さです。そもそも調理場が体育館程度の広さを備えている必要はまったくありませんから，①基準そのものが合理性を欠いているので，行政庁の判断には裁量権の逸脱・濫用があると主張することになります。

　これに対して，②の，基準の内容は合理的だけれども，具体的な事実のあてはめが合理的でない場合というのは，「(ク)　まな板及び包丁は，調理の方法及び食品の種類により必要に応じてそれぞれ専用のものであること」について，みなさんの飲食店は衛生のことを考えて，きちんと生肉・魚用とそれ以外の文化包丁を数種類用意していたのに，それだけでは足りず，出刃包丁，刺身包丁，薄刃包丁，菜切り包丁，麺切り包丁，パン切り包丁などなど，10種類も20種類も包丁を用意していなければダメだという理由で営業申請に不許可処分が下されたような場合です。この場合，(ク) の基準は合理的ですが，その基準に対する行政庁による具体的な事実のあてはめが合理的ではないのです。

　このように，要件裁量は，多くの場合，個別法規の解釈とも関連して，大きな問題となります。土地収用法20条3号が事業認定の要件として定める「事業計画が土地の適正且つ合理的な利用に寄与するものであること」や，出入国管理及び難民認定法21条3項が在留期間の更新の要件として定める「在留期間の更新を適当と認めるに足りる相当の理由があるとき」などはよく知られています。この本の中でも，いくつか具体的な個別法規を取り上げていますが，ほとんどの場合，問題となるのは，要件裁量の認定です。

判　例 **日光太郎杉事件**

　建設大臣が栃木県知事に対して，国道を拡幅するための事業認定（土地収用法16条）を行ったことについて，宗教法人東照宮から取消訴訟が提起されました。この事件は，道路を拡幅するために鬱蒼とした杉並木を伐り倒すことが計画されたため，シンボルである「太郎杉」の名を取って，「日光太郎杉訴訟」とよばれます。

　主要な争点は，何をもって「事業計画が土地の適正且つ合理的な利用に寄与する

ものであること」（土地収用法20条 3 号）という要件への該当性を判断するかでした。建設大臣や栃木県知事が，交通需要の増大を見越して，杉並木を伐り倒し道路を拡幅することが「適正且つ合理的な利用」であると主張したのに対して，宗教法人東照宮は，文化的諸価値や環境を守るような土地利用こそが，「適正且つ合理的な利用」であると主張したわけです。

　東京高判昭和48年 7 月13日判時710号23頁は，「本来最も重視すべき諸要素，諸価値を不当，安易に軽視し，その結果当然尽すべき考慮を尽さず，または本来考慮に容れるべきでない事項を考慮に容れもしくは本来過大に評価すべきでない事項を過重に評価し，これらのことにより……判断が左右されたものと認められる場合には，……裁量判断の方法ないしその過程に誤りがあるものとして，違法となる」としました。その上で，この土地付近のもつかけがえのない文化的諸価値ないしは環境の保全という本来最も重視すべきことがらを不当，安易に軽視し（考慮不尽），オリンピックの開催に伴う自動車交通量増加の予想という，本来考慮に容れるべきでない事項を考慮に容れ（他事考慮），かつ，暴風による倒木の可能性および樹勢の衰えの可能性という，本来過大に評価すべきでないことがらを過重に評価したという点で，裁量判断の方法ないし過程に過誤があるとして，事業認定を違法であるとして取り消しました。日光太郎杉判決において東京高裁の示した手法は，**判断過程統制**とよばれるもので，その後の裁量審査に大きな影響を与えています。（呉市教研集会判決：最判平成18年 2 月 7 日民集60巻 2 号401頁・百選 I 70など）

4　事実認定

（あ）概　　要

　これは法律の解釈の問題ではないのですが，行政庁の行った事実認定に不満があるという場合は決して少なくありません。たとえば，あなたが営んでいる鮮魚店に保健所の調査が入り，「腐った魚を販売したため」という理由で，県知事から食品衛生法60条 1 項に基づき 1 週間の営業停止命令を出されたとしましょう。このとき，本当は腐った魚など販売していなかったのに，調査員に事実の誤認があり，あなたが腐った魚を販売したものと調査記録に記載されてしまったようなとき，どのようにして営業停止命令の取消しを求めればよいでしょうか。

　食品衛生法60条 1 項は，「都道府県知事は，営業者が第 6 条……の規定に違反した……場合……においては，同条第 1 項の許可を取り消し，又は営業の全

部若しくは一部を禁止し，若しくは期間を定めて停止することができる」と定めています。要件は，「営業者が第6条……の規定に違反した……場合」で，効果は，「同条第1項の許可を取り消し，又は営業の全部若しくは一部を禁止し，若しくは期間を定めて停止すること」です。となると，要件を実質的に定めているのは，食品衛生法6条です。「次に掲げる食品……は，これを販売し……又は販売の用に供するために，……陳列してはならない」とあり，1号には，「腐敗し，若しくは変敗したもの又は未熟であるもの」が掲げられています。県知事は，①「あなたが腐った魚を販売した」という事実を認定した→②その事実は食品衛生法6条1号に該当するので，同法60条1項の要件を満たす→③同法60条1項に基づき，あなたに対して1週間の営業停止命令を発出した，というわけです。

　このプロセスのどこが間違っているかというと，①ですね。実際には腐った魚など販売していないのに，腐った魚を販売したという事実を認定したことは，誤りです。誤った事実に基づいて法律を適用することは，れっきとした処分の違法事由となりますので，行政争訟において，あなたは，「私は腐った魚など販売していない」と主張すればよいのです。

（い）事実認定と法律の解釈

　事実認定と法律の解釈は，明確に区別できないときがあります。たとえば，あなたが鮮魚店で売っていたのが「くさや」だったらどうでしょう？　琵琶湖名物の「鮒ずし」だったなら？　何十年，何百年と地域に根差して食べ継がれてきた「くさや」や「鮒ずし」を売っている店が，「腐った魚を販売したため」という理由で営業停止に追い込まれてしまうのは，どう考えても不合理ですよね。

　この問題に対する1つのあり得る解決法は，「発酵食品は，『腐敗し，若しくは変敗したもの』には含まれない」と解釈して，発酵食品を売っても食品衛生法6条1号には該当しない（したがって同法60条の営業停止命令の発出要件を満たさない）とするものです。これは，「腐敗」や「変敗」といった概念を具体的にどのように解釈するかという法律の解釈の問題になります。しかし，この解釈には，「腐敗」や「変敗」といった概念についての理解が不明確になるという難点があります。

　そこで，立法者は食品衛生法 6 条 1 号にただし書を設けて，解釈が不明確になることを避けるという，もう 1 つの解決法を採用しました。それが，「ただし，一般に人の健康を損なうおそれがなく飲食に適すると認められているものは，この限りでない」という規定です。「食べられるか否か」という事実認定の問題として解決したといってもよいでしょう。このただし書のおかげで，「くさや」や「鮒ずし」はもちろんのこと，納豆を販売しても，明確に，食品衛生法 6 条 1 号には該当しないことになるのです。

　ただし，「食べられるか否か」というのも，一義的明確に決められるわけではないので，最終的には事実認定の先の，要件裁量の問題です。あらかじめ起こり得るあらゆるケースを想定して条文に書き込むことは不可能なので，法律は，こうした曖昧さから完全に逃れることはできないのです。

（う）行政争訟と事実認定

　事実認定と要件裁量の話題について，もう 1 つ，重要なことを説明します。民事訴訟や刑事訴訟では，事実認定は法律解釈と並んで裁判所の専権です。つまり，上の例で言えば，あなたが販売した食品が実際に腐っていたか否かは，裁判所が判断する事柄です。いかなる事実認定がなされるかによって，法律論に入る前に，訴訟の実質的な決着がついてしまうことも少なくありません（実務家の中には，ほとんど事実認定で勝負が決まるという人もいます）。

　ところが，行政争訟では，事実認定が要件裁量と分かちがたく結びついている場合があり，事実認定にも裁量を認めているのではないかと考えられることがあります（出入国管理及び難民認定法21条 3 項にいう，法務大臣が「在留期間の更新を適当と認めるに足りる相当の理由があるとき」について，マクリーン判決：最大判昭和53年10月 4 日民集32巻 7 号1223頁・百選Ⅰ73）。

5　信義誠実の原則（信義則）への違反

　かなり例外的な局面で，行政庁がある処分を下すことが信義誠実の原則（信義則）に違反するものとして違法とされる場合があります。青色申告事件：最判昭和62年10月30日判時1262号91頁・百選Ⅰ20を手がかりに説明しましょう。

判 例　青色申告事件

　個人事業を営むXは，青色申告の承認を受けていませんでしたが，亡父が青色申告の承認を受けていたために，そのまま青色申告ができるものと考えて，青色申告書による確定申告を続けていました。税務署からは何の指摘もなく，さらには，税務署からも青色申告の用紙が送られ続けていました。

　何年か経って，税務署長のほうで，Xが青色申告の承認を受けていないことに気づいて，更正決定と過少申告加算税賦課決定を行いました。Xは怒って，税務署長は何の異議も挟まずに青色申告として確定申告を受理し続けてきたのであり，今さら遡って効力を否認することは信義則に反し許されないと主張して，更正決定と賦課決定の取消しを求めました。

　ところが，最判昭和62年10月30日判時1262号91頁・百選Ⅰ20は，「租税法規に適合する課税処分について，法の一般原則である信義則の法理の適用により，右課税処分を違法なものとして取り消すことができる場合があるとしても，法律による行政の原理なかんずく租税法律主義の原則が貫かれるべき租税法律関係においては，右法理の適用については慎重でなければならず，租税法規の適用における納税者間の平等，公平という要請を犠牲にしてもなお当該課税処分に係る課税を免れしめて納税者の信頼を保護しなければ正義に反するといえるような特別の事情が存する場合に，初めて右法理の適用の是非を考えるべきものである」として，信義則の法理が適用される場面はきわめて限られると述べました。そして，特別の事情が存するかどうかの判断に当たっては，少なくとも，①税務官庁が納税者に対し信頼の対象となる公的見解を表示したこと，②納税者がその表示を信頼しその信頼に基づいて行動したこと，③のちに右表示に反する課税処分が行われ，そのために納税者が経済的不利益を受けたこと，④納税者が税務官庁の右表示を信頼しその信頼に基づいて行動したことについて責めに帰すべき事由がないことが不可欠のものとして求められるとして，本件では①の公的見解の表示があったとは言えないという理由で，具体的な事案への信義則の法理の適用を否定し，Xの請求を棄却しました。

　民事法関係でも信義則（民法1条2項）への違反はなかなか認定されないのですが，行政法関係では，信義則への違反が認定される場合はさらに限られます。これは，法律による行政の原理に基づき，同じ立場にある者は法律に基づいて公平に扱われなければならないからです。信頼を保護するというのは，たまたま行政の担当者がミスしたために，その相手方に本当ならば法律上は得られない地位を得ることを認めることなのです。同業者が全員，税率10パーセン

トの税金を課されているのに，たまたまＸ商店だけ担当者のミスによって税率が５パーセントで済んでいたような場合，Ｘ商店に落ち度があろうはずもなく，信頼もしているでしょうが，だからといってＸ商店への課税だけ５パーセントで構わないという帰結に納得できるでしょうか？　このことを考慮すると，行政法関係において信義則を適用するためには，よほどの事情が介在しなければならないことがわかると思います。

　在ブラジル被爆者訴訟：最判平成19年２月６日民集61巻１号122頁・百選Ｉ23などは，よほどの事情が介在した例と言えるでしょう。

判　例　在ブラジル被爆者訴訟

　広島で被爆したＸらは，ブラジルに移住したことにより，被爆者が国外に移住した場合には健康管理手当受給権（⇒**第13講**・227頁）を失うものと定めた402号通達が厚生省から発出されていた関係で，Ｙ（広島県知事）から健康管理手当の受給を打ち切られました。Ｘらから，未支給分の健康管理手当の支払いが請求されたという事案です。

　最判平成19年２月６日民集61巻１号122頁・百選Ｉ23は，地方自治法236条が地方公共団体に対する金銭債権について債務者である地方公共団体からの援用を要することなく時効消滅することを定めている趣旨にかんがみると，普通地方公共団体による「消滅時効の主張が信義則に反し許されないとされる場合は，極めて限定される」としながらも，402号通達を発出してＸらの在外被爆者の権利行使を妨げるというように，「既に具体的な権利として発生している国民の重要な権利に関し，法令に違反してその行使を積極的に妨げるような一方的かつ統一的な取扱いをし，その行使を著しく困難にさせた結果，これを消滅時効にかからしめたという極めて例外的な場合においては」，地方公共団体が消滅時効を主張することは，信義則に反するもので許されないとしました。

　この判決では，Ｙによる「時効の主張を許さないこととしても，国民の平等的取扱いの理念に反するとは解されず，かつ，その事務処理に格別の支障を与えるとも考え難い」とも述べられており，平等取扱いの原則に留意されています。

Tea Break　柔軟な思考を

　何についても言えることですが，法令をよく理解している人ほど，柔軟な解釈を

します。「個別事情考慮義務」のところで挙げた「木製のまな板」の設例は，ある種の試金石として，できるだけ公務員研修でもふれるようにしています。

　実は，法律というものは，運用において一切の例外を許さない定め方をしていることのほうがむしろ珍しく，大抵の場合は，制度趣旨に立ち返った個別事情の考慮が認められているものです。それが，法律の下位にある政省令，通知・告示に行くにつれて，裁量の余地を許さない機械的な定め方が目立つようになります。

　下位規範に行くに従って，規律は詳細化し，現場の職員の裁量の余地は絞られていく。この現象，みなさんはどのように感じるでしょうか。裁量の余地が絞られて，窮屈になると感じるか。機械的に処理していけばよいから，楽だなと歓迎するか。

　たしかに，現場の運用がマニュアル化されれば，あまり悩まずに仕事を進めていくことができるので，楽ではあります。しかし，どんな仕事であっても，マニュアルを機械的に適用していくと，往々にして不合理な局面に出会うものです。そうした局面でこそ，みなさんの真価が問われます。マニュアル対応ならば機械で十分なのですから，マニュアルから外れた局面でこそ，人間の力が必要になります。マニュアルから抜け出すことができない「お役所対応」では，これからの時代には対応できません。

　人間の対応に任せている以上，柔軟な思考は必須です。そして，柔軟な思考を後押しするためには，何よりも職場環境が重要です。そのようなわけで，研修の際には，私は，特に管理職の方に向けて，個別事情考慮義務の重要性を伝えるようにしています。マニュアルから外れることにはたいへんな勇気が必要で，平職員が1人で試みることはまず無理だからです。民間委託を研究している関係で，東京都足立区，静岡市，香川県まんのう町など，多くの役所を訪ねましたが，先進的な取組みを実現しているところは，例外なく，職場環境に進取の気性があります。管理職の十分な理解の上で，柔軟な思考を後押しする職場環境がなければ，柔軟な運用は実現しないと思います。

　さて，みなさんの現在の職場の雰囲気はいかがでしょうか。活気のある職場ならば，その雰囲気を大事に引き継いでいってください。閉塞的な職場ならば，雰囲気を変えていくための努力が必要でしょう。地方の場合は，国の官庁ほど巨大ではないためか，都道府県，市町村と小規模になるにつれて，雰囲気を変えるためのハードルは低くなっていくように思います。ほんの2，3人からでも，同期の輪，部署の輪をつくることで，活気に満ちた柔軟な姿勢を生み出していってください。

第**3**講　行政処分の「違法」②（手続的違法）

第1節　総　　説

1　手続的違法とは

　行政庁が処分を行う際にふむべき手続をふんでいない場合，その処分には手続的瑕疵があるとして，処分の違法事由となり得ます。ふむべき手続について理解するためのカギとなるのが，「申請に対する処分」と「不利益処分」の区別です。

　とはいえ，手続的違法が処分の取消しの原因となり得るのかについて，判例の立場は明確ではありません。ふむべき手続を省略していたとしても，どうせ同じ結論に至るのであれば，処分を取り消して，手続をやり直させるまでの必要はないとも考えられるからです。

　個人タクシー事件（最判昭和46年10月28日民集25巻7号1037頁・百選Ⅰ114）は申請者に対する意見聴取手続の瑕疵について，群馬中央バス事件（最判昭和50年5月29日民集29巻5号662頁・百選Ⅰ115）は審議会手続の瑕疵について（⇒**第15講**・257頁），いずれも，結果に影響を及ぼす可能性がある場合においては，処分の取消しの原因となるとしています。

　これに対して，理由の提示の不備については，判例は一貫して（直近のものでは，最判平成23年6月7日民集65巻4号2081頁・百選Ⅰ117），処分の取消しの原因となるという厳しい立場をとっています。

2　一般法としての行政手続法

　処分を行う際にふむべき手続については，平成 5 年に行政手続法（行手法）が制定され，各地方公共団体の行政手続条例がこれに続きました。行政庁が処分を行う際にふむべき手続は，各個別法の中でそれぞれに規定されていたのですが，全体的に統一感を欠いていたことなどがあり，「正しい手続からこそ，正しい処分が生まれる」という適正手続の考えの高まりにあわせて，行政通則法としての行手法が制定されたという経緯があります。

　この動きにかんがみると，個人タクシー事件や群馬中央バス事件の当時よりも，手続的違法が処分の取消しの原因となるという考え方は，いっそう強まっていると思われます。

　なお，処分を行う際に，常に行手法が適用されるわけではありません。行手法はあくまで一般法ですので，たとえば，生活保護法62条 3 項に基づく保護廃止決定に際しては，聴聞ではなく弁明の機会の付与で済まされるなど（参照，同条 4 項・ 5 項），各個別法に独自の規律が置かれている場合には，行手法の適用は除外されます。そのため，個別法の規定を注意深く読み込むことが重要です。

3　行政手続法と行政手続条例

　また，ごみ屋敷条例に基づく措置命令のように，法律ではなく条例に処分の根拠が置かれている場合には，ふむべき手続も，行手法ではなく各地方公共団体の行政手続条例に従うことになります。ただし，大部分の内容は行手法と行政手続条例で共通しているので，ここでは，行手法を例に説明します。

《学習のポイント》　行手法と行政手続条例の使い分け

　本文の説明だと，使い分けがわかりにくいと思います。侵害留保の原理（⇒第 1 講・ 7 頁）より，行政処分の場合，必ず〔法律〕か〔条例〕に根拠規定が置かれています。このことから，行政処分の根拠が〔法律〕にある場合には，行政処分を行う場合にふむべき手続的ルールも，行手法という〔法律〕に置かれるのだと理解するとわかりやすいでしょう。したがって，行政処分の根拠が〔条例〕にある場合には，ふむべき手続的ルールは，行政手続条例という〔条例〕に置かれることになり

ます。

　各地方公共団体の情報公開条例に基づいて行われる情報の非開示決定（⇒**第 15
講**・254頁）は，行政処分の根拠が〔条例〕に置かれている場合の典型であり，審
査基準の設定，標準処理期間，理由の提示などは，各地方公共団体の行政手続条例
に従って行う必要があります。

　これに対して，行政指導（⇒**第 5 講第 1 節**・67頁）は，〔法律〕や〔条例〕に根
拠規定が必ず置かれているわけではありませんから，行政処分のような使い分けの
ルールはあてはまりません。そのために，行政指導を行う主体に着目して，使い分
けのルールが定められています。国の行う行政指導ならば，行手法〔法律〕に，地
方公共団体の行う行政指導ならば，行政手続条例〔条例〕に従うわけです。

第 2 節　申請に対する処分

1　申　　請

　最初に，「**申請**」という概念を押さえましょう。申請とは，国民が行政庁に
対して許可，認可，免許その他の自己に対して何らかの利益を付与する処分
（許認可処分等）を求める行為のことを指します（行手法 2 条 3 号）。営業許可の
申請が典型的です。

　行政庁には，申請に対して応答する義務があります（同号）。申請が事務所
に到達したときは，遅滞なく審査を開始して（同法 7 条），しかるべき期間内に
応答しなければなりません。応答として，許可処分もしくは不許可処分（拒否
処分）が行われます。

　申請者にとっては，許可が得られれば，行政に対して不満
は生じないでしょう。ところが，許可が得られず，不許可処
分が下されたならば，申請者は不満をもち，取消訴訟を提起
することになります。これらはすべて，【**タイプ 1**】の話題
です。

　では，申請者以外の第三者にとっては，自分に関係のない
ことなので，何の不満も生じないのでしょうか。必ずしもそ
うではありません。自宅近くに産業廃棄物処理場の建設が予

【タイプ 1】

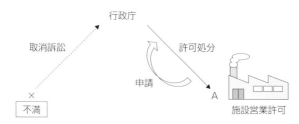

【タイプ3】

行政庁

取消訴訟　　　　　　　　　許可処分

申請

×　　　　　　　　　　　　　A

不満　　　　　　　　　　　施設営業許可

定されて，廃棄物処理業者に対して設置許可処分が出されれば，設置許可処分について不満をもつことがあり得ます【タイプ3】。

ことば　届　出

　申請とは異なり，法律上の効果を発生させるために行政庁の諾否の応答を必要としないものを**届出**とよびます（行手法2条7号）。届出の場合，形式上の要件を備えた届出書の提出さえ済ませれば，自己の期待する一定の法律上の効果を得ることができます。たとえば，探偵業の業務の適正化に関する法律4条1項は，探偵業を営もうとする者に都道府県公安委員会への届出を義務付けていますが，この届出が形式上の要件さえ備えていれば，探偵業を適法に営むことができるのです。
　ところが，かつての実務では，「水際作戦」といって，届出がなされても窓口で「不受理」とする取扱いがなされていたと言われます。いまだ受理されていないので，法律上の効果は発生しないというのです。しかし，行手法は「受理（不受理）」なる概念を否定して，届出義務は，「法令により当該届出の提出先とされている機関の事務所に到達したときに，当該届出をすべき手続上の義務が履行されたものとする」と定めたため（同法37条），もはやこのような事態は起こり得ません。

＊　さまざまな「届出」

　ただし，判例・実務上，住民基本台帳法22条に基づく転入届の「不受理」に対しては，取消訴訟が認められており（オウム真理教転入届不受理事件：最判平成15年6月26日判時1831号94頁・地方自治判例百選16）審査請求も可能です。用語法が不適切なのですが，この場合の転入届は行手法にいう「届出」ではなく「申請」であり，「不受理」は申請に対する不許可のことです。

　また，実務上は，戸籍法上の出生届がなされると住民票の記載が行われる取扱いになっていますが，出生した子について，正式の出生届を出さずに，子の住民票の記載を求めても，それは住民基本台帳法上，出生した子について住民票の記載という職権発動をすることを求める申出にすぎず，「申請」には該当しないと考えられます（最判平成21年 4 月17日民集63巻 4 号638頁・百選Ⅰ61参照）。

2　審査基準

（あ）概　　要

　一体，自分は申請のときまでに何をどこまで準備すれば許認可が得られるのか，申請者が事前にその基準を知ることができれば，これ以上望ましいことはありませんよね。みなさんが資格試験や検定試験を受けるときに，あらかじめ試験の出題範囲や採点基準が公表されている局面を想起してください。試験の前日までに，その出題範囲の傾向や採点基準に合わせた準備をしていくことでしょう（予測可能性の保障）。それに，あらかじめ内部の基準が設定されていれば，行政庁の恣意的な判断を防ぐことができます。このことは，申請がなされたときにすでに基準が設定されている場合と，申請がなされた後に一から審査を始める場合とを比較すれば，明らかでしょう（行政の透明性の確保）。

　このような趣旨で，行政庁は，許認可等をするかどうかを判断する基準（**審査基準**）をあらかじめ設定しておかなければならず（同法 2 条 8 号ロ・ 5 条 1 項），行政上特別の支障があるときを除いて，この審査基準を公表しておかなければならないとされています（同法 5 条 3 項）。

　説明が前後しましたが，要件裁量のところで取り上げたＹ県食品衛生法施行条例 4 条と別表（⇒**第 2 講**・23頁）は，まさに審査基準の機能をもつルールを定めたものです。

> ### 判例　個人タクシー事件
>
> 　審査基準の設定に大きな影響を与えたのが，個人タクシー事件です。事件が起きた昭和34年は，初めて個人タクシー免許が認められた年であり，かなりの狭き門でした。こうした状況下で，新規の個人タクシー営業免許の申請を却下された原告からの取消請求について，最判昭和46年10月28日民集25巻 7 号1037頁・百選Ⅰ114

は，当時の道路運送法6条は抽象的な免許基準を定めているにすぎないのであるから，内部的にせよ，さらに，その趣旨を具体化した審査基準を設定し，これを公正かつ具体的に適用しなければならないこと，特に基準の内容が微妙，高度の認定を要するようなものである等の場合には，右基準を適用する上で必要とされる事項について，申請人に対し，その主張と証拠の提出の機会を与えなければならないことを述べた上で，「免許の申請人はこのような公正な手続によって免許の許否につき判定を受くべき法的利益を有するものと解すべく，これに反する審査手続によって免許の申請の却下処分がされたときは，右利益を侵害するものとして，右処分の違法事由となる」として，申請却下処分を取り消しました。

（い）裁量審査における審査基準の役割

これは手続的違法の問題ではなく実体的違法の問題なのですが，裁判所が行政裁量の違法性を審査する際には，①行政庁が裁量権の行使に際して依拠した審査基準それ自体の合理性，および，②審査基準へのあてはめの合理性について審査するものとされているので（伊方原発判決：最判平成4年10月29日民集46巻7号1174頁・百選Ⅰ74），審査基準は重要です（⇒**第2講**・25頁）。

申請を拒否されて不満をもつ私人からみると，取消訴訟の中では，①そもそも行政庁が判断に際して依拠した審査基準の内容自体が妥当ではないこと，②仮に審査基準の内容が妥当であっても，行政庁が当該事案を審査基準にあてはめる仕方が不合理であったことを，二段構えで主張することになります。

（う）意見公募手続（パブリック・コメント）

行政庁が審査基準を設定するときは，事前に意見公募手続（パブリック・コメント）に付さなければなりません（行手法39条以下）。意見公募手続に付さずに設定した審査基準に基づいて下された不許可処分は，手続的に見て違法になります。意見公募手続には付したものの，提出された意見を十分に考慮せずに審査基準が設定された場合も同様です（行手法42条）。ただし，考慮義務を尽くしていないことを立証するのは容易ではありません（⇒**第4講**・65頁）。

3　理由の提示

申請者が拒否処分の違法性を主張するときに，一体自分はいかなる理由によって拒否処分がなされたのか，その理由を知ることができれば，処分の違法

性を主張する手がかりとなり，非常に便利です。そこで行手法8条1項は，行政庁が拒否処分をする場合には，同時に当該処分の理由を示すことを義務付けています。拒否処分を書面でするときには，理由を書面で示さなければなりません（同条2項）。

　行手法が拒否処分と同時に**理由の提示**を求めている趣旨は，このような①申請者にとっての不服申立ての便宜のほかに，②行政庁の判断の慎重と公正妥当を担保してその恣意を抑制することにあるとされています。行手法が制定された平成5年以前の事案ですが，最判昭和60年1月22日民集39巻1号1頁・百選I 118は，旅券法14条が一般旅券発給拒否通知書に拒否の理由を付記すべきものとした趣旨を①②に求めた上で，「いかなる事実関係に基づきいかなる法規を適用して一般旅券の発給が拒否されたかを，申請者においてその記載自体から了知しうるものでなければならず，単に発給拒否の根拠規定を示すだけでは，それによって当該規定の適用の基礎となった事実関係をも当然知りうるような場合を別として，旅券法の要求する理由付記として十分でないといわなければならない」として，「旅券法13条1項5号〔現在の7号〕に違反する」と根拠規定のみを示してなされた発給拒否処分を取り消しています。単に根拠規定を示すだけでは，理由付記としては不十分なのです。

　東京高判平成13年6月14日訟月48巻9号2268頁は，中国の医学校を卒業した原告が，日本の医師国家試験受験資格の認定申請を行ったところ，厚生大臣により却下されたため，その取消しを求めた事案です。却下処分には，「貴殿の医学に関する経歴等からみて」という理由のみが記されていました。東京高裁は，「当該処分に付すべき理由は，いかなる事実関係についていかなる審査基準を適用して当該処分を行ったかを，申請者においてその記載自体から了知しうる程度に記載することを要する」とした上で，厚生大臣は原告に対して審査基準を公表しておらず，また法律上義務付けられている理由の提示も行わずに処分を行っており，このような行手法の規定する重要な手続を履践しないで行われた処分は，当該申請が不適法なものであることが一見して明白である等の特段の事情がある場合を除いて，違法な処分として取消しを免れないとしました。最判昭和60年1月22日が「いかなる法規を適用して……」としていた点について，「いかなる審査基準を適用して当該処分を行ったかを，申請者におい

てその記載自体から了知しうる程度に記載することを要する」とした点が注目
されます。

　全般的に，判例は，理由の提示の不備があると，処分を取り消してもう一度
審査のやり直しを命じる傾向があります。まず，理由が提示されていないと，
申請者としては自分がどうして申請を拒否されたのか争いようがないため，申
請者の権利を著しく害するからです（不服申立ての便宜）。次に，きちんと審査
を行っているならば，申請を拒否した理由をきちんと示すことができるはずで
あり，理由を示すことができないのは，きちんと考えて審査していないとみな
されるからです（行政庁の恣意的判断の抑制）。行政庁がしっかり審査を行って
いたとしても，それが理由として示されていなければ確認できません。

　私は，判例が理由の提示の不備について厳しい態度を示すのは，単に理由を
示さなかったからというよりも，しっかり審査を行っていなかった（とみなさ
れる）ためではないかと考えます。せっかく手間ひまかけて審査を行ったので
すから，その証拠（エビデンス）として理由を的確に示しましょう。

4　標準処理期間

　行政庁は，申請者が今後の見通しをつけられるように，申請を審査して許
可・不許可の応答をするまでに通常要すべき標準的な期間（標準処理期間）を
公表しておかなければなりません（行手法6条）。とはいえ，標準処理期間はあ
くまで目安ですので，1日や2日くらい遅れた程度で違法とされることはあり
ません。もちろん，設定された標準処理期間をあまりに過ぎてなされた処分
は，違法です。

《**学習のポイント**》　標準処理期間を過ぎた場合の私人の救済

　標準処理期間を過ぎても処分がなされない場合，申請者からは，不作為の違法確
認訴訟や申請型義務付け訴訟（⇒**第10講**・157頁），不作為についての審査請求（⇒
第6講・95頁）を起こすことが考えられます。標準処理期間を徒過したことで，そ
の間に本当ならば得られるはずであった利益が得られなかったことの逸失利益や，
返答を待たされたことによる精神的損害について，国家賠償を求めることも考えら
れます（⇒**第11講**・184頁）。

5　公聴会の開催

公聴会というのは，申請者以外の者から意見を聴く機会を設けることです。これまで扱ってきた【タイプ1】とは異なり，【タイプ3】のように，Aが廃棄物処分場の設置許可処分を受けることに対して，周辺住民であるXが反対している場合などが考えられます。このようなとき，行政庁は，申請者であるA以外の者（Xら）の意見を聴く機会を設けるよう努めなければなりません（行手法10条）。

行手法は公聴会の開催を努力義務にとどめていますが，個別の法律では，利害関係者に対する公聴会の開催が義務付けられている場合もあります（土地収用法23条など）。

第3節　不利益処分

1　総　説

行政庁が直接に国民の権利を制限し，または義務を課す処分のことを，**不利益処分**とよびます（行手法2条4号）。業務改善命令，営業停止命令，営業許可の取消処分，所得税の更正処分や固定資産税の賦課決定などの課税処分一般，違法建築物の除却命令が典型的です。【タイプ2】を思い浮かべてください。さらに，一般に監督処分とか措置命令などと総称される，行政庁が事業者の活動をコントロールするタイプの行政処分も，不利益処分に分類されます。

【タイプ2】

行政庁

不利益処分

×

不満

2　処分基準

（あ）概　要

行政庁が不利益処分を下す場合，そもそも処分をするかどうか，またはどのような内容の処分をするかについてあらかじめ内部の基準が設けられていれば，行政庁の恣意的な判断を防ぐことができます。そこで，行手法は，行政庁に対して，不利益処分をするかどうか，またいかなる不利益処分をするかについて判断するための基準をあらかじめ設定し公表するように努めることを義務

付けました。この基準を**処分基準**とよびます（同法2条8号ハ・12条1項）。

（い）処分基準と審査基準の異同——設定・公表の努力義務——

　行政庁の従うべき基準という意味で，審査基準と処分基準は非常に似ています。ただし，処分基準の設定・公表は，審査基準の場合とは異なり，努力義務にとどめられています。処分の相手方に対する予測可能性の保障という観点からは，処分基準も設定・公表を義務付けるべきと思われるのに，なぜでしょうか。これについては，①不利益処分の実例が少なく，基準を設定するほどの蓄積がないこと，②あらかじめ行政の手の内を知らせてしまうと，巧みに処分基準をすり抜ける者が現れかねないことが，理由として挙げられています。みなさんが大学の授業を受けていて，担当の教員から，「この授業では3回欠席したら単位認定しない」と言われていたとき，「それならば2回までは欠席しても大丈夫なのだな」と思われては困るという趣旨です。

　ただし，道路交通法103条，同法施行令38条5項および別表第3が採用する自動車運転免許の停止・取消処分の点数制のように，処分基準に相当するルールがきわめて明確に公表されている場合もあります。これは，処分の相手方が大量に発生し，かつ違反の態様が定型的であるため，行政として公平・公正に対処する必要があるからです。

---

§　道路交通法（昭和35年法律第105号）

第103条　免許……を受けた者が次の各号のいずれかに該当することとなったときは，その者が当該各号のいずれかに該当することとなった時におけるその者の住所地を管轄する公安委員会は，政令で定める基準に従い，その者の免許を取り消し，又は6月を超えない範囲内で期間を定めて免許の効力を停止することができる。……

一～四　略

五　自動車等の運転に関しこの法律若しくはこの法律に基づく命令の規定又はこの法律の規定に基づく処分に違反したとき……

六～八　略

2～10　略

---

§　道路交通法施行令（昭和35年政令第270号）

第38条

5　免許を受けた者が法第103条第 1 項第 5 号から第 8 号までのいずれかに該当することとなった場合についての同項の政令で定める基準は，次に掲げるとおりとする。

　一　次のいずれかに該当するときは，免許を取り消すものとする。

　　イ　一般違反行為をした場合において，当該一般違反行為に係る累積点数が，別表第 3 の一の表の第一欄に掲げる区分に応じそれぞれ同表の第二欄，第三欄，第四欄，第五欄又は第六欄に掲げる点数に該当したとき。

　　ロ　別表第 4 第 1 号から第 3 号までに掲げる行為をしたとき。

　二　次のいずれかに該当するときは，免許の効力を停止するものとする。

　　イ　一般違反行為をした場合において，当該一般違反行為に係る累積点数が，別表第 3 の一の表の第一欄に掲げる区分に応じそれぞれ同表の第七欄に掲げる点数に該当したとき。

　　ロ　別表第 4 第 4 号に掲げる行為をしたとき。

　　ハ　法第103条第 1 項第 8 号に該当することとなったとき。

別表第 3 （第33条の 2 ，第37条の 8 ，第38条，第40条関係）

一　一般違反行為をしたことを理由として処分を行おうとする場合における当該一般違反行為に係る累積点数の区分

第一欄	第二欄	第三欄	第四欄	第五欄	第六欄	第七欄
前歴がない者*	45点以上	40点から44点まで	35点から39点まで	25点から34点まで	15点から24点まで	6 点から14点まで
前歴が 1 回である者	40点以上	35点から39点まで	30点から34点まで	20点から29点まで	10点から19点まで	4 点から9 点まで
前歴が 2 回である者	35点以上	30点から34点まで	25点から29点まで	15点から24点まで	5 点から14点まで	2 点から4 点まで
前歴が 3 回以上である者	30点以上	25点から29点まで	20点から24点まで	10点から19点まで	4 点から9 点まで	2 点又は3 点

（う）裁量審査における処分基準の役割

　やはり手続的違法の問題ではなく実体的違法の問題なのですが，裁判所が行政裁量の違法性を審査する際には，①行政庁が裁量権の行使に際して依拠した

処分基準それ自体の合理性，および，②処分基準へのあてはめの合理性について審査することになると考えられます。私人の立場で見ると，①そもそも行政庁が依拠した処分基準の内容自体が妥当ではないこと，②仮に処分基準の内容が妥当であっても，行政庁が当該事案を処分基準にあてはめる仕方が不合理であったことを二段構えで主張することになります。

（え）意見公募手続（パブリック・コメント）

　行政庁が処分基準を設定するときは，審査基準の場合と同様，事前に意見公募手続（パブリック・コメント）に付さなければなりません（行手法39条以下）。意見公募手続に付さずに設定した処分基準に基づき下された不利益処分は，手続的に見て違法になります。意見公募手続には付したものの，提出された意見を十分に考慮せずに処分基準が設定された場合も同様です（行手法42条）。

3　聴聞と弁明の機会の付与

　行政庁が不利益処分をしようとする場合，処分の程度が重いときは処分の相手方の**聴聞**を行わなければならず，処分の程度が軽いときは処分の相手方に**弁明の機会を付与**しなければなりません（行手法13条1項）。処分の相手方に対して，いかなる処分が下されようとしているのかについて告知し，十分に事情を聴収することなしに，不利益処分を下してはならないのです。これを，告知と聴聞の保障とよぶことがあります。

　しばしば，営業停止命令は弁明の機会の付与で足りるのに対して，営業許可の取消しには聴聞を経ることが要求されると言われます。手続上の最大の違いは，弁明の機会が原則として書面審理であるのに対して（同法29条1項参照），聴聞では口頭審理が実施される点です。それ以外にも，聴聞では，当事者や利害関係人に対して，行政庁が行った事案についての調査結果の調書その他不利益処分の原因となる事実を証する資料について，閲覧することが認められています（同法18条1項）。処分の程度が軽い場合は簡略な手続で足りるけれども，処分の程度が重い場合は慎重な手続が要請されるという趣旨です。

　今般の行審法改正で導入された審理員制度（⇒**第6講**・96頁）は，聴聞における主宰者の制度をモデルとしたと言われています。主宰者には一定の除斥事由が定められています（行手法19条2項）。

4　理由の提示

　処分の相手方が不利益処分の違法性を主張するときに，一体自分はいかなる理由によって不利益処分がなされたのか，その理由を知ることができれば，不服申立てにおける違法性主張の手がかりとなり，非常に便利です。そこで，行政庁が不利益処分をする場合には，同時に当該処分の理由を示さなければならないとされています（行手法14条1項）。不利益処分を書面でするときには，理由を書面で示さなければなりません（同条3項）。

　理由の提示が要求される趣旨は，申請に対する拒否処分の場合と同様で，①処分の相手方にとっての不服申立ての便宜のほかに，②行政庁の恣意的な判断の抑制にあります。

　それでは，行政庁にはどの程度の理由の提示が求められるのでしょうか。一級建築士免許取消し処分が問題となった最判平成23年6月7日民集65巻4号2081頁・百選Ⅰ117は，(1)当該処分の根拠法令の規定内容，(2)当該処分に係る処分基準の存否および内容ならびに公表の有無，(3)当該処分の性質および内容，(4)当該処分の原因となる事実関係の内容等を総合考慮して決定すべきであり，処分基準が設定・公表されている場合には，処分の原因事実および根拠法条に加えて，処分基準の適用関係まで示されなければ，いかなる理由に基づいてどのような処分基準の適用によって当該処分が選択されたのかについて処分の相手方は知り得ないので，行手法14条1項の定める理由提示の要件を欠いた違法な処分となると判示しています。

　最判平成23年6月7日は，複雑な処分基準の適用関係がきわめてわかりにくく，いかなる点数操作によって最も重い免許取消し処分が選択されたのか誰にも読み取ることができなかった事案でしたが，その後の下級審で理由の提示が不備であるとされた事案では，違反の対象となる事実関係の摘示が不十分であったものが目立ちます（新潟地判平成23年11月17日判タ1382号90頁，熊本地判平成26年10月22日判例地方自治422号85頁など）。

　＊　**不利益処分は二当事者間の関係だけ？**

　ここまでの説明では，行政庁と処分の相手方の二当事者間の関係【**タイプ2**】を

念頭に置いてきました。ところが，不利益処分においても，この二当事者以外の第三者が登場人物に加わることがあります。それが，【タイプ4】です。そもそも，不利益処分というのは，公益を守るために行政庁がやむなく下す処分です。ということは，「誰かのために」不利益処分が下されているわけです。この「誰か」が，自分の利益を守るために，行政庁に対して不利益処分（監督処分などとよぶ場合があります）の発動を求める局面があるのです。そして，【タイプ4】は，実は【タイプ3】ときわめて問題状況がよく似ています（【タイプ3′】と名付けたいくらいです）。以下，この本では，行政法の問題状況を4つの局面に分けて説明していくこととします。

【タイプ4】

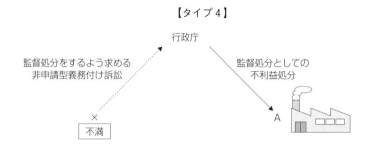

行政庁

監督処分をするよう求める
非申請型義務付け訴訟

監督処分としての
不利益処分

× A

不満

Tea Break 法と社会

　歴史，文化，暮らしといったことに関心のあった私は，学部生のとき，法社会学の研究者になろうと考えていました。法社会学というのは，社会と法との関係について洞察する学問のことで，川島武宜『日本社会の家族的構成』『日本人の法意識』に感銘を受けて，歴史や文化と関連付けて法を論じてみたいというのが，将来の希望でした。

　しかし，ダニエル・フット先生の法社会学ゼミを履修した際に，ある疑問が沸きました。フット先生はハーバード大学を最優等で卒業して実務での経験を積み，日米法の比較研究で功名を挙げた方ですが，私も，日本社会における法のあり方を論じるには，法の担い手である弁護士，検事，裁判官としての実務経験が多少なりとも必要なのではないか，と考えたのです。

　別に，法社会学者になるために，実務経験は必須ではありません。太田勝造先生のように，「法と経済学」の手法を応用した研究は，大きな潮流を形成しています。しかし，特段，ミクロ経済学やゲーム理論の造詣が深いわけでもない（むしろ苦手な）自分にとって，この手法を使いこなせるとはとても思えませんでした。

　そのような中，法科大学院が新設されて，今後研究者を志す者は，法科大学院を修了して，法解釈学の基礎的な素養を身に付けてからにするように，という方針が定められたのです（その後，この方針は基礎法ではどこかに飛んでいってしまいましたが……）。進路に悩む当時の私にとって，この方針の策定は，まさに渡りに舟でした。両親からは，弁護士になることを強く勧められていたので，法科大学院を出て司法試験に合格するまでは，学費も出してくれるだろうという（個人的にはかなり重要な）事情も手伝いました。

　初年度の法科大学院は，司法試験の高い合格率が保障されていたこともあってか，安心して学問に打ち込むことのできる環境でした。弁護士を特権階級ではなく，少し頑張れば取得できる資格にすることで，多様な人材を法曹界に送り込むことが司法制度改革の趣旨だったわけですが，既得権益の側からネガティブキャンペーンを張られて，合格者数が頭打ちになり，法曹志願者離れ，法学部離れという寂しい結果を招いてしまいました（個人的には，競争原理ばかりでなく，ある程度安心して将来を保障する環境がないと，長期的な視点に立った資質の涵養は望めないと思います）。

　ともかく，そうした自由な学問的雰囲気の中で出会ったのが，行政法学でした（「**行政法の魅力**」につづく）。

第4講 行政処分をめぐる諸問題，行政立法

第1節 行政処分をめぐる諸問題

1 行政処分の種類

（あ）行政処分の一覧

　最初に，伝統的な行政法学の教科書でふれられてきた行政行為の一覧表をお見せします。ここでは，学問的な分類の話題なので，あえて「行政行為」とよんでいますが，行政処分と同じ意味です。

表4-1　行政行為の一覧表

行　政　行　為		
法律行為的行政行為		準法律行為的行政行為
命令的行為	形成的行為	
① 下命（せよ） ② 禁止（するな） ③ 許可（してよい） ④ 免除（しなくてよい）	⑤ 特許 ⑥ 認可 ⑦ 代理	⑧ 確認 ⑨ 公証 ⑩ 通知 ⑪ 受理
① 下命：　国民に一定の作為義務を負わせる行為。固定資産税の賦課処分，違法建築物の除却命令，業務改善命令など。 ② 禁止：　国民に一定の不作為義務を負わせる行為。営業停止命令など。 ③ 許可：　法令で一般的に禁止されている不作為義務を個別的に解除する行為。飲食店の営業許可，自動車の運転免許など。 ④ 免除：　法令で一般に課されている作為義務を解除する行為。就学義務の免除など。 ⑤ 特許：　国民が本来有していない法的地位を新たに付与する行為。道路・河川の占用許可，		

鉱業権の設定など。　＊知的財産法でいう「特許権の付与」は⑨公証なので注意！
⑥　認可：　国民の法律行為を補充し，その法律上の効力を完成させる行為。農地転用の許可，公共料金の認可など。
⑦　代理：　第三者のなすべき行為を行政機関が代わって行い，第三者が行ったのと同一の効果を発生させる行為。主務大臣による独立行政法人の役員の選任など。
⑧　確認：　ある事実や法律関係について疑いや争いのある場合に，その存否・成否を確定ないし認定する行為。当選人の決定，恩給の裁定など。
⑨　公証：　ある事実や法律関係について疑いも争いもない場合に，その存在を公に証明する行為。選挙人名簿への登録，不動産の移転登記など。
⑩　通知：　特定の事項を特定または不特定多数の者に知らせる行為。行政代執行の戒告など。
⑪　受理：　他人の行為を有効な行為として受け付ける行為。不服申立ての受理など（ただし，行手法の「届出」との関係で，使い方には注意が必要である）。

　このような一覧表を見せられると，みなさんの多くには，「覚えなきゃ！」とする習性が働くようです。しかし，覚える必要はまったくありません。本当に身に付けなければいけないのは，この本で述べる事柄だけです。なお，次の囲み記事の内容は，いくつかの約束事のようなものです。

《学習のポイント》　講学上の概念と実定法上の用語

　①〜⑪に示した講学上の概念と実定法上の用語は一致していないので，注意してください。特に，講学上の「特許」や「認可」であっても，実定法上は「許可」と表記されていることがほとんどです。このあたりが行政法への苦手意識を生んでいることは，申し訳ない限りです。

ことば　法律行為的行政行為と準法律行為的行政行為

　行政庁の意思によって行政行為の効果が左右されるものを法律行為的行政行為とよび，法律がある事実行為に対して効果を与えているにすぎず，行政庁の意思が行政行為の効果に影響を及ぼしているわけではないものを，準法律行為的行政行為とよぶことがあります。とはいえ，準法律行為的行政行為の中には，事実行為との区別がつかないものが含まれており，あまり気にする必要はありません。

ことば　形式的行政処分

　⇒**第５講**・79頁で説明します。

（い）許可と特許の区別

矢印つき信号

　１つ目に押さえておく必要があるのは，**許可**と**特許**の区別についてです。繰り返し，設例として，食品衛生法の飲食店営業許可を挙げてきましたが，講学上の「許可」のもつ意味について確認しましょう。「許可」とは，本来私人に備わっている自由（その根拠は，自己決定権・幸福追求権（憲法13条）であったり，表現の自由（憲法21条１項）や居住・移転・職業選択の自由（憲法22条１項）であったりします）を取り戻す行為であり，「一般禁止の特定解除」などと言われます。どういうことかというと，人間にはラーメン屋やケーキ屋を開く本来的な自由があるのですが，好き放題に飲食店の営業を許すと衛生管理が不十分となり，食中毒事件がたくさん発生してしまうので，まずはすべての人に対して一般的に飲食店の営業を禁止しておき，その設備などが衛生管理の要件を満たす者に対してのみ，禁止を解除すると考えるのです。イメージとしては，右側を向いた矢印のついた赤信号を思い浮かべるとよいかもしれません。全員に止まるように命じておいて，右折だけは許すよという感覚です。講学上の「許可」の例は数多く，飲食店の営業許可のほか，都市計画法に基づく開発許可，道路交通法に基づく自動車の運転免許など，いろいろなものがあります。

　これに対して，私人に元々備わっていない権利を創設的に付与するのが講学上の「特許」です。道路・河川の占用許可，公有水面の埋立て免許，鉱業権の設定，電気・ガス・鉄道事業の許可などが，講学上の「特許」の例として挙げられます。なお，特許法上の「特許権の付与」とは意味が異なるので，注意してください。講学上の「特許」は，その語感通り，「特別に許す」という意味で理解するのがわかりやすいです。

　講学上の「許可」と「特許」の違いは，その付与に関する行政裁量の広狭に影響するとされています。つまり，飲食店の許可ならば，（公共の福祉によって制約されているとはいえ）本来ならば私人に憲法上保障されているはずの営業の自由（憲法22条１項）を回復させる行為であり，行政裁量は狭くなるのに対して，公有水面埋立ての免許（講学上の「特許」）に関しては，元々そのような権

利を私人が有しているわけではないから，行政の広範な裁量が認められるというのです。ただし，現在でも伝統的な「特許」の概念がそのままあてはまる例は多くはありません。

＊ 講学上の「特許」の現在

　講学上の「特許」に該当するとされるのは，元々一般公衆に広く利用されるべきものであって，国（行政）が管理するのが相応しいと考えられるものです。河川の占用許可や公有水面の埋立ての免許について言えば，河川や公有水面は一般公衆の利用に供されるものであり，特定私人に独占的な使用を認めるべきではありません。もし何らかの必要があって，特定私人に対して例外的に特許を付与するならば，国民の本来的自由に関わる問題ではないから，どのような観点から誰に特許を与えるのか，行政庁は比較的自由に判断してよいというわけです。

　エネルギー・交通事業における事業者への許可は，「公企業の特許」とよばれてきました。これらのインフラ事業は，伝統的に国の任務であると解されてきたからです（自然独占）。現在でも，インフラ事業の許可を得た事業者は，特定の地域で独占的な営業をすることができる一方で，契約締結が強制されるなど，利用者に対するサービス供給が義務付けられており，料金も認可なく自由に決めてはいけないといった制約がかけられます（公益事業規制⇒**第5講**・78頁）。

　しかし，時代の変化により，これらの事業を本来的に国家のなすべき事業であると解する必要性は失われてきており，新規参入も比較的容易に認められるようになってきました。最近では，インフラ事業の許可に対して伝統的な「特許」の法理をそのまま適用することは妥当でないという批判が有力です。ただし，行政職員として事業者に対する規制に携わることになるみなさんは，こうした議論の経緯だけでも知っておくべきでしょう。

（う）認　可

　2つ目に押さえておく必要があるのは，**認可**という概念です。しばしば「許認可」などと一緒にされますが，許可と認可はだいぶ性質が異なっており，認可とは，私人間で行われた法律行為の効力を補充して完成させる行為のことを意味します。

　農地の所有権等を移転するときには，農業委員会の許可（農地法3条1項）を受けなければいけないのですが，これに違反してなされた農地の売買は，私法上も絶対無効である（同条7項）というのが，講学上の認可の代表的な例です。

その他にも，インフラ事業におけるサービスの対価（いわゆる「公共料金」）の設定についても，所管官庁の認可が必要とされる例が数多くあります。先に説明したように，特定の地域でインフラ事業を独占的に営む企業は，そのまま放っておくと利用者の弱みに付け込んで料金をいくらでも吊り上げることができるので，押さえをかけておかなければいけないからです。

ことば　統制法規と取締法規

　これに関連して，「取締法規か統制法規か」という論点があり，判例の結論が逆になっています。臨時物資需給調整法は公認集荷・荷受機関や登録小売店舗以外の者が煮干いわしの売買をすることを禁じていたのですが，最判昭和30年9月30日民集9巻10号1498頁は，同法は統制法規であって，無資格者による取引の効力を認めない趣意であるとして，無資格者との間で締結された煮干いわしの売買契約を無効としました。

　他方で，Xから食肉を買い受けたYが食品衛生法の営業許可を受けていなかったことを理由に売買契約の無効を主張して代金の支払いを拒んだという事案では，最判昭和35年3月18日民集14巻4号483頁が，食品衛生法は単なる取締法規にすぎず，取引の私法上の効力は否定されないとして，Xからの代金の支払い請求を認容しました。

　結局は実定法の解釈なのですが，ある行政法規を遵守させるために，違反に対してどの程度の制裁を与えるかという問題でもあります。臨時物資需給調整法は終戦直後の経済混乱の下でのヤミ取引を規制する法律であり，違反に対しては私法上の効力を否定するという強い態度で臨む必要があったのに対して，通常は，行政法規違反に対して私法上の効力を否定するまでのことはないと考えられるでしょう。

　近年でも，確認済証を取得した後にその内容とは異なるマンションを建築することを目的とした請負契約の私法上の効力を否定した最判平成23年12月16日判時2139号3頁・百選Ⅰ10が注目されます。

2　行政処分の瑕疵（取消しと無効）

（あ）概　　要

　行政処分に不備がある場合を，「瑕疵がある」と表現します。瑕疵は，その程度に応じて，①行政処分が当然無効となるほど重大な「無効の瑕疵」，②取り消されるまでは行政処分が効力を有する「取り消し得る瑕疵」，さらには，

③瑕疵はあるけれども行政処分を取り消すまでのことはない軽微な瑕疵へと分けられます。

　取りかかりとしては，民法でいう「無効の瑕疵」と「取り消し得る瑕疵」の区別を想起すれば構いません。ただし，行政法の場合，無効と取消しの区別は大きな違いをもたらします。すなわち，職権あるいは争訟を通じて取り消されるまで，裁判所も一旦なされた行政処分については，これを有効なものとして扱わなければならないのです。なぜかと言えば，行政処分が一旦行われると，多くの人々に影響を及ぼすので，そんなに簡単にひっくり返すことは認められないという法的安定性が求められるからです。

　　[設例]　農地買収処分と売渡処分による農地の移転
　　非常に単純な例で説明します。X所有の農地が，自作農創設特別措置法（⇒**第13講**・221頁）による農地買収処分と売渡処分に基づき，行政庁により，きわめて低廉な価格でXから強制的に買い上げられ，きわめて低廉な価格でYに売り渡されました。ところが，この農地買収処分には所定の手続をふんでいない（取り消し得る程度の）瑕疵があったとします（なお，これらの処分の出訴期間はまだ経過していないものとします）。
　　このとき，みなさんならば，Xは所有権に基づく土地の明渡しを請求する民事訴訟を，直接Yに対して提起すればよいと考えるのではないでしょうか。XからYに対して，売買契約によって土地が引き渡されたところ，意思表示に瑕疵があったから取り消して土地を取り戻したいという局面とあまり違いがないように感じられるからです。
　　ところが，この[設例]では，行政庁による農地買収処分と農地売渡処分という行政処分が介在しているという事情が，大きな違いとなって現れます。実は，現行法上，民事訴訟の中で，裁判所が，行政庁により下された行政処分の効力を無いものとして扱うことは許されていません。したがって，Xは，農地買収処分と農地売渡処分の取消訴訟を提起してその勝訴判決を得てからでなければ，Yに対する民事訴訟を提起しても，土地明渡しという判決を得ることはできないのです。

　行政処分（行政行為）は，取り消されるまでは有効である。当たり前のことなのに，大論争が展開されてきた厄介な問題です。この本では，とてもふれる余裕はないので，深くは立ち入りません。

（い）職権取消しと争訟取消し

　行政処分を取り消す方法としては，職権取消しと争訟取消しがあります。職

権取消しというのは，行政処分の名宛人などからの働きかけがなくとも，行政処分を行った行政庁自身の意思で，その行政処分を取り消すことを指します。

これに対して，争訟取消しというのは，行政処分に不満をもつ人（行政処分の名宛人やそれ以外の第三者）から，審査請求や取消訴訟などが提起されて，その結果としての裁決や判決により，行政庁の意思にかかわらず，行政処分が取り消されることを指します。

ことば 取消訴訟の排他的管轄

裁判所であっても，民事訴訟において，行政処分に「②取り消し得るだけの瑕疵」があるからといって，その行政処分の効力を無いものとして扱うことは許されず，取消訴訟という特別な訴訟の判決を通じて取り消されるまでは，行政処分は有効なものとして扱わなければいけません（取消訴訟の排他的管轄）。取消訴訟という，行政処分の瑕疵の有無に絞って争う特別な訴訟を通じてでなければ，裁判所であっても，行政処分の効力を否定できないのです。取消訴訟の排他的管轄のことを「行政処分には公定力がある」と表現することもありますが，誤解を招きやすい概念ですので，公定力という言葉を使うことはおすすめしません。

（う）無効となる場合──重大明白説──

しかし，瑕疵の内容が重大かつ明白であって，一旦なされた行政処分を前提として形成された法関係に対する人々の信頼を保護する必要がないような局面では，そこまでして法的安定性を確保することもありません。典型的な例として，家が建っている土地を農地であると誤認して行われた農地買収処分が挙げられます。瑕疵の内容が重大かつ明白であるような場合には，行政処分の効力についても疑ってかかるべきであり，土地の上に家が建っているにもかかわらず農地であると（農地買収処分が有効であると）信じるような間抜けな人間は保護されないということです。これが，①行政処分が無効の瑕疵を帯びている局面です。

なお，重大だけでなく明白な瑕疵まで必要か，それとも重大な瑕疵だけで足りるかについては争いがあるところです。明白性の要件は，当事者以外の第三者を保護するために求められるので，行政庁と相手方だけの二面関係が問題となるような課税処分などでは，明白性は不要ではないかと言われています（参

照，最判昭和34年 9 月22日民集13巻11号1426頁・百選Ⅰ79，最判昭和48年 4 月26日民集
27巻 3 号629頁・百選Ⅰ80）。

（え）手続的瑕疵の帰趨

　瑕疵にも程度があり，③瑕疵はあるけれども行政処分を取り消すまでのこと
はない瑕疵というものもあり得ます。軽微な瑕疵の例としては，しばしば，手
続的な瑕疵が挙げられます。結論に影響を及ぼすような手続的瑕疵であれば，
②取り消し得る瑕疵や①無効の瑕疵になるでしょうが，それに至らない手続的
瑕疵の場合，どのように評価するかは見解が分かれます。

　手続的な瑕疵の場合，事後的に瑕疵が治癒されたとされる局面もあります
（最判昭和36年 7 月14日民集15巻 7 号1814頁，最判昭和47年12月 5 日民集26巻10号1795
頁・百選Ⅰ82）。

　ただし，**第 3 講**でふれた手続的なルールのうち，審査基準を設定・公表して
いなかったとか，不利益処分をする際に告知と聴聞を怠ったなどというのは，
少なくとも②取り消されるべき瑕疵であることは争いありません。さらに判例
は，理由の提示に不備のある行政処分は，ほぼ取り消して手続のやり直しを命
じていますので，注意してください。

3　行政処分の取消しと撤回

（あ）行政処分の取消し

　ここまで見てきたように，行政処分の取消しというのは，行政処分に最初か
ら備わっている瑕疵を理由に，その効力を失わせることです。自動車の運転免
許において，学科試験の点数が足りなかったのに，事務局のミスで合格点を
取ったものと扱ってしまい，免許が付与されたとします。このドライバーには
元々免許を付与してはいけなかったわけで，あとになって公安委員会が免許の
付与は間違いだったから試験を受け直してくださいという局面が，行政処分の
取消し（職権取消し）です。最初から許可の要件を満たしておらず，与えるべ
きではなかった許可を取り消す場合ですので，取消しの効力は遡及します。つ
まり，最初から許可を与えていなかったことになるのです。

　法律による行政の原理からは，職権取消しは特に制約なく認められるべきと
も思われます。しかし，違法とはいえ一旦行われた行政処分によって生じた関

係者の信頼を保護すべき局面も少なくないことから，行政処分の職権取消しは，その効果を維持することによって生ずる不利益がこれを取り消すことによって生ずる不利益と比較して重大であり，その取消しを正当化するに足りる公益上の必要があるときに認められるとするのが判例です（最判昭和43年11月7日民集22巻12号2421頁，最判令和3年6月4日民集75巻7号2963頁・百選Ⅰ85）。また，辺野古紛争（⇒第**6**講・96頁）に係る最判平成28年12月20日民集70巻9号2281頁・百選Ⅰ84は，職権取消しが適法であるか否かの審査は，当初の行政処分に違法または不当があると認められるか否かとの観点から行われるべきものとして，職権取消しが広く許容される可能性を認めています。

（い）行政処分の撤回

これに対して，行政処分の撤回というのは，行政処分に後発的に生じた瑕疵を理由に，その効力を失わせることです。自動車の運転免許で言えば，実技試験も学科試験もパスして，免許が付与されたときにはその要件が備わっていたのですが，あまりに乱暴な運転が多く，違反点数の累積により免許が取り消されるような場合を考えてください（なお，講学上は「撤回」なのですが，法令上は「取消し」という言い回しが用いられるので，注意が必要です）。この場合，最初に免許が付与されてから取り消されるまでは，免許の効力は有効です。つまり，行政処分の撤回については，その効力は遡及せず，免許が取り消されるまでの運転は適法です。なお，職権取消しを行う場合だけでなく，撤回を行う場合にも，聴聞を行う必要があります。

（う）法律の根拠のない撤回の可否

問題になるのは，法律の根拠なく行政処分を撤回することはできるのかということです。相手方の不利益になりますので，明文の法律の根拠が必要なようにも思えますが，行政処分の根拠が法律に定められていれば，その中に撤回を行うことまで授権されていると考えて，撤回を行うことができると解されています。優生保護法（当時）の指定医師の指定取消しについて争われた菊田医師事件において，最判昭和63年6月17日判時1289号39頁・百選Ⅰ86は，行政処分の撤回を行う上では法令の根拠は必ずしも必要ではなく，行政処分を撤回する必要性がそれによって生じる不利益を上回る場合には，撤回が許されるとしました。「それによって生じる不利益」については，授益的処分の撤回により不

利益を受ける者のことを考慮しなければなりません。

> **＊　目的外使用許可の撤回と損失補償**
>
> 　最判昭和49年2月5日民集28巻1号1頁・百選I 87は，行政財産の目的外使用許可を撤回する局面では，損失補償が要請され得ることを示唆しました。ただし，当該事案の解決としては損失補償の必要性を否定しています（⇒**第13講**・219頁）。

> **＊　上級行政庁による職権取消しと撤回の可否**
>
> 　上級行政庁による職権取消しや撤回は可能かという論点については，「法律が定めた権限配分は容易に動かすべきでない」と理解しておくとよいでしょう。たとえば，法律が定めた権限配分を尊重する趣旨から，上級行政庁といえども，行政処分の撤回は許されません。職権取消しの場合には見解が分かれていて，上級行政庁は争訟取消しをなし得る（審査請求における審査庁になった場合）のだから職権取消しも可能なはずであるとする見解と，上級行政庁といえども指揮監督権に基づいて職権取消しを命ずることができるにとどまり，直接に職権取消しを行うことは認められないとする見解が対立しています。

4　行政処分の附款

　営業許可を行う際には，（法律に特段の定めがなくとも）5年間といった有効期限を付けることが一般的です。このように，法律に定められた以外の内容を行政処分に付け加えることを，附款とよびます。附款には，条件，期限，負担，撤回権の留保があるとされます（詳細は，塩野宏『行政法I　行政法総論〔第6版〕』（有斐閣・2015）198頁以下）。

　条件は，行政処分の効力の発生・消滅を発生不確実な事実にかからしめるものです。民法の条件と同様に考えて構いません。会社の成立を条件として許可を行う（停止条件）とか，一定期間内に工事に着手しなければ許可が失効する（解除条件）といったものが考えられます。

　期限は，行政処分の発生・消滅を発生確実な事実にかからしめるものです。許可に際して5年の有効期間をつけるというのは，期限です。

　負担は，許可などに際して，一定の義務を付加するものです。道路の占用許

可に当たり占用料の納付を命ずるとか，道路上での集団示威行進を許可するに当たり蛇行進をしてはならないといった要件を加えることです。一般には，「許可に条件を付す」と表現されることがあるので，混同しないようにしましょう。

撤回権の留保は，行政処分をする際にあらかじめ撤回（⇒56頁）を行うことがあることを宣言する附款です。ただし，撤回権の留保が明示されていなくとも有効に撤回はなし得ますし，逆に撤回権が明示的に留保されていても，撤回が制限されることはあります。

附款の内容が違法であると考えた場合，附款だけを取り出して取消訴訟を提起することも許されると言われています。ただし，附款が行政処分の重要な一部を構成しているようなときは，附款だけを取り出して取消訴訟を提起することは許されず，行政処分全体について取消訴訟を提起する必要があります。

第2節　行政立法

1　総　説

行政処分は，法律に従って発出されるのですが，その細目の要件は，**行政立法**によって定められていることが少なくありません。行政立法とは，国会が制定した法律の趣旨をその運用において具体化するために，執行機関である行政庁が細目的な規範を定めることをよびます。法律は一旦制定すると，そんなに簡単に改正を行うことができないので，日々刻々と変化する社会情勢に柔軟に対処するためには，ある程度幅をもたせた規定ぶりにする必要があります。そして，日々刻々と変化する社会情勢に適時・適切に対応するのは，行政庁限りで策定することのできる行政立法の役割なのです。

たとえば，**第2講**と**第3講**では食品衛生法の事例を挙げてきましたが，飲食店の営業許可の具体的な審査基準は，食品衛生法54条の委任に基づき，Y県食品衛生法施行条例4条と別表（⇒**第2講**・23頁）によって定められていました。これは，飲食店営業の細かい要件は「地域の実情」を反映した条例で定めて，実際の事案に適用し，許可の是非を判断するのがよいと（法律の）立法者が考えたからです。

　同じように，どの食品は食べてもよくて，どの食品は食べてはダメだというような細かい事項は，法律では規定されていません。数年前，牛肉の生レバーによる食中毒事件が相次いだことを受けて，厚生労働省が牛肉の生レバーの提供を禁止したことを覚えている人は多いでしょう。この施策は，法的には，食品衛生法11条1項において厚生労働大臣が定めることとされている「規格」としての「食品，添加物等の規格基準（昭和34年厚生省告示第370号）」を改正して，「第1　食品」の部の「B　食品一般の製造，加工及び調理基準」に「項目9」を付け加えることで行われました。改正後の規定を，以下に示します。

---

§　食品衛生法（昭和22年法律第233号）

第13条　厚生労働大臣は，公衆衛生の見地から，薬事・食品衛生審議会の意見を聴いて，販売の用に供する食品若しくは添加物の製造，加工，使用，調理若しくは保存の方法につき基準を定め，又は販売の用に供する食品若しくは添加物の成分につき規格を定めることができる。

2　前項の規定により基準又は規格が定められたときは，その基準に合わない方法により食品若しくは添加物を製造し，加工し，使用し，調理し，若しくは保存し，その基準に合わない方法による食品若しくは添加物を販売し，若しくは輸入し，又はその規格に合わない食品若しくは添加物を製造し，輸入し，加工し，使用し，調理し，保存し，若しくは販売してはならない。

3　略

---

§　食品，添加物等の規格基準（昭和34年厚生省告示第370号）

第1　食品

B　食品一般の製造，加工及び調理基準

9　牛の肝臓又は豚の食肉は，飲食に供する際に加熱を要するものとして販売の用に供されなければならず，牛の肝臓又は豚の食肉を直接一般消費者に販売する場合は，その販売者は，飲食に供する際に牛の肝臓又は豚の食肉の中心部まで十分な加熱を要する等の必要な情報を一般消費者に提供しなければならない。ただし，第1食品の部D各条の項○食肉製品に規定する製品（以下9において「食肉製品」という。）を販売する場合については，この限りでない。

　販売者は，直接一般消費者に販売することを目的に，牛の肝臓又は豚の食肉を使用して，食品を製造，加工又は調理する場合は，その食品の製造，加工又は調

理の工程中において，牛の肝臓又は豚の食肉の中心部の温度を63℃で30分間以上加熱するか，又はこれと同等以上の殺菌効果を有する方法で加熱殺菌しなければならない。ただし，一般消費者が飲食に供する際に加熱することを前提として当該食品を販売する場合（以下9において「加熱を前提として販売する場合」という。）又は食肉製品を販売する場合については，この限りでない。加熱を前提として販売する場合は，その販売者は，一般消費者が飲食に供する際に当該食品の中心部まで十分な加熱を要する等の必要な情報を一般消費者に提供しなければならない。

　牛肉の生レバーの提供禁止という重要な施策を実施する上で，法律の本体には手を付けず，告示の改正が重要な意味をもったことが理解できるでしょう。実際の行政実務は，行政立法まで精査しなければ把握できないのです。

　ただし，法律の細目的な定めを行政立法に委ねると，告示なり通達なりの発出を機縁として実務が変更されることもあり得ます。最判昭和33年3月28日民集12巻4号624頁・百選Ⅰ51は，それまで非課税物品として取り扱われてきたパチンコ球遊器について，通達の発出を契機として課税されるようになった事案ですが，元々物品税法の「遊戯具」の中にパチンコ球遊器は含まれるものと解釈できるのであり，通達による課税を認めたわけではなく，租税法律主義（憲法84条）には違反しないとしました。

2　法規命令と行政規則

　法律による行政の原理から，法律に違反する行政活動は効力を有しません（⇒第1講・6頁）。したがって，本講では，行政立法が法律に適合しているか判断することが，話題の中心になります。せっかく法律で規律した事項が，行政立法の定めによって骨抜きにされては，元も子もないからです。

　その前に，行政立法の分類について理解しましょう。行政立法は，①行政外部にまで効力を有する法規命令と，②行政内部でのみ効力を有するにすぎない行政規則へと分類されます。

　①　法規命令

　行政内部だけではなく，行政外部にも効力を有する規範を，**法規命令**とよび

ます。具体的には，政令（内閣が制定），省令（各省大臣が制定），内閣府令（内閣総理大臣が制定），規則（委員会・外局の長，会計検査院，人事院が制定）を指します。用語法がややこしいのですが，政令は，「○○法施行令」，省令・規則は，「○○法施行規則」という形式をとります。地方公共団体の制定する条例は，法規命令と性質がよく似ています。

　② 行政規則

　行政内部でのみ効力を有する規範を，**行政規則**とよびます。訓令，告示，通達，ガイドライン，そして**第3講**で学んだ裁量基準（審査基準・処分基準）が該当します。先に掲げた「食品，添加物等の規格基準」は，行政規則です。

＊ 行政規則と外部効果

　行政規則は行政内部のマニュアルにすぎないため，私人に対する外部効果はありません。裁判所も，行政規則には拘束されることなく，自由に法律を解釈することができるというのが，基本的な考え方です。したがって，取消訴訟において原告が「この処分は告示や通達に反している」と主張しても，それだけで処分が違法と判断され取り消されることはありません。問題とされるのは，あくまでも，処分が裁判所の行った根拠法令の解釈や法の一般原則（平等原則・比例原則）に適合するか否かだからです。ただし，実際には，裁判所が行政規則の内容を精査した上で，それを「裁判所自身の見解」として解釈に採用することが多く見られます。

ことば　さまざまな「命令」

　「命令」というとき，営業停止命令や違法建築物の除却命令のように，私人に対して具体的な作為・不作為を命じる個別の行政処分を意味することもあるのですが，ここでの命令は，行政機関が定立する法規範（行政立法）のことを指します。

3　行政立法の法律適合性

　さて，行政立法の違法性（＝法律適合性）は，いかなる局面で問題になるのでしょうか。最初に，憲法との関係で述べたことを思い出してください。下の図に描いたように，下位にある規範・行政処分は，上位の規範に違反してはいけません。**第1講**で学んだ法律の優位は，②③に関係する原則です。

図4-1　規範相互の優先関係

①　　　　②　　　　③
憲法───→法律───→政省令───→行政処分

　以前に述べたように，ほとんどの場面では，法律は正しく制定されています。正しい法律に忠実に従った行政処分は，問題なく適法です。でも，間違った法律に忠実に従った行政処分は，いかがでしょうか。これは，もとにある法律がおかしい（違憲である）ので，行政処分も違憲ということになります。いずれかの段階で，上位の規範への違反が起きていれば，残念ながら，それ以降の行為は，すべて違法（ないし違憲）になるのです。

　これと同じことで，正しい法律にきちんと従わない行政立法が制定されれば，行政立法が違法であるため，それに忠実に従った行政処分も違法になります。このように，どこに問題があるのかを突き止めることが，ポイントです。

　具体的な事案の解決においては，行政処分の取消しを求めたいのだけれども，その行政処分は行政立法に忠実に従っているだけというような場合に，行政立法の法律適合性が問題となります。その場合，取消訴訟の原告は，そもそも根拠となっている行政立法が法律に違反するもので違法・無効であり，したがって行政処分も違法・無効であると主張することになります。

4　行政立法の法律適合性が問題となった事例

　ここまで理解したら，あとは実際に問題となった事例を押さえれば十分です。

【判例①】　最大判昭和46年1月20日民集25巻1号1頁・百選I44では，買収農地の売払い相手を制限した農地法施行令旧16条は，自作農創設ないし土地の農業上の利用増進の目的に供しないことを相当と認めた土地は買収前の所有者に売り払わなければならないことを定めた農地法80条の委任の範囲を超えて無効であると判断された。

【判例②】　銃刀法は刀剣類の所持を一般的に禁止しているが，「美術品として価値のある刀剣類」（旧銃刀法14条1項）については，登録を受ければ例外的に所持することを認めていた。ところが銃砲刀剣類登録規則4条2項は，登録を受けられる「美術品として価値のある刀剣類」を日本刀に限っていたため，サーベルを所持したいと考えた原告は，同規則は法律の委任を超えており無効であると争った。最判平成2年2月1日民集44巻2号369頁は，日本刀以外の所持を一切禁ず

る規則の規定は法律の委任の範囲内にあり，無効とは言えないとした。

【判例③】　最判平成 3 年 7 月 9 日民集45巻 6 号1049頁・百選Ⅰ45は，幼年者と被勾留者との接見を一律に禁止した旧監獄法施行規則120条は，被勾留者の接見の自由を著しく制限するものであり，外部の者との接見を原則として許すものとしている旧監獄法45条 1 項・50条の委任の範囲を超えて無効であるとした。

【判例④】　婚姻外で懐胎した児童には児童扶養手当が支給されるところ，当時の児童扶養手当法施行令 1 条の 2 第 3 号かっこ書は，父から認知された児童をその支給の対象外とする旨を定めていた。しかし，最判平成14年 1 月31日民集56巻 1 号246頁は，父から認知されたからといって父が現実に扶養してくれるとは限らないので，このような除外規定を設けることは法律の委任の趣旨に反して違法・無効であるとした。

【判例⑤】　東洋町解職請求署名簿無効決定訴訟：最大判平成21年11月18日民集63巻 9 号2033頁・地方自治判例百選26は，農業委員会委員が地方議会の議員の解職請求代表者となることを禁じた当時の地方自治法施行令115条・113条・108条 2 項・109条は，地方自治法85条 1 項の委任の範囲を超えた無効なものと判断した。

【判例⑥】　平成16年度以降，厚生労働大臣は老齢加算の段階的廃止を内容とする保護基準（生活保護法 8 条）の改定を行ったところ，最判平成24年 2 月28日民集66巻 3 号1240頁および最判平成24年 4 月 2 日民集66巻 6 号2367頁・百選Ⅰ47は，当該基準改定は厚生労働大臣の裁量の範囲を逸脱するものではなく適法であるとした。

【判例⑦】　医薬品ネット販売訴訟において，最判平成25年 1 月11日民集67巻 1 号 1 頁・百選Ⅰ46は，第 1 類・第 2 類医薬品の郵便等販売を禁ずる薬事法施行規則は，薬事法の委任の範囲を逸脱しており，違法・無効であるとした。

【判例⑧】　泉佐野市ふるさと納税訴訟：最判令和 2 年 6 月30日民集74巻 4 号800頁・百選Ⅰ48は，「ふるさと納税指定制度」において，過去に制度趣旨に反する方法で著しく多額の寄附金を受領した団体を指定から外すことなどを定めた平成31年総務省告示179号について，地方税法37条の 2 第 2 項の委任の範囲を逸脱しており，違法・無効であるとした（⇒**第 10 講**・171頁）。

ことば　**法律による白紙委任の禁止**

　ここまでは，行政法学の作法に従って，法律はひとまず正しいという前提の説明をしてきましたが，**図 4 - 1** の①の段階で法律が憲法の指示内容に違反しているだけではなく，②の段階で法律があまりに政省令に具体的な規律を丸投げしているよ

うな場合にも，法律は違憲になります（白紙委任の禁止）。猿払事件において最大判昭和49年11月6日刑集28巻9号393頁は，ほとんど人事院規則に具体的な違反内容の取決めを丸投げしているようにみえる国家公務員法の規定を合憲であるとしました。詳細は，憲法で学んでください。

ことば　**法令違憲と適用違憲**

　憲法で学ぶ法令違憲と適用違憲の問題も，さきほどの図で説明することが可能です。法律が憲法の指示内容に違反しているのが法令違憲の問題であるのに対して，法律（および政省令）は憲法に違反していないけれども，個別の行政処分の発出が憲法に違反するようなときが，適用違憲の問題となります。

5　行政立法と事前手続──意見公募手続──

（あ）命令等制定手続

　行政立法における事前手続といっても，ピンとこないかもしれません。簡単に言えば，行政立法を制定するときにふむべき手続のことです。国民一般に向けて法規範を制定する作業ですので，私人に対し個別・具体的に下される行政処分の場合とは，だいぶ手続が異なってきます。

　法規範を制定するというとき，国会が法律を制定する場合には，衆議院と参議院による公開の場での審議を経ることになりますので，審議が形骸化しているといった批判はあるものの，国民に開かれたオープンで慎重な手続がとられていることは確かです。しかし，行政立法は，行政機関限りで制定しますので，その審議過程が不透明です。そこで，行政立法の審議過程を公開して，国民から意見を募ることが，行政立法の事前手続として定められました。

　さて，行手法は，それまで講学上の概念であった行政立法を，「**命令等**」として定義しました（同法2条8号）。具体的には，法律に基づく命令（告示を含む）・規則，審査基準，処分基準，行政指導指針（俗にいう「要綱」のこと⇒**第5講**）を指します。行政立法を制定する手続は，実定法上，「命令等制定手続」と名付けられ，政省令を制定する機関（厚生労働省令における厚生労働大臣）は，「命令等制定機関」とよばれることになりました。

（い）命令等制定の一般原則

　命令等制定機関は，命令等を定めるに当たり，当該命令等がこれを定める根拠となる法令の趣旨に適合するものとなるようにしなければなりません（行手法38条1項）。「行政立法の法律適合性」で説明したように，行政立法は法律に違反してはならないことを確認的に定めたものです。

（う）意見公募の手順

　さらに，命令等を定めようとする場合には，当該命令等の案および関連資料をあらかじめ公示し，広く一般の意見を求めることが義務付けられました（行手法39条1項）。これを**意見公募手続**（パブリック・コメント）とよびます。

　意見公募手続において提出された意見は，命令等を定める場合に十分に考慮されなければならず（同法42条），提出意見とそれを考慮した結果や理由を公示しなければなりません（同法43条）。ポイントは，命令に対する賛否の多寡自体は考慮しなくてもよいことです。たとえ1人の意見であっても，命令制定機関がもっともな意見だと思うのならば，それを考慮して当初の案が変更されることもあり得るし，多くの反対意見が寄せられたところで，命令等制定機関が当初の案を通しても一向に構いません。命令等制定機関には考慮義務が課せられるのみで，それ以上は拘束されないのです。

　それでは，命令等制定機関が考慮義務を果たしたことは，どうやって確かめるのでしょうか。そのカギとなるのが，考慮した結果や理由の公示です。提出された意見を真摯に受け止めていれば，その意見をなぜ採用しなかったのか，理由をきちんと示すことができるはずである（理由を示せないということは，提出された意見を真摯に受け止めていない）と考えるべきでしょう。

＊　パブリック・コメントの広がり

　行手法でパブリック・コメントが義務付けられているのは，命令等を制定する際についてだけです。これに対して，地方公共団体の条例では，自治基本条例や行政手続条例など根拠はさまざまですが，条例を制定する際や重要な行政計画を策定する際にも，パブリック・コメントを行うことを義務付けているものがあります。また，国についても，閣議決定に基づいて，法律を制定する際や重要な行政計画を策定する際には，パブリック・コメントが実施されています。

---

6 行政立法と事後救済

先ほど説明したように，行政争訟の審理の際には，行政立法が法律の指示内容に反して違法であるために，それに従って行われた具体的な行政処分も違法であるという論理がとられます。ところで，そもそも行政立法が違法なのであれば，裁判で直接に行政立法の違法性を確認することができれば，最もわかりやすいのではないでしょうか。

しかし，このような考え方はわが国では採用されていません。規範が制定された段階では，まだ私人に及ぶ不利益が個別・具体的ではないからです。「生レバーを提供した者は厳罰に処する」というルールが制定された段階と，実際に生レバーを提供して厳罰に処されそうになった段階の違いというふうに説明しておきます。

この論理は，憲法で学んだ付随的審査制のしくみ（事件性の要件）とよく似ています。具体的な事件がないのに，抽象的なルールが制定されただけで，そのルールの違法性を争う規範統制訴訟は，日本法では認められていないのです（警察予備隊訴訟における最大判昭和27年10月8日民集6巻9号783頁・百選Ⅱ137）。

ただし，ごく例外的に，行政立法が制定された段階で私人に個別・具体的な法律効果が及ぶ場合が存在します。このような場合は，規範制定行為そのものを捉えて取消訴訟を提起することが認められています（⇒**第7講**・102頁）。

第**5**講　行政指導，行政契約，行政計画

《学習のポイント》　行為形式論

　いきなり難解な概念を表題に掲げましたが，「行為形式」というのはHand-lungsformen の直訳で，「活動形態」くらいに理解してください。伝統的な行政法学では，行政行為（行政処分）が考察の中心に据えられて，それ以外の行政の多様な行為形式については，行政行為と何が同じで，何が異なるのかに着目して検討が加えられてきました。しかし，複雑な現代の行政法を行為形式論で解明することはほとんど不可能であるという厳しい批判も有力です（阿部泰隆『行政法再入門（上）』（信山社・2016）47頁）。この本では，みなさんの理解のしやすさを最優先して，行政処分を**第2講・第3講・第4講**で説明した後，行政立法，行政指導，行政契約，行政計画について，行政処分との異同にポイントを当てて説明を行っています。

第1節　行政指導

1　非権力的な行為形式

　本講で学ぶ行政指導と行政契約は，行政処分とは異なり，行政が私人である相手の意思にかかわらず一方的に行うものではありません。必ず，相手との間に合意が得られなければ，行政契約は結ぶことができませんし，行政指導も，行政が行うお願いですから，聞き入れてもらえるかは相手の任意です。そのために，これらを行政の非権力的な行為形式などとよぶことがあります。

　私人である相手との合意が得られることが前提なのであれば，トラブルが起

きようがないと疑問に思うのではないでしょうか。法律は揉めごとを解決するためにあるので，揉めない事案では出番はないはずです。

　しかし，実際には，事実上の力関係の格差から，私人である相手にとって意に沿わないけれども，しぶしぶ行政に従っている局面があります。そのようなことが起きないように，行手法は，**行政指導**について「行政機関がその任務又は所掌事務の範囲内において一定の行政目的を実現するため特定の者に一定の作為又は不作為を求める指導，勧告，助言その他の行為であって処分に該当しないものをいう。」という定義を置く（同法2条6号）とともに，行政指導を行う際の手続的なルールを定めています。

　なお，行政指導には，①規制的指導（建築物の高さを低くするように求めるなど，私人に対して法定外の規制に従うよう求める行政指導），②調整的指導（紛争状態にある私人同士に対して利害の調整を行う行政指導），③助言的指導（申請の方法や補助金の交付などの便益について私人に教える行政指導）があるとされます。助言的指導は情報提供と性質が同じですので，そちらを参照してください（⇒**第15講**・266頁）。行手法が対象としているのは，もっぱら規制的指導です。

2　品川マンション訴訟と武蔵野マンション訴訟

（あ）背　　景

　規制的行政指導が問題となった局面は2つあります。1つ目は，海外の企業が日本市場に参入するときに，国の官庁から法定外の規制に従うよう求められるなど，外から見たとき市場参入に不透明な障壁（非関税障壁）が設けられていることが問題となった局面です。2つ目は，高度経済成長期に都市郊外のベッドタウンで展開された，市町村と開発事業者（デベロッパー）とのせめぎ合いです。判例が積み重ねられてきたのは，2つ目の局面ですので，こちらを例に説明していきましょう。

　開発事業者がマンションを建築するには，都道府県知事から開発許可を受ける必要があります（都市計画法29条）。開発許可の基準には，用途制限に適合していること（同法33条1項1号）や地すべりなど土砂災害の防止上支障がないこと（同項8号）などがあります。その上で，建築確認を受けて，建物自体が耐震構造を備えていることなどを確認してもらう必要があります（建築基準法6

条1項)。これらの規定に違反して無許可でマンションを建築すれば，開発事業者は処罰されます。

　しかし，開発許可制度が設けられるまで，乱開発を防ぐ法的しくみは存在していませんでした。昭和40年代から，高度経済成長に伴う人口増加のために，大都市の郊外はベッドタウン化して，都市開発をめぐるさまざまな問題が生じていました。郊外の市町村は，人口や税収が増えるのはよいけれども，あまりに急な人口増加に上下水道や道路などのインフラ整備が追い付かないと，地域の住環境が悪化するというジレンマを抱えていました。少子化の現在では想像が付きませんが，子どもが増えれば学校の教室がなくなってしまいます。乱開発への対応が，市町村の急務となったのです。

（い）要綱に基づく行政指導

　そこで，健全な地域社会を形成するために，全国の市町村では，要綱が策定されました。要綱は，行政立法のうちの行政規則に該当し，行政内部的に定められた規範のことです（⇒**第4講**・60頁）。要綱の典型例である開発指導要綱には，開発許可や建築確認の申請をしてきた開発事業者に対して，①周辺住民から開発計画に対する同意を得ること（同意条項），②立地市町村と協議すること（協議条項），③高さ，容積率，建ぺい率などについて，法定外の規制に従うこと（規制条項），④公共用地の提供や開発負担金の支払いなど，さまざまな負担に応じること（負担条項）という内容の行政指導を行うべきことが定められていました。要綱とは，市町村の担当部局に対して「開発事業者が開発を始めたら，このように対応しなさい（特に，このような行政指導をしなさい）」と定めた行政内部のマニュアルであると考えればよいでしょう。要綱に基づく行政指導によって公共の利益を確保しようとした一連の行政活動のことを，要綱行政とよびます。

　ところで，①②③④のような内容を定めるのならば，条例の制定が必要なのではないかと疑問に思うかもしれません。この点が行政指導の妙味でして，要綱に基づいて開発事業者になされる行政指導には法的拘束力が認められません。つまり，開発事業者にはこれらの行政指導に従う法的義務はないのです。逆に言えば，そうであるからこそ，行政規則にすぎない要綱の中で以上のような規定を置くことが許されるわけです。もしも，開発事業者に法的義務を課し

たいのならば，必ず条例で規定しなければいけません。

＊　要綱行政の背景

詳しくは地方自治法で勉強してもらいたいのですが，条例を制定せず要綱に基づく行政指導が多用された背景には，⑴条例は「法律の範囲内」で制定されなければならないところ（憲法94条，地方自治法14条１項），かつては法律先占論とよばれる考え方が支配的であり，地域の実情を反映した条例を定めるために現在ほど自由度が高くなかったこと，⑵開発許可などの事務は平成11年の地方自治法改正まで機関委任事務であり，各市町村で自由に条例を制定することができなかったことが挙げられます。現在では，こうした制約は解消し，まちづくり条例などとして，要綱で定められていた内容を条例化する動きが盛んです。ただし，付近住民の同意を求めたり開発負担金の納付を要求するなど，法定外の，それも条例に書き込むと財産権の過剰な制約として違憲無効になりそうな行政指導の根拠としては，依然として要綱は用いられ続けています。

しかし，要綱行政には，法治主義の観点から大きな問題がありました。「行政指導に従う法的義務はないのだから，問題ない」というのは建前にすぎず，実際には，行政庁が許認可権限などをちらつかせて，開発事業者に対して義務のない行政指導に従うように強要することが少なくなかったのです。そして，要綱行政の違法性が裁判で争われることとなりました。

（う）建築確認の留保──品川マンション事件──

昭和47年10月，東京都品川区で，開発事業者Ａがマンションを建設するために建築確認の申請を行いました。しかし付近住民がマンション建設に反対していたため，東京都の紛争調整担当課職員は，事業者に対して，付近住民と話し合って紛争を円満に解決するように行政指導を行いました。その間，建築確認の審査をしていた東京都建築主事は，12月末には申請自体に問題はないと判断したのですが，紛争解決まで建築確認を留保することにしました。

ところが，昭和48年２月になり，東京都は新高度地区案を発表し，すでに確認申請をしている建築主に対しても（新たな行政指導により）設計変更を求めることにしました。Ａは，このままでは設計変更により多大な損害を被るおそれがあると考えて，３月１日，東京都建築審査会に対し，自身の申請を速やかに処理するように審査請求を申し立てました（不作為の違法を確認する審査請求⇒第

6講・95頁）。4月2日に，ようやくAは建築確認を受けることができましたが，違法な建築確認の遅延によって損害を受けたとして，東京都に対し，昭和48年1月5日から約3か月分の損害賠償を請求しました。

最判昭和60年7月16日民集39巻5号989頁・百選Ⅰ121は，建築主が任意に行政指導に応じている間は建築確認を留保しても違法ではないけれども，建築主が行政指導には応じられないとの意思を真摯かつ明確に表明し，建築確認申請にただちに応答すべきことを求めている場合には，「行政指導に対する建築主の不協力が社会通念上正義の観念に反するものといえるような特段の事情」がない限り，行政指導が行われているとの理由だけで確認処分を留保することは違法であるとしました。具体的には，3月1日以降の確認処分の遅延が違法とされて，損害賠償が認められました。

（え）給水契約の拒否──武蔵野マンション事件──

東京都武蔵野市では，昭和46年に「宅地開発等に関する指導要綱」を制定し，10メートル以上の中高層建築物を建てる場合には日照に影響を受ける関係住民の同意を得ること，建設計画が15戸以上の場合には小中学校の用地取得費・施設建設費を「教育施設負担金」として市に寄付することなどを開発事業者に求めてきました。

事業者Bは，関係住民の過半数の同意は得たのですが，関係住民すべての同意を得るように求める市長と紛争になりました。Bは市長に給水契約を申し込んだものの，申込書の受領が拒絶されたため，「正当の理由」なしに給水契約の締結を拒否することを禁じる水道法15条1項に違反したとして，市長が起訴されました。最決平成元年11月8日判時1328号16頁・百選Ⅰ89は，行政指導に従わせるために給水契約の締結を留保することは許されないとして，「正当の理由」を認めず，市長を有罪としました。

市に1500万円余りの教育施設負担金を納付した事業者Cが，負担金の要求は違法な「公権力の行使」であるとして，納付額分の損害賠償を市に請求しました。最判平成5年2月18日民集47巻2号574頁・百選Ⅰ95は，給水契約の締結拒否等の制裁措置を背景として，マンションを建築しようとする者に教育施設負担金の納付を事実上強制したものであり，本来任意に寄付金の納付を求めるべき行政指導の限界を超えた違法な「公権力の行使」であるとしました。

3 行政手続法による規律

　こうした判例の展開を受けて，平成 5 年に制定された行手法では第 4 章に行政指導に関する規定が設けられ，同法33条は，「申請の取下げ又は内容の変更を求める行政指導にあっては，行政指導に携わる者は，申請者が当該行政指導に従う意思がない旨を表明したにもかかわらず当該行政指導を継続すること等により当該申請者の権利の行使を妨げるようなことをしてはならない」と定めて，品川マンション判決を確認しています。

　ただし，行政指導への拒絶の意思表明は「真摯かつ明確に」なされなくともよく，品川マンション判決にあった「行政指導に対する建築主の不協力が社会通念上正義の観念に反するものといえるような特段の事情」という言い回しは削られています。これらはいずれも行政指導を正当化する事由ですから，行手法では，行政庁に対して厳しい態度が示されたわけです。

＊　行政指導の継続を正当化する「特段の事情」

　品川マンション事件の最高裁判決は，「特段の事情」がある場合には，行政指導の継続が例外的に許される余地があるように読めます。具体的には，開発事業者と付近住民との間に実力衝突が起きる危険が存在する場合などが考えられるでしょう（参照，中野区マンション事件：最判昭和57年 4 月23日民集36巻 4 号727頁・百選Ⅰ120）。

　それ以外にも，行手法では，要綱が「行政指導指針」と定義され（同法 2 条 8 号ニ），行政指導指針を定める際にはパブリック・コメントに付すことが義務付けられるなど（同法38条以下），手続的規律が強化されました。平成26年の改正で，法律に根拠の置かれている規制的行政指導については，その要件に適合しないと思料するときには，相手方である私人のほうから行政指導の中止を求めることも可能になりました（同法36条の 2 ）。その一方で，規制的行政指導が行われるべきであるのにそれが行われていないと思料する私人から行政指導をすることを求めることも可能になりました（同法36条の 3 ）【タイプ 4 】。

　なお，地方公共団体が行う行政指導には行手法の適用はなく（同法 3 条 3 項），それぞれが定める行政手続条例が適用される点には，注意が必要です。

【タイプ 4】

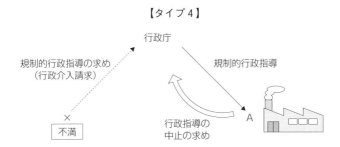

4　行政指導が問題となる紛争事例

　違法な行政指導を受けた者からの救済については，この本の各所でふれているのですが，ポイントを簡単にまとめておきましょう。

　まず，行手法上の行政指導の中止の求めを行うことができます（同法36条の2）。ただし，行政指導の根拠が法律に置かれている場合に限られます（同条1項）。また，裁判所が行政機関に対して行政指導を中止するように強制してくれるわけではなく，中止するか否かを決めるのは，あくまで行政機関です（同条3項）。

　次に，行政不服申立てとしての審査請求や行政訴訟としての取消訴訟を提起することが検討されますが，これらは対象となる行政活動が処分性を備えていなければ行うことができず，行政指導には原則として処分性が認められません（⇒**第 7 講**・108頁）。最判平成17年 7 月15日民集59巻 6 号1661頁・百選 II 154のようなきわめて例外的な局面において，処分性が認められることがありますが，実務的には考慮しないほうが無難です。

　むしろ，申請の取下げを求める行政指導や申請の内容の変更を求める行政指導に対しては，申請に対する許認可処分をするように求める義務付け訴訟を不作為の違法確認訴訟と併合提起するほうが，事案の端的な解決につながります（⇒**第 10 講**・157頁）。

　最後に，違法な行政指導のために損害を受けた場合には，国家賠償を請求することが考えられます。判例の採用する広義説では，違法な行政指導のために受けた損害について，国家賠償を請求することが認められます（⇒**第 11 講**・177頁）。

第2節　行政契約

1　総　　説

　行政主体が当事者の一方となる契約のことを，**行政契約**とよびます。行政契約といっても契約であることには変わりなく，基本的な性質は民事法の契約と同じです。つまり，両当事者の意思の合致によって権利・義務関係（債権・債務関係）が成立することになり，行政処分のように行政の一方的な意思表示によって権利・義務関係を成立させることはできません。このように，行政契約においては，行政法に特有の，権力的な話題との関係は薄いとされます。しかし，行政契約が民事法の契約とまったく同じというわけではなく，公金を用いて公的な活動を行う以上は，契約自由の原則（民法521条）が修正されます。具体的には，契約締結相手の選定の自由と契約内容の自由が当然には及びません。

2　調達行政と行政契約

（あ）調達行政とは

　行政契約における契約自由の原則の修正について，調達行政を例に説明しましょう。**調達行政**とは，物品や人材など，行政資源を市場から取得するための一連の行政活動のことで，準備行政とか行政資源取得行政ともよばれます。机や事務用品など物品の購入（売買契約）が典型的ですが，庁舎や道路の建設工事発注（請負契約）や公の施設の管理の指定管理者への委託（請負契約＋委任契約）など，さまざまな局面に応用されています。

（い）一般競争入札の原則

　契約自由の原則が修正されるのは，契約締結相手を選定する局面です。以下では，地方公共団体の例を用いて説明します。契約締結相手の選定方法には，一般競争入札，指名競争入札，随意契約またはせり売りがあります（地方自治法234条1項）。公共工事の発注について考えると，同じ性能の工事を行うのであれば，可能な限り安価で済ませられる事業者を選ばなければならず，原則として，一般競争入札の方法をとる必要があります（同条2項）。

　一般競争入札というのは，入札する業者に制限をかけず，最も安価な価格を

提示した事業者を選ぶ方法のことです（行政が土地を売却する場合ならば，最も高値を付けた事業者を選定する）。なぜ一般競争入札が原則なのかというと，さまざまな理由があります。1つ目は，合理的な理由がない限り，行政は国民に対し差別的取扱いをしてはいけないからです（憲法14条1項）。この点，最も安価な価格を提示した事業者を選ぶことには合理的な理由がありますから，一般競争入札がとられるわけです。2つ目は，行政の活動の原資は国民から集めた税金であるため，最小の費用で最大の効果が挙げられるように（効率的に）利用する必要があるからです（地方自治法2条14項）。この局面においても，行政資源の有効活用という視点が顔を出します。

（う）指名競争入札

ところが，過去に問題を起こした事業者の入札を制限したいような局面も出てきます。このような場合には，信頼できる事業者のみを指名して，その中で入札してもらった結果，最も安価な価格を提示した事業者が契約相手として選ばれることになります。これが，指名競争入札です。ただし，指名競争入札には，いかなる基準で入札できる業者を指名するかという大きな問題があります。そこで，指名競争入札は，一般競争入札が不適切なときなどに限って認められています（参照，地方自治法施行令167条）。最判平成18年10月26日判時1953号122頁・百選I 91は，徳島県旧木屋平村（現在の美馬市）が，村内業者では対応できない工事を除いて，村内業者のみを指名する運用をしていた事案です。最高裁は，指名競争入札に当たり，「①工事現場等への距離が近く現場に関する知識等を有していることから契約の確実な履行が期待できることや，②地元の経済の活性化にも寄与することなどを考慮し，地元企業を優先する指名を行うことについては，その合理性を肯定することができる」としながらも，「①又は②の観点からは村内業者と同様の条件を満たす村外業者もあり得るのであり，価格の有利性確保（競争性の低下防止）の観点を考慮すれば」，このような運用について，「常に合理性があり裁量権の範囲内であるということはできない」としました。

（え）随意契約

こうした競争入札の方法に対して，最初から行政が意中の事業者を選定し，契約を結ぶ方法のことを，随意契約とよびます。随意契約は不正の温床になり

やすいため，「その性質又は目的が競争入札に適しないものをするとき」（地方自治法施行令167条の2第2号）のように，限定的な局面に絞って認められます（参照，最判昭和62年3月20日民集41巻2号189頁・地方自治判例百選56）。

　近年では，発注する行政の側で詳細に仕様を決めるのではなく（仕様発注），一定の性能を満たせば細かい仕様は事業者の創意工夫に委ねるという性能発注も増えています。受注をめざす事業者からは，具体的にいかなる工事を実施しようとしているのか提案を行ってもらい，行政はこれを総合的に評価した上で，最も得点の高かった者と契約を結ぶことになります。こうした方式のうち，価格点と技術点の総合点によって落札者を決める競争入札の一方式のことを総合評価方式とよび，もっぱら技術提案によって評価を行った上で最高得点者と随意契約を結ぶ方式のことをプロポーザル方式とよびます。

＊　調達行政と市場

　公共事業による有効需要の創出が示すように，調達行政は市場のコントロールとも密接に結びついています。直接的には物品の調達が目的であっても，間接的には，別の公共の利益を実現するために市場を誘導することをも目的とすることがあります。たとえば，国の官庁が再生紙を優先的に購入することにすれば，再生紙の需要は飛躍的に高まりますし，総合評価方式において障害者を一定割合雇用している企業の点数を加算すれば，障害者雇用に結び付くでしょう。最判平成18年10月26日は，公共工事を安価に実施するという調達行政本来の目的と公共工事を通じた過疎の山村の雇用創出という副次的な目的が衝突した事案であるとも言えます。

ことば　誘導行政

　上の項目で説明したように，市場を一定方向に誘導する行政活動のことを，その機能に着目して誘導行政とよぶことがあります。誘導行政は，調達行政の局面だけではなく，租税の減免措置（規制行政）や補助金の交付（給付行政）においても行われます。

＊　公務員の任用

　公務員の任用は，実態としては民間企業における会社と従業員の間の勤務関係の

成立とよく似ているのですが，法的には，契約ではなく行政処分の形式がとられています。

　公務員としての地位を消滅させる懲戒免職処分や分限免職処分も，行政処分です（そして，懲戒処分や分限処分一般も，行政処分として扱われています）。自発的に退職願を提出して辞職する場合にも，法的には任命権者による免職処分が下されるまで，退職の法的効果は生じません。最判昭和34年6月26日民集13巻6号846頁・百選Ⅰ124は，一旦退職願を提出した者は，免職処分がなされるまでは原則として自由に退職願を撤回することができるとする一方で，退職願の提出を前提として進められた爾後の手続がすべて徒労に帰するといった「信義に反する特段の事情」があるときは，退職願の撤回は認められないとしています。

　これに対して，一般の独立行政法人や国立大学法人における職員の勤務関係は，契約によって規律されています。いずれにせよ，かつて説かれた特別権力関係理論は遥か昔に過去のものとなり，法律による行政の原理が及びます。

3　給付行政と行政契約

　行政契約は，給付行政においても盛んに活用されます。給付行政においては，申請による生活保護の開始決定（申請に対する処分）や生活保護の廃止決定（不利益処分）のように，行政処分の法形式が用いられる場合もあるのですが，むしろ行政契約を活用する局面のほうが数は多いと思われます。これは，私人に対して給付を行うこと（行わないこと）は，新たに私人の権利を制限したり，義務を課したりするものではなく，侵害留保原理では，行政処分の法形式を用いる必要はないからです（⇒ **ことば** 形式的行政処分）。

　給付行政は，おおむね社会福祉サービスを提供する局面とインフラ事業に関連するサービスを提供する局面へと分かれます。前者の例としては，保育所での保育などが挙げられます。後者の例は，水道の供給や市営バスの運行などです。水道ならば利用者との間に給水契約を締結し，バスならば運送契約を締結して，サービスを提供しているわけです。こうしたインフラ事業は，主に市町村の中にある地方公営企業によって担われています。

　サービスを行政が提供する以上，必然的に，相手を平等に扱うことが要請されることになります。したがって，合理的な理由なく料金に差を設けることや，契約相手を恣意的に選ぶこと（他の人とは給水契約を締結したのに，特定の人

との間の契約締結を拒否すること）は許されません。先にふれた武蔵野マンション事件・最決平成元年11月8日は，行政指導に従わないことを理由に給水契約の締結を拒否することには「正当の理由」（水道法15条1項）がなく，違法であるとした事例です。他方で，福岡県志免町（しめまち）が420戸分の新規の給水契約申込みを拒否した事案では，最判平成11年1月21日民集53巻1号13頁・地方自治判例百選45が，このままでは深刻な水不足が避けられないといった事情があるときは，水需要の著しい増加を抑制するために給水契約の締結を拒否することにも「正当の理由」があるとしています。さすがに「ない袖は振れない」ということでしょう。

＊　公益事業規制

　別に行政が提供するサービスではなくとも，契約相手を公平に扱うことが義務付けられる局面は多々あります。たとえば，医師には診療契約の締結義務が課せられています（医師法19条1項）。これは人命を救うという医師の職務の性質にかんがみて課せられている義務ですが，水道の供給も人命に関わることには変わりありません。実は，水道法は，地方公共団体だけでなく，民間事業者が水道を供給することも想定しており（実際の数は多くありませんが），水道法15条1項は，民間事業者に対しても課せられます。最近は，提供するサービスの主体ではなく，その性質に応じた規制のあり方に着目する公益事業規制の研究が盛んです。

システム **行政処分による選定と行政契約によるその後の法関係形成**

　公営住宅の入居決定は行政処分として行われますが，その後の入居関係は特段の事情がない限り民法・借地借家法の適用を受けて，契約による規律を受けます。最判昭和59年12月13日民集38巻12号1411頁・百選17は，賃貸借契約における信頼関係の法理が適用されるとしています。

　多数説は，指定管理者の指定とその後の具体的な協定の締結も，このような【行政処分＋行政契約】の混合類型として把握しています。すなわち，公の施設の管理を指定管理者に委ねる場合，指定は行政処分として行われるのですが，その後の地方公共団体と指定管理者との間の委託は協定（行政契約）によって行われます。多数の候補者から相手を選ぶときには行政処分を用いて，選ばれた相手と具体的な委託内容について取り決めるときには行政契約を用いるわけです。

　これに対して，競争入札により契約相手方を選ぶ行為は，あくまでも契約の準備的行為であって，処分性は認められないと考えるのが一般的です（最判平成23年 6 月14日裁時1533号24頁・地方自治判例百選69）。

ことば　形式的行政処分

　実態は契約関係における申込み‒承諾の関係と変わらないのですが，法律のしくみとして，申請に対する処分の形式をとっている場合があり，形式的行政処分（形式的行政行為とも）とよばれます。補助金の交付は民法の負担つき贈与契約に類似していますが，法律や条例に根拠が置かれるものは，実務上，行政処分として取り扱われています（⇒**第 7 講**）。これに対して，法律や条例に根拠がなく，要綱などに基づいて行われるものは，行政契約として取り扱われます。行政財産の目的外利用許可（地方自治法238条の 4 第 7 項）も，行っている内容は利用者と行政との間の賃貸借契約あるいは使用貸借契約の申込みと承諾なのですが，便宜上，申請とそれに対する処分の形式が用いられています。

4　規制行政と行政契約——公害防止協定——

　行政契約は主に調達行政や給付行政において用いられるのですが，規制行政においても，行政契約が用いられることがあります。規制において契約を用いるということがイメージしづらいかもしれませんが，地方公共団体が工場を設置・運営する事業者などと個別に締結する**公害防止協定**が，その典型的な例として挙げられます。たとえば，法律では大気汚染物質の排出を5ppm までと制限されているような場合，事業者が納得済みの上，自分の工場では基準を3ppm までと厳しくすることに合意するならば，そのような事業者に対しては，3ppm までの上乗せ規制に従ってもらっても構わないはずです。こうした理由から，公害防止協定は，昭和39年に横浜市が事業者との間で締結したケースなどを契機として，全国の地方公共団体と事業者との間で締結されるようになりました。

　公害防止協定の法的性格にはかねてより争いがあり，（a）単なる紳士協定にすぎず相手方に約束を履行するように強制することはできないとする紳士協定説と，（b）行政契約の一種であり，約束の履行を強制することも可能であると

する契約説が対立しています。重要なのは，なぜこのような解釈の対立が生じたのかです。事業者が納得しているのならば，別に厳しい規制に服してもらうことに支障はないように感じられます。逆に言えば，行政が事業者に対して圧力をかけ，不利な内容の契約を結ばせた上に，「自由意思により承諾したのだから不利な条件を呑むように」と強要することが懸念されたわけです。とりわけ，事業者にとっては，望ましい立地（労働者の供給，資源の確保，消費地が近くにあること）に工場を建てたいわけで，そのような環境の整った地方公共団体は，交渉上有利な立場に立つので，多少不利な条件であっても，事業者の側が呑むことは十分にあり得ます。こうした事情から，個別の協定に法的拘束力をもたせるのではなく，規制はあくまでも一般的なルールである法律や条例に委ねるべきであるというのが，（a）紳士協定説の背景にある考え方でした。

とはいえ，事業者の自由意思による契約条件への承諾さえ確保されるのならば，公害防止協定に法的拘束力を認めても問題はないはずです。最判平成21年7月10日判時2058号53頁・百選Ⅰ90は，公害防止協定で約束した期間を過ぎても，産業廃棄物最終処分場が操業を停止しなかった場合に，民事執行手続で操業差止めを強制できるとしました。最高裁は公害防止協定に法的拘束力を認めたことになり，（b）契約説を採用したことになります。しかし，それまでの背景から考えれば，地方公共団体と事業者の双方が自由意思で協定の内容に合意した必要があることは言うまでもなく，協定の締結過程には公正・透明さが求められます。

さて，最判平成21年7月10日では，地方公共団体が民事執行手続を利用して，公害防止協定を守らない民間事業者に対して，裁判所を通じてその履行を強制させることが認められました。しかし，この場合の地方公共団体は，財産権の主体として公害防止協定の履行を求めているのではなく，それこそ行政権の主体として，公益実現のために公害防止協定の履行を求めているのだから，宝塚市パチンコ条例判決（⇒**第14講**・242頁）と矛盾していると思われます。

また，契約である以上は，裁判所を通じて債務の履行を強制することができるだけではなく，契約に違反した相手方に対して違約金の支払いを求めることができるという点もポイントです。

5　行政契約と裁判上の救済

　行政契約については，裁判による解決手法も行政処分の場合とは異なります。なお，これらが民事訴訟であるのか公法上の当事者訴訟であるのかについては，いまだ判例の態度は明確ではなく，学説も分かれています。裁判実務では，念のために予備的主張を行っておくのがよいでしょう。

　最判平成21年 7 月10日の事案のように，せっかく締結された行政契約を守らない相手方当事者に対しては，履行の強制や違約金の支払いを求める給付訴訟を提起することが考えられます。これに対して，当事者が行政契約の締結過程で強迫，詐欺，錯誤に基づいて瑕疵ある意思表示をしたような場合には，民法93条以下に基づき，その取消しや無効を主張することになるでしょう。

　調達行政の局面で，自分こそが競争入札で落札すべきであったと考えるようなときは，行政主体に対して，契約締結の意思表示を求める訴え（給付訴訟）や契約上の地位確認の訴え（確認訴訟）を提起することが考えられます。給付行政の局面で，近所はみんな水道事業者との間で給水契約を結んでいるのに，自分だけが契約締結を拒否されたような場合も同様です。

> ＊　**契約当事者以外の第三者からの不満表明**
>
> 　市が1000万円程度の土地を地主から 1 億円で購入しようとしているとき，なんとかして止める方法はないでしょうか。しかし，契約は基本的に当事者間の問題であり，当事者以外の人が不服を申し立てることは本来想定されていません。この事案では，住民訴訟（⇒**第 10 講**・170頁）の要件に乗せることで，契約の当事者以外の第三者から不服を申し立てることが可能になります。契約が締結される前ならば，締結の差止めの請求（地方自治法242条の 2 第 1 項 1 号），代金が支払われる前ならば，支払いの差止めの請求（同号），すでに代金が支払われた後であれば，市長に対する損害賠償請求（同項 4 号）や地主に対する不当利得返還請求（同号）を検討することになります。

第3節　行政計画

1　総　説

　行政の策定する計画のことを，**行政計画**とよびます。行政計画は，国・地方公共団体の中長期的な政策立案や公企業・調達活動の方針を示すものであり，具体的な立法措置，補助金交付ないし税制優遇措置，行政指導を促すなど，市場に対して法律に劣らない強いメッセージを送ることがあります。言ってみれば行政計画は，行政活動の見取図を示すものなのです。

　行政計画には，さまざまな分類軸があります。まず，国民に対する権利制限の性質を有しない非拘束的計画（新産業都市建設基本計画，環境基準を緩和する旨の告示など）については，法的拘束力がないので，裁判では争うことができません。問題になるのは，国民に対する権利制限の性質を有する拘束的計画です。

　続いて，物的計画と非物的計画という区別があります。開発計画や土地利用計画など，具体的な3次元の世界を規律するのが，物的計画です。これに対して，住生活基本計画，環境基本計画，食料・農業・農村基本計画，およびエネルギー基本計画のように，国家行政の基本方針を定めたり，市場経済社会の枠構造を規定したりするのが，非物的計画です。

　以下では，拘束的計画かつ物的計画について，説明していくこととします。行政計画は，その策定に際して，多くの利害関係者を巻き込むことが特徴です。法律による行政の原理からは，行政計画が適法であるかについても，（事前・事後の）法的コントロールを適切に及ぼすことが要請されます。ただし，行政計画は一言でいうと捉えどころがなく，どのように法的コントロールを及ぼせばよいのか，定まった手法は確立していません。この本では，行政計画には行政立法に似た部分と行政処分に似た部分があることに着目して，それぞれに引き付けた法的コントロールの手法を紹介します。

2　計画裁量

　その性質上，行政計画の策定には計画裁量とよばれる広範な裁量が認められる傾向があります。小田急線高架化訴訟（本案審理）において，最判平成18年

11月 2 日民集60巻 9 号3249頁・百選 I 72は，都市計画施設の規模や配置につい
て定めるに当たっては，諸般の事情を総合的に考慮した上で，政策的，技術的
な見地から判断することが不可欠であるとして，行政庁の広範な裁量を認めて
います。そして，裁判所が都市計画決定・変更の内容の適否を審査するに当
たっては，計画裁量があることを前提として，「その基礎とされた重要な事実
に誤認があること等により重要な事実の基礎を欠くこととなる場合，又は，事
実に対する評価が明らかに合理性を欠くこと，判断の過程において考慮すべき
事情を考慮しないこと等によりその内容が社会通念に照らし著しく妥当性を欠
くものと認められる場合に限り」，裁量権の逸脱・濫用により違法となるとし
ました。この判決では，行政処分について展開されてきた社会観念審査（⇒**第
2 講**・21頁）と判断過程統制（⇒**第 2 講**・27頁）を結び付けて，行政計画の審査
に用いたことが注目されています。

　林試の森判決（最判平成18年 9 月 4 日判時1948号26頁）は，都市施設の区域は，
当該都市施設が適切な規模で必要な位置に配置されたものとなるような合理性
をもって定められるべきものであり，民有地に代えて公有地を利用することが
可能であるといった事情は，この合理性を判断する 1 つの考慮要素となり得る
として，都市計画決定について裁量の逸脱・濫用がないかについて判断させる
ために事件を控訴審に差し戻しました。

3　さまざまな行政計画

（あ）物的計画の分類①事業型

　物的計画は，さらに，事業型と線引き・色塗り型に分かれます。事業型の典
型が土地区画整理事業です（図 5 - 1 ）。土地区画整理事業は，都市計画区域内
で，公共施設の整備改善・宅地の利用増進を図るために，土地の区画形質の変
更，公共施設の新設・変更に関する事業を行うというものです（土地区画整理
法 2 条 1 項）。施行者としては，市町村や土地区画整理組合（同法14条以下）が務
めることが一般的ですが，UR 都市再生機構が行う場合もあります（同法 3 条
の 2 ）。

　その特徴は，事業計画を決定しただけでは事業は終わりではなく，必ず後続
する行政処分が予定されていることです。この特徴のために，事業型の物的計

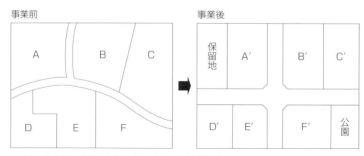

図5-1　土地区画整理事業の模式図

出所：安本典夫『都市法概説〔第3版〕』（法律文化社・2017）218頁。

画は，非完結型とか動態型ともよばれます。事業型は，線引き・色塗り型と比較したとき，全体のプロセスが行政処分と似ていることが特徴です。

　土地の区画形質の変更については，宅地の整形や，道路・公園等の新設・拡張・整形を行うことが想定されていて，それぞれの宅地の位置と形を少しずつ変えていく換地処分が行われます（同法103条以下）。換地処分は「照応の原則」に則って，従前の宅地の位置，地籍，利用状況，環境が照応するように行われなければなりません（同法89条）。ただし，土地区画整理事業の施行によって一般に地価は上昇するため，新たに割り当てられる宅地の面積は減少します（これを減歩とよびます）。

　事業型の都市計画には，この他にも，土地改良事業計画，市街地再開発事業計画などがあります。土地改良事業というのは，都市計画の区域外の農村部において，田畑の区画を整理したり，水路や道路を整備する事業のことで，土地改良法に定めが置かれています。土地区画整理事業と土地改良事業は，ともに戦前の耕地整理法に基づく耕地整理事業を前身とするしくみです。

　もとから密集市街地であって地権者が多数に上るような場所には，土地区画整理事業は使いにくいため，市街地再開発事業（都市再開発法2条1号）が用意されています。第一種と第二種があり，権利変換方式をとる第一種市街地再開発事業（図5-2）が先に用意され，その改良型として金銭補償方式をとる第二種市街地再開発事業が設けられました。

図 5-2　第一種市街地再開発事業

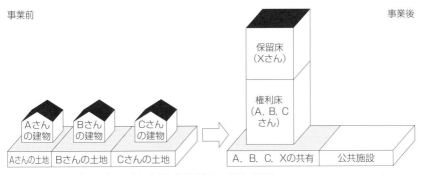

出所：安本典夫『都市法概説〔第 3 版〕』（法律文化社・2017）219頁。

（い）物的計画の分類②線引き・色塗り型

　これに対して，線引き・色塗り型は，土地の利用形態について線引きや色塗りを行い，ひとまずそれで完結とするものです。完結型とか，静態型といったよび方がなされます。線引き・色塗り型は，事業型と比較したとき，全体のプロセスが行政立法と似ていることが指摘できます。

　線引き・色塗り型の典型が，都市計画法上の用途地域の指定です。市街化調整区域では原則として用途地域を定めないのに対して，市街化区域では13種類の用途地域（第一種低層住居専用地域，第二種低層住居専用地域，第一種中高層住居専用地域，第二種中高層住居専用地域，第一種住居地域，第二種住居地域，準住居地域，田園住居地域，近隣商業地域，商業地域，準工業地域，工業地域，工業専用地域）を定めなければなりません（同法 8 条 1 項 1 号・9 条 1 項～13項・13条 1 項 7 号）。

　開発事業者がマンションを建設するためには，開発許可を受けた上で建築確認を申請し，建物自体が耐震構造を備えていること（単体規制）や用途地域の規制に違反していないこと（集団規制）などを確認してもらう必要があります（建築基準法 6 条 1 項）。

4　行政計画の策定手続（事前コントロール）

　行手法には行政計画に関する規定は置かれておらず，計画策定の手続的規律
は，国土利用計画法や都市計画法などの個別法に委ねられています。その中で
も，計画案に対して公衆の意見を募集するパブリック・コメントや，場合に
よっては公衆の意思を計画決定に反映させるパブリック・インボルブメントが
重要です。

　なお，地方公共団体によっては，条例により，計画決定を行う際にパブリッ
ク・コメントを付すよう義務付けているところがあります（⇒第 4 講・65頁）。
国においても，閣議決定に基づいて，行政計画を策定するときはパブリック・
コメントに付される運用になっています。

　これらに関連して，一定の公共事業等の実施計画段階で住民が参加して環境
面の評価を行う環境影響評価法（環境アセスメント法）のしくみも重要です。

5　行政計画と救済（事後的コントロール）——行政計画の処分性，計画担保責任——

（あ）行政計画の処分性

　行政計画の策定により影響を受ける私人が訴訟によって行政計画の違法性を
争う方法には，さまざまなものが考えられます。行政計画の策定に対して取消
訴訟を提起できるのか（処分性の問題）については，類型ごとに考える必要が
あります（詳細は⇒第 7 講）。

（い）行政計画の変更と計画担保責任

　一旦策定した計画はいかなる障害を乗り越えてでも実現しなければならないというのは不合理ですから，社会情勢の変化に応じて柔軟に見直すことは許容されるべきでしょう。しかし，事情によっては，従前の計画を信頼した者の救済を図らなければならない場合もあります。これが，**計画担保責任**とよばれる問題です。最判昭和56年1月27日民集35巻1号35頁・百選I 21は，村が推進してきた工場誘致施策が選挙による村長の交代のために撤回されたために，事業者のそれまでの投資が無駄になったという事案です。最高裁は，地方公共団体が一定内容の継続的施策を決定した場合でも，社会情勢の変動等に伴い施策が変更され得るのは当然であるとした上で，事業者が地方公共団体による個別・具体的な勧告等に動機付けられて資金や労力を投入したにもかかわらず，施策の変更により積極的損害を被ったような場合には，地方公共団体において代償的措置を講ずることなく施策を変更することは，それがやむを得ない客観的事情によるのでない限り，当事者間の信頼関係を不当に破壊するものとして，不法行為責任を生ぜしめるとしました。

Tea Break　行政法の魅力

　法律になんて興味がない，という読者の方もいると思います。非・法学部生で，公務員試験のために必要に迫られた方だけでなく，実は，法学部生の中にも，法律なんて嫌いだという人は少なくないでしょう。私もその中の1人でした。

　それも当然のことで，法律は第一次的には紛争解決のための規範，言い換えれば，他人同士の揉めごとに割って入るための道具ですから，揉めごとがなければ活躍しません。真っ当に生きていれば，好きになる道理がないと思います。法律が好きになれない人は，むしろ，大学に入学するまで幸せいっぱいに育ってきたことを感謝すべきです。私は小さい頃からサスペンスとか推理ものとか，他人が複雑に絡まり合う人間関係の中で揉め合う話が大嫌いで，特撮ヒーローや時代劇のようにわかりやすい勧善懲悪劇が大好きでした。

　学部生の頃，高名な法学者の伝記を読んでいたら，「学生からしばしば，法律がどうしても好きになれないのですがどうしたらよいでしょうかという質問を受けるのだが，安心しなさい，君たちくらいの年齢で法律が好きで仕方ないなんて言っているのは，どうせ大したことのない奴だから」と書いてあり，安心（？）したものでした（年齢を重ねるにつれ，この言は本当に正しいと思います）。

ともかく，法律は話し合いで紛争が解決しないときに初めて持ち出されるものであって，法律家が大手を振って闊歩する世の中は，到底，快適な社会とは言えません。この思想が根底にあるので，「こうすれば裁判に持ち込める」「法的に解決すべきだ」式の論法には，正直うんざりしています。紛争は交渉で解決されるべきものであり，裁判は最後の手段，法を持ち出さないと解決できない事態を招いたならば，当事者には反省が必要です。

　これは，法律の役割を全否定する趣旨ではありません。実は，法律には，揉めごとを未然に防ぐ役割もあるのです。裁判に持ち込まれる前に，当事者の交渉で紛争が解決されたという場合であっても，背後にある法律のルールが効果的に働いていることは少なくありません。事前に契約書で何か起きたときの解決法を精細に決めておくことで，未然に紛争が防がれたり，事故が起きてもこじれずに済むわけです。揉めごとを解決するだけでなく，いかなる取決めをすれば揉めごとを事前に防ぐことができるかを探究する学問を，予防法学とよびます。

　行政法の魅力は，この予防法学の極致である点です。何か問題が起こったときには，さまざまな立場の人が知恵を絞って解決のために動くわけですが，そこで編み出されたルールを，その後に同じような問題が起きないようにするために，「制定法」という形で明文ルール化するという過程が，行政法では，とても見やすい形で展開されています。行政法学は，未来志向で，世の中をよりよくする学問なのです。

　もともと行政法は大の苦手で，学部のときは3年繰り返して受講して，ようやく何となく理解できたという体たらくでした。ところが，法科大学院で履修した宇賀克也先生の「上級行政法」では，人口増加とマンション紛争，薬害，公害，消費者被害からの救済，被爆者援護法など，その時々の日本社会の課題に深く関係し，立法により解決が図られていった事項を，判例を通じて考究するという内容でした。

　個人タクシー判決が行手法5条に結び付き（⇒**第3講**・37頁），品川マンション判決が行手法33条へと昇華し（⇒70頁），新潟空港判決ともんじゅ判決が行訴法9条2項に結実する（⇒**第8講**・124頁）というように，事件があって，裁判が起こされて，判例が形成されて，判例の積み重ねが学問となり，やがて制定法に昇華していく。これは法社会学の始祖エールリッヒが説いた「生ける法」→「裁判規範」→「制定法」という流れそのものじゃないか！

　私が法社会学を通じて研究したかった「法と社会の関係」，ひいては，日本の歴史，文化，風土についくの考察は，この行政法学を通じて実現しよう。法科大学院の最終年次に山本隆司先生の指導の下で研究論文を書くことで，この思いはますます強くなっていきました。元々は法解釈学の基礎的な素養を身に付けるために法科大学院に進学したことで，私は法解釈学の研究者になってしまったわけです。

第**6**講　行政争訟法総説, 行政訴訟と民事訴訟, 行政不服審査法

第1節　行政争訟法とは

　本講から**第10講**までは, 行政争訟法の話題を扱います。行政争訟法とは, ある行政活動に不満をもつ者が, その活動の効力を争う一連の過程のことです。行政争訟の結果, 行政処分が取り消されることもあります（行政処分の争訟取消し⇒**第4講**・54頁）。

　行政争訟法は, 行政不服審査法（行審法）に基づく**行政不服申立て**と行政事件訴訟法（行訴法）に基づく**行政訴訟**からなります。ある処分を行った行政に対して私人から不服を申し立てるのが行政不服申立てであり, 裁判所に対して訴えを提起するのが行政訴訟です。

表6-1　行政争訟制度

行政不服申立て	行政自身に対する不満の表明, 行審法を根拠とする。
行政訴訟	裁判所に対する不満の表明, 行訴法を根拠とする。

　専門性・迅速性の観点からは行政不服申立てがすぐれているとされ, 客観性・中立性の観点からは行政訴訟がすぐれているとされます。また, 行政不服申立てでは処分の適法／違法だけではなく, 当／不当まで審査できるのに対して, 行政訴訟では処分の適法／違法しか審査することができません。この他にも, 職権探知が認められるか, 職権による執行停止が認められるかといった細かい違いはあるのですが, 全体として, 行審法と行訴法（抗告訴訟）の手続は

非常に似ています。

第2節　行政訴訟と民事訴訟

1　戦前の行政裁判法

　行政訴訟を民事訴訟とは異質なものとして取り扱っているのは，明治時代の日本がドイツやフランスのような大陸法諸国の裁判制度を導入したことの名残でもあります。すなわち，戦前の法制では，現在のように最高裁判所を頂点とする一元的な裁判所が置かれていたわけではなく，大審院を頂点とする司法裁判所（民事事件・刑事事件を扱う裁判所のこと）の系統と，東京に1つだけ置かれた第一審にして終審の行政裁判所へと分かれていたのです（さらに，軍隊には軍法会議が置かれていました）。

　租税や土地収用などの法律問題を扱う行政事件は，司法裁判所ではなく，行政裁判所に訴え出る必要がありました。戦前の行政裁判のシステムについて規律していたのが行政裁判法です。特徴としては，訴願前置主義と列記主義が挙げられます。訴願というのは現在の行政不服申立てのことで，行政裁判所に訴え出る前に，必ず訴願を経由する必要がありました。列記主義というのは，訴え出ることのできる行政事件の類型が法律で限定されていたことを意味するもので（明治23年法律第106号），これ以外の類型については，国民には不服を申し立てる（さらには裁判を起こす）権利が認められていませんでした。

＊　行政法学の誕生

　憲法や行政法など，国家と私人との間に成立する法関係を規律する領域を「公法」とよびます。これに対して，民法や商法など，私人間の法関係を規律するのが「私法」です。歴史的には，国家と市民との間には，対等な市民同士に成立する「私法関係」とは異なる「公法関係」があるのではないかと考えられてきました。これを公法・私法二元論とよびます。公法・私法二元論がとられた背景には，私法関係で起きた事件の解決は司法裁判所の手に委ねられるけれども，公法関係の事件（行政事件）は行政権の下にある行政裁判所が担当するという裁判所の管轄の問題がありました。司法裁判所と行政裁判所とで事件の管轄が異なれば，判断のための論理も異なってくることはあり得ます。行政裁判所で積み重ねられた判例から，ド

> イツのオットー・マイヤーなどは，「公法関係」独自に通用する法理が存在すると
> して，民事法から独立した新しい学問としての公法学（行政法学）の体系をつくり
> あげました。

2　戦後改革による司法裁判所一元化

　ところが，敗戦により，アメリカやイギリスなど英米法諸国の裁判制度が導入されて，わが国の裁判所は最高裁判所を中心とする一元的な系統へと改められました。行政裁判所は廃止されて，憲法も特別裁判所の設置の禁止と行政機関が終審として裁判を行うことの禁止を明文で定めました（憲法76条2項）。

　そのようなわけで，行政事件もすべて司法裁判所の管轄になったわけですが，民事訴訟法応急措置法（昭和22年），行政事件訴訟特例法（昭和23年）によって，行政訴訟という，民事訴訟とは異なるカテゴリーは残されたのです。それが，現行法である行政事件訴訟法（昭和37年）にも引き継がれました。

　行政裁判所が廃止されて，司法裁判所の系統に一元化されたにもかかわらず，どうして行政訴訟のカテゴリーは残されたのでしょうか。行政処分には民事の仮処分を用いることを認めないとする占領軍の意向が直接の要因であると言われますが，その他にも，行政処分からさまざまな法関係が派生することが多いので，その大元である行政処分の効力に絞り，集中して審理する行政訴訟という形態を残すことに意義があると考えられたためでしょう。行政訴訟においては，当然，行政庁が訴訟当事者として含まれることになりますし，取消訴訟の請求認容判決には第三者効（対世効）が認められていること（行訴法32条1項），関係行政庁を拘束すること（同法33条1項）など，法関係を一挙に整理することができるメリットがあります。

3　現行法──行政事件訴訟法──

　行政事件訴訟法（行訴法）は，行政訴訟の通則法として，抗告訴訟，当事者訴訟，民衆訴訟，機関訴訟という4つの類型の訴訟を定めています。抗告訴訟と当事者訴訟は，原告が自己の法律上の利益を守るために提起する主観訴訟です。これに対して，民衆訴訟と機関訴訟は，原告が自己の法律上の利益に関わ

りなく，客観的な法秩序を是正するために提起する客観訴訟です。

《学習のポイント》 行政争訟法の学習の仕方

　この本では，説明の便宜から，**第7講**から**第9講**まで，取消訴訟に焦点を当てて説明を加えます。取消訴訟以外の抗告訴訟については，取消訴訟の応用ですので，**第10講**でまとめて説明すれば十分に理解できます。

　当事者訴訟，民衆訴訟，機関訴訟は，重要ではあるのですが，行政法全体を1冊の本で取り扱う関係上，やはり**第10講**でまとめて説明します。当事者訴訟は，職権証拠調べが認められている以外はほとんど民事訴訟と変わりません。住民訴訟については，実務上の重要性から，地方自治法の教科書などでしっかり勉強しておく必要があります。

行政訴訟の全体像		
主観訴訟	抗告訴訟	取消訴訟（**第7講**，**第8講**，**第9講**） 無効等確認訴訟 不作為の違法確認訴訟 義務付け訴訟（非申請型・申請型） 差止め訴訟 法定外抗告訴訟
	当事者訴訟	形式的当事者訴訟 実質的当事者訴訟
客観訴訟	民衆訴訟	選挙訴訟 住民訴訟
	機関訴訟	

　さて，訴願前置主義は撤廃されましたが，不服申立て前置が求められる局面は数多く残りました。列記主義については，裁判を受ける権利（憲法32条）との関係からも概括主義へと改められ，基本的にいかなる類型の行政事件であっても，いつかは裁判所に訴え出ることが認められるようになりました（訴え出ることのできる時点の問題については⇒**第7講**）。

　行訴法は，平成16年に大改正されました。この改正では，①抗告訴訟について義務付け訴訟と差止め訴訟が法定されたこと，②取消訴訟の原告適格について解釈指針としての9条2項が追加されたこと，③当事者訴訟の積極活用が打ち出されたことなど，行政訴訟制度の新たな方向性が打ち出されました。

　民事訴訟法と刑事訴訟法が400条以上もある重厚な法律であるのに対して，

行訴法は46条までしかありません。これは，行政事件訴訟に関して，行訴法に定めがない事項については，民事訴訟の例によるとされているためです（行訴法 7 条）。行政訴訟といっても，審理の仕方や証拠調べの方法などは，ほとんど民事訴訟と同様です。あくまでも，行訴法は民事訴訟法の特則を定めているにすぎないのです。

＊　公法・私法二元論の残滓（ざんし）？

　英米流の一元的な司法裁判所が行政事件についても担当することになった戦後の日本では，公法・私法二元論を採用する実益は失われました。とはいえ，戦後間もなくの農地買収処分事件において，最大判昭和28年 2 月18日民集 7 巻 2 号157頁は，自作農創設特別措置法の買収処分の相手方は登記簿上の所有者ではなく実際の所有者であるとするなど，公法関係には民法177条の適用が否定されるのだと理解された時代もありました。しかし，現在では，最大判昭和28年 2 月18日は，買収処分の性格上，実際の所有者を相手にしなければ意味がないから，最高裁は公法・私法二元論から結論を導いたのではなく，法律の趣旨を汲み取って，結論を導いたのだと考えられるようになっています。

　租税滞納処分により国が土地を差し押さえた事案について，最判昭和31年 4 月24日民集10巻 4 号417頁は，民法177条の適用を認めて，執行債務者が登記簿上の所有者とされている土地に対する滞納処分を認めています。

　この他にも，国の安全配慮義務違反を理由とする損害賠償債権の消滅時効について，最判昭和50年 2 月25日民集29巻 2 号143頁・百選 I 22は，会計法30条（金銭の給付を目的とする国の権利で，時効に関し他の法律に規定がないものは， 5 年間これを行わないときは，時効に因り消滅する。国に対する権利で，金銭の給付を目的とするものについても，また同様とする。）の適用を認めず，民法167条 1 項を適用して10年であるとしました。

　こうして，現在の学界では，公法・私法二元論はすでに克服されたと考えられています。むしろ，行政法関係において民事法とは異なる特別の法理を妥当させることは，市民の実効的な救済を妨げる便法とされかねず，弊害が大きいとされます。大阪空港判決（最大判昭和56年12月16日民集35巻10号1369頁・百選 II 144）や宝塚市パチンコ条例判決（最判平成14年 7 月 9 日民集56巻 6 号1134頁・百選 I 106）は，公法・私法二元論的な考え方が突如として現れた例です。

　他方で，行訴法の平成16年改正では，「公法上の法律関係に関する確認の訴えその他の公法上の法律関係に関する訴訟」（同法 4 条）の規定が拡充されるなど，公法・私法二元論に復活の兆候があるという見解もあります。

第3節　行政不服申立て

1　総　説

　行政訴訟について説明する前に，行政不服申立てについて概略を説明します。**行政不服申立て**とは，私人が，裁判所ではなく行政庁に対して，違法または不当な処分の取消しを申し立てる制度のことです。行政不服申立てについて定めている行政不服審査法（行審法）は，平成26年6月に改正法が成立したばかりですので，改正の内容についても，あわせて説明します。

　行政不服申立ての制度を理解するために，最初に押さえてほしいのが，行政訴訟との違いです。処分を行った行政自身に対して私人から不服を申し立てるのが行政不服申立てであり，裁判所に対して訴えを提起するのが行政訴訟です。簡易・迅速の観点からは行政不服申立てがすぐれているとされるのに対して，中立・公平の観点からは行政訴訟がすぐれているとされます。そうであるならば，行審法を改正するときには，簡易・迅速という長所を活かしつつ，中立・公平性を高めようとするはずです。

　中立・公平性を高めるために行われたのが，①実質的な審理を行う「審理員」制度を創設したこと（行審法9条1項）と，②裁決に対する諮問機関として，総務省には「行政不服審査会」，地方公共団体には，条例で定める第三者機関を置いたこと（同法67条以下）です。この他にも，不服申立期間が従来の60日から3か月に延びたこと（同法18条1項），不服申立ての審査請求への原則一元化（同法5条1項），審査請求がなされてから裁決が下されるまでに要する標準審理期間の設定（同法16条）といった改正がなされました。

ことば　事前手続（行手法）と事後手続（行審法）

　行政が行う手続という観点から，行手法の手続を事前手続，行審法の手続を事後手続として分類する見方があります（小早川光郎『行政法講義（下Ⅰ）』（弘文堂・2002）33頁以下）。

　事前手続（行手法）　処分が下されるまでに行政庁がふむべき手続
　事後手続（行審法）　処分が下されたあとに行政庁に求められる手続

ことば　違法と不当

　行政不服申立てにおける審査庁は処分の適法／違法だけではなく，当／不当まで審査できることが認められているのに対して，行政訴訟における裁判所は処分の適法／違法しか審査することはできません。当／不当というのは，行政処分が政策的にみて妥当か否かということです。裁判所は法律の解釈・適用を行う専門機関ですが，政策の当否を決する権限はもちません。これに対して，行政機関が審査を行う行政不服申立てでは，政策の当否を決することも本来的な役割であるため，不当性審査が認められているのです。この関係は，住民監査請求における監査委員と住民訴訟における裁判所においても同様です（⇒**第10講**・170頁）。

2　審査請求の流れ

（あ）審査請求

　行政不服申立てでは，一般に**審査請求**とよばれる手続が行われます。まず，行政処分に不満をもつ私人が審査請求人となります。不服審査を請求する人，くらいの意味です。行政処分を行った行政機関（行政庁）は，処分庁とよばれます。そして，審査請求に対して請求認容・棄却の判断（裁決）を下すのが，審査庁とよばれる行政機関（行政庁）です（行審法4条・9条1項）。裁決は，裁判における判決のようなものと考えてください（なお，裁決も行政処分です）。

　審査請求人は，処分がなされてから3か月の審査請求期間内に（行審法18条1項），審査請求書を提出して（行審法19条1項），審査請求を行う必要があります。審査庁は，処分庁の最上級行政庁が務めることが多いのですが，処分の種類によっては，国税不服審判所長のように，審査請求を専門とする行政庁が務めることもあります。

　ところで，市町村長や都道府県知事のように，処分庁に最上級行政庁がない場合は，どうすればよいでしょうか。この場合は，処分庁が審査庁を務めることとなります。したがって，地方公共団体が行う行政処分については，ほとんどの場合，長が審査庁となります（多くの場合は，処分庁も長ですので，長が下した処分について長が審査庁として裁決を行うという光景が日常的です）。

　また，法定受託事務に係る処分についての審査請求は，当該事務を規定する

法令を所管する各大臣に対して行います（行審法4条，地方自治法255条の2）。辺野古紛争においては，沖縄県知事（処分庁）が沖縄防衛局長に対してした公有水面埋立承認取消しの効力が争われたところ，公有水面埋立法を所管する国土交通大臣が審査庁となり，沖縄防衛局長の審査請求を認容して，公有水面埋立承認取消しを取り消す裁決を下しました。沖縄県知事は，この局面における沖縄防衛局長は，審査請求を行うことが認められない「固有の資格」（行審法7条2項）にあると主張しましたが，最判令和2年3月26日民集74巻3号471頁・百選II130は，「固有の資格」とは一般私人が立ち得ないような立場をいうとした上で，沖縄防衛局長は「固有の資格」に立つとはいえないとしました。

ことば **再調査の請求**

　処分庁自身が不服申立てについて審理・判断を下す再調査の請求という手続もあります（行審法5条・54条）。旧法下では，「異議申立て」とよばれていました。これは，個別法に再調査の請求をすることができる旨の規定が置かれているときに限って認められる例外的な手続です（国税通則法75条1項1号イなど）。かつて白色申告の更正処分について理由の付記が定められていなかったために，処分の理由を知ることが主な目的であったと言われています。国税に関する処分について税務署長に対し不服を申し立てる局面くらいしか登場する局面はありません。

ことば **再審査請求**

　用語法が紛らわしいのですが，再審査請求という類型もあります。生活保護法に規定された行政処分については，市町村長が処分庁，都道府県知事が審査請求の審査庁となるのですが（生活保護法64条），さらに厚生労働大臣に対して再審査請求をすることが認められています（同法66条1項）。

（い）審理員による審理の手続

　新法で大きく変更されたのが，審理の手続です。これまでは審査庁の中でなんとなく審理・裁決を行えばよく，その内部の構成は特に法定されていませんでした。この点，新法では，審査庁の職員から審理員が選任されて，具体的な審理を行うこととされました（行審法9条）。

　審査請求人と処分庁等は，審理員に対して主張および証拠提出を行うことと

なります。処分庁等からは弁明書（行審法29条），審査請求人からは反論書（行審法30条）が提出されます。弁明書というのは受け身の印象を与える用語ですが，そもそも審査請求自体，私人から処分を取り消してくれと先制攻撃を受けて行われるものですので，処分庁が受け身になるのはやむを得ません。

　そして，審査請求人，処分庁，参加人など，すべての審理関係人を招集した上での口頭意見陳述が実施されます。口頭意見陳述では，当事者を対立関与させて行う対審構造がとられます。審査請求人は，処分庁に対して質問をすることが認められます。書面審理のみで済まされるのではなく，口頭審理まで行わなければいけないというのは，処分庁の職員にとっては気を遣うポイントです。

　審理において職権主義が幅広く認められている点も，行審法の特徴です。審理員には，当事者の申立てを待たずして職権により執行停止を行うこと（参照，行審法25条2項），当事者が申し立てていない事項について職権証拠調べを行うこと（行審法33条〜36条），当事者が主張していない争点を設定する職権探知が認められています（なお，職権証拠調べは行政訴訟でも認められます。職権主義については，**第9講**・136頁以下でまとめて説明します）。

　審理員は，審理手続を終結したときは，遅滞なく，審査庁がすべき裁決に関する意見書（審理員意見書）を作成しなければならず（行審法42条1項），審理員意見書は速やかに審査庁に提出しなければなりません（同条2項）。審理員意見書は，裁決の原案となるくらいの水準のものが求められます。

＊　審理員の人選

　改正行審法では，審理員による審理をメインに据えたのが特徴です。となると，審理員には行政組織の中でも法実務に精通した人材を選ぶ必要があるため，市町村レベルでは，頭を悩ませたところが多いようです。法務に精通した職員1名を指名するという運用を行っているところもあれば，課長級職員をすべて審理員候補者として名簿に掲載したところもあります。神奈川県の場合は，内部の専門の職員と任期付き採用の弁護士資格をもった職員が組むという構成がとられています。

（う）行政不服審査会への諮問

　審理員意見書の提出を受けた審査庁は，学識経験者などからなる**行政不服審査会**（地方公共団体の場合は「第三者機関」ですが，ほぼ「行政不服審査会」という名

称が付けられています）に諮問しなければなりません（行審法43条1項）。この諮問手続も，今般の法改正で新たに導入された手続です。

第三者機関が審理員意見書の内容をチェックして，その審理が公正・中立になされることを確保するのが目的です。審査庁は，行政不服審査会から諮問に対する答申を受けた上で，最終的な裁決を行うことになります（行審法44条）。

行政不服審査会は，審理員による調査が十分でないと認めるときは，自ら必要な調査をすることが可能です（行審法74条）。審査関係人の申立てがあった場合には，その必要がないと認める場合を除き，口頭意見陳述を実施します（行審法75条1項）。このように，行政不服審査会は，調査審議について，基本的に審理員と同じ権限をもっており，行政不服審査会が審理員による審理について不十分であると考えたときも，審理員に差し戻すのではなく，行政不服審査会が自身の権限で調査すべきと考えられています。

（え）裁　決

行政不服審査会からの答申を受けて，晴れて審査庁は裁決を行います。なお，裁決には争訟裁断的性格が備わっているため，裁決を行った審査庁が，一旦は請求を認容したけれど，後から考えてみるとやっぱり請求を棄却すべきかなどと思ったとしても，法的安定性の見地から，自由に裁決の内容を変更することは制限されます。これを行政処分の不可変更力とよぶことがあります。

> **ことば　義務付け裁決**
>
> 申請に対する不許可処分について審査請求がなされ，審査庁が請求認容裁決を下す場合，審査庁が処分庁の上級行政庁であるときには，当該処分庁に対し申請に対する許可処分をすべき旨を命ずることとされ，審査庁が処分庁であるときには端的に許可処分をすべきこととされています（行審法46条）。
>
> これに対して，行政訴訟では不許可処分の取消訴訟とは別に（申請型）義務付け訴訟が併合提起されていなければ，このような措置はとられません。

3　特殊な行政不服申立て

類型的にみて行政不服申立ての件数が多いものについては，専門の審査庁となる機関が法律で設けられています。たとえば，国税に関する行政処分につい

ての不服申立ては，国税不服審判所長が審査庁となって裁決を下します（国税通則法75条１項１号ロ）。建築確認については建築審査会（建築基準法78条），開発許可については開発審査会（都市計画法78条）が審査庁となります。国家公務員の懲戒処分に不服がある場合には人事院（国家公務員法90条１項），地方公務員の懲戒処分ならば人事委員会ないし公平委員会（地方公務員法49条の２）が審査庁となります。固定資産課税台帳に登録された価格に対する不服申立ては，市町村に置かれた固定資産評価審査委員会（地方税法432条）に対して行います。要介護認定や要支援認定に対する不服申立ては，都道府県に置かれた介護保険審査会（介護保険法183条）に対して行います。

　これらについては，その委員が外部の有識者から構成されるなど，専門性・中立性がすでに確保されていることから，審理員手続および第三者機関への諮問手続の適用が除外されています。また，不服申立て前置（⇒**第８講**・135頁）が数多く定められている点も特徴です（国税通則法115条１項，国家公務員法92条の２，地方公務員法51条の２，地方税法434条２項，介護保険法196条）。

　この他，情報公開・個人情報保護法制も特徴的なしくみがとられており，審査庁のほうから，諮問機関である情報公開・個人情報保護審査会に対して諮問し，その答申を受けて裁決を下すことになります（詳細は⇒**第15講**・257頁）。

　したがって，一般法である行審法がストレートに適用されるのは，固定資産税以外の地方税の課税処分，生活保護の変更・廃止決定などにとどまります。

《学習のポイント》　審査請求と取消訴訟の類似性

　審査請求（行審法）と取消訴訟（行訴法）は，いずれも，「行政庁の処分その他公権力の行使に当たる行為」の取消しを求めるものです。そして，不服申立人適格と原告適格の範囲は一致する（主婦連ジュース訴訟：最判昭和53年３月14日民集32巻２号211頁・百選Ⅱ128）など，審査請求と取消訴訟の手続や考え方はきわめてよく似ています。**第10講**まで勉強した後は，「審査請求とは，裁判所ではなく，行政に対して抗告訴訟を提起するようなものだ」と理解するとよいでしょう。

第7講　取消訴訟の要件①（処分性）

第1節　処分性とは

　本講と**第8講**では，取消訴訟を提起するための要件である**訴訟要件**について学びます。このうち，最初に扱うのが**処分性**の要件です。処分性とは，さまざまな行政活動のうち，抗告訴訟で争うことができるか否かを見極める基準のことです。処分性を備えていない行政活動は，そもそも抗告訴訟（および審査請求）の枠組みに乗せることができず，訴え却下判決が下されてしまうので，訴訟要件のうち真っ先に取り上げる必要があります。行訴法3条2項（および行審法1条2項）は，「行政庁の処分その他公権力の行使に当たる行為」という言葉を用いて，このことを確認しています。

> **ことば　訴訟要件**
>
> 　なかなか覚えてもらえないのが，「訴訟要件」という概念です。訴訟要件とは，訴えを適法に裁判所に係属ならしめるために必要な条件のことです。最もわかりやすい訴訟要件は，原告が人であること（法的人格であり，当事者能力を有すること）です。とりわけ取消訴訟は，形成の訴えとよばれ，請求認容判決によって法律関係の変動がもたらされるので，訴訟要件が法定されています（この他にも形成訴訟には，会社訴訟や人事訴訟などがありますが，いずれも，訴訟要件が法律で厳格に定められています）。訴訟要件には，①処分性，②原告適格，③訴えの利益，④被告適格，⑤出訴期間，⑥不服申立て前置，⑦裁判管轄などがあります。

> **ことば**　**請求認容，請求棄却，訴え却下**
>
> 　訴訟要件を満たしていない場合，訴えを裁判所に適法に係属させることはできませんので，訴え却下判決が下されます。これに対して，訴訟要件を満たしている場合には，審理は本案（行政処分が適法か否かといった事項）に対しても行われることになり，請求認容判決や請求棄却判決が下されることになります。この用語法は行政不服申立てにおいても同様であり，請求認容裁決，請求棄却裁決，請求却下裁決が行われます。

　まず，講学上の行政行為（行政処分，処分）は，問題なく処分性を備えていることに注意してください。具体的には，この本でもたびたび取り上げてきた，食品衛生法などの営業許可・営業停止命令・営業許可取消し，道路交通法上の運転免許，建築基準法上の建築確認・違法建築物の除却命令，土地収用法上の事業認定・収用裁決，所得税法上の更正処分・決定処分などです。これらについては，当然に処分性が認められるので，いちいちその有無を検討する必要はありません。

　大田区ごみ焼却場判決（最判昭和39年10月29日民集18巻 8 号1809頁・百選Ⅱ143）では，「行政庁の処分とは，……①<u>公権力の主体たる国または公共団体が行う行為</u>のうち，②<u>その行為によって，直接国民の権利義務を形成しまたはその範囲を確定すること</u>が③<u>法律上認められているものをいう</u>」（数字と下線は筆者による）との定式が示されています。講学上の行政行為の場合，この定式は典型的にあてはまります。そして，行政立法（法規範定立行為），行政計画，一部の事実行為であっても，この定式があてはまる場合には，それらの行政活動についても，抗告訴訟で争うことが認められるのです。

　以下では，【第 1 要件】として，「公権力の主体たる国または公共団体が行う行為」，【第 2 要件】として，「その行為によって，直接国民の権利義務を形成しまたはその範囲を確定する」，そして【第 3 要件】として，「法律上認められている」について，説明します。ただし， 8 割方は【第 2 要件】の説明になります。

第2節　行政の内部行為

　個別の行為類型についての検討に移る前に，「国民の権利義務を形成しその範囲を確定する」という箇所について，国民を直接の相手としていない，行政の内部行為は，処分性が否定されることを説明します。

　建築主事が建築確認を行う際には，防災上問題がないことについて消防長（「消防庁」ではなく，「消防長」なので注意してください）の同意が必要なのですが，消防長の同意は，建築主に向けられたものではなく，あくまでも行政機関相互間で行われる内部行為であるという理由で，処分性が否定されています（最判昭和34年1月29日民集13巻1号32頁・百選Ⅰ16）。

　成田新幹線訴訟は，【タイプ3】の紛争のような外観をもっており，日本鉄道建設公団（現在の独立行政法人鉄道建設・運輸施設整備支援機構）に対して運輸大臣が行った新幹線工事実施計画の認可について，沿線住民が取消訴訟を提起したものです。最判昭和53年12月8日民集32巻9号1617頁・百選Ⅰ2は，特殊法人である日本鉄道建設公団を上級行政機関である運輸大臣の下級行政機関と位置付けて，やはり行政機関相互間の行為なので処分性はないとしました。

　これらと同様に，開発許可の際に公共施設管理者が行う不同意（都市計画法32条）には処分性が認められないとするのが判例（最判平成7年3月23日民集49巻3号1006頁・百選Ⅱ151）の立場です。このようなとき，申請者は，公共施設管理者の不同意を理由に開発許可申請が拒否されるので，その拒否処分の取消訴訟を提起して，その中で，公共施設管理者の不同意が違法であることを主張する以外にありません。

第3節　法律行為の処分性①──法規範定立行為──

（あ）法規範定立行為の処分性の基本的な考え方

　行政立法などの法規範定立行為は，処分性が否定されます。**第4講**で学んだ通り，行政立法を根拠にしてなされた行政処分の取消しを求める中で，その根拠となっている行政立法が法律に違反するという理論構成をとる以外にありま

せん。

　行政立法の処分性が否定されるのは，【第 2 要件】である「直接性」の要件が欠けるためです。たとえば，ある規範に違反したときは違反者に営業停止命令などの行政処分が下ることになっているような場合（「生レバーを提供したら 3 日間の営業停止とする」という規範が定められている場合），実際に営業停止命令が下されるまで，「何月何日から〇〇日間は営業を禁じられる」という特定・具体的な義務が賦課されるわけではありません。規範が定立された段階では，「もし当該規範に違反したら営業停止命令が下される可能性がある」という一般的・抽象的な義務が課せられているにすぎず，いまだ特定性をもって具体的に義務が賦課されたとは言えないのです。

　誤解してはいけないのは，法規範定立行為の違法性について，一切争う手段がないわけではないことです。設例で言えば，実際に生レバーを提供してみて，具体的な 3 日間の営業停止命令が下された段階で，その取消訴訟を提起して，裁判において行政処分の違法性を主張する中で，根拠となっている規範が違法であることを主張すればよいのです。これは，はっきり言ってしまえば，救済のタイミングをいつの時点に設定するかの問題です。一般的・抽象的な義務賦課の段階で抗告訴訟の提起を認めていたのでは裁判所の負担が過剰となるために，法規範定立行為には処分性が認められないと言われます（「紛争の成熟性がない」などと表現されますが，ねらいとするところは同じです）。

（い）通　　達

　通達の処分性は否定されます（墓地埋葬法通達事件：最判昭和43年12月24日民集22巻13号3147頁・百選Ⅰ52）。 2 つの理由付けがあるのですが，いずれも【第 2 要件】に関係するものです。 1 つ目は，通達は行政立法のうち行政規則であって，行政内部に効力を有する規範にすぎず，国民の権利・義務関係を具体的に規律するものではないから（国民に法的拘束力は及ばないから），「直接性」が欠けるという理由です。 2 つ目は，通達は規範定立行為であるから，その発出をもって特定の国民に具体的な義務が及ぶわけではなく，やはり「直接性」が欠けるという理由です。

（う）条　　例

　条例の法的性質には争いがあるのですが，行政内部にとどまらず，住民の権

利・義務関係を規律することは疑いありません。そのため，**(い) 通達**で掲げた２つ目の理由，すなわち条例は規範定立行為であって，その発出をもって特定の国民に具体的な義務が及ぶわけではなく，「直接性」の要件が欠けるからという理由で，処分性が否定されます（高根町簡易水道条例事件：最判平成18年7月14日民集60巻6号2369頁・百選II150）。ここでも，【第2要件】が問題になるわけです。

　そのような理由であるとすると，逆に，「直接性」をもつ条例制定行為については，処分性が認められるという論理になります。横浜市保育所廃止条例事件において最判平成21年11月26日民集63巻9号2124頁・百選II197は，改正条例の制定・施行によって，他に行政庁の処分を待つことなく，各保育所は廃止されるのであり，それらの保育所に入所中の児童・その保護者という限られた特定の者らに対し，直接，当該保育所において保育を受けることを期待し得る法的地位を奪う結果を生じさせるという理由から，条例制定行為に処分性を認めました。そこでは，当事者訴訟や民事訴訟では対世効（第三者効）が認められていないから，取消訴訟で争うことに合理性があるという理由も掲げられています。

第4節　法律行為の処分性②──行政計画──

(あ) 事業型（動態型・非完結型）

　行政計画の処分性については，やはり【第2要件】の問題なのですが，判例・学説が複雑に絡まり合っているので，よく整理して理解してください。事業型計画の適法性を行政訴訟で争うタイミングの問題は，長らく議論されてきました。たとえば，都市計画決定の段階では処分性は否定され（最判昭和62年9月22日判時1285号25頁），後に続く都市計画事業認可の段階で取消訴訟の提起が認められます。そして，事業認可の取消訴訟の中で，都市計画決定の違法性を主張することが求められます。

システム　都市計画事業認可と土地収用法上の事業認定

　道路や公園などを都市計画事業として建設する場合，そのような施設を都市計画施設として都市計画決定を行い，都市計画事業の認可を受ける必要があります。都市計画事業は土地収用法上の収用適格事業とみなされるとともに（都市計画法69条），都市計画事業認可は土地収用法上の事業認定と同じ効力をもちます（同法70条）。したがって，土地収用法と同じ問題が生じます（土地収用法のしくみについては⇒**第 9 講**・143頁）。

　土地区画整理事業計画決定では，かつて最大判昭和41年 2 月23日民集20巻 2 号271頁が，①事業計画は土地区画整理事業の「青写真」にすぎず地権者が受ける制限は付随的なものにとどまること，②後続する仮換地の指定や換地処分の段階で争えば権利救済の目的は達成できることを理由に処分性を認めず，40年以上，この「青写真判決」が通用してきました。

　ところが，浜松市遠州鉄道訴訟において，最大判平成20年 9 月10日民集62巻 8 号2029頁・百選Ⅱ147はこれを変更し，①事業計画決定によって地権者は換地処分を受けるべき地位に立たされるのであり，法的地位に直接的な影響が生じると言えること，②換地処分がされた段階ではすでに工事も進捗し，仮に事業計画の違法が認定されたとしても，事情判決（行訴法31条 1 項⇒**第 9 講**・148頁）が下される可能性が高いことを理由に，処分性を認めたのです。

　一方，第二種市街地再開発事業計画決定については，最判平成 4 年11月26日民集46巻 8 号2658頁によって，この決定が土地収用法上の事業認定（同法16条）と同一の法効果をもち，決定がなされることで地権者は収用を受けるべき地位に立たされることを理由に，比較的早い時期から処分性が認められています。

（い）線引き・色塗り型（静態型・完結型）

　用途地域の指定（都市計画法 8 条 1 項）のように，当該地域内における建築物の用途，容積率，建ぺい率等につき従前と異なる基準を適用して，後続する行政活動が予定されていない線引き・色塗り型の計画については，処分性は否定されます（最判昭和57年 4 月22日民集36巻 4 号705頁・百選Ⅱ148）。この時点での土地所有者等に対する権利制限は，法規範定立行為と同様に，一般的・抽象的な効力を有するにすぎず，②「直接性」が欠けているからです。

もし用途地域の指定の違法性について争いたければ，この指定にそぐわない建築確認申請をあえて行い，行政庁から拒否処分がなされた後に，その拒否処分の取消訴訟を提起して争う中で，用途地域の指定の違法性を争う以外にありません。

　具体的には，港湾の埋立地であり，誰がみても工場を建てることが適切であると思われるような土地が，なぜか第一種低層住居専用地域に指定されたような局面を考えてください。あなたは当該土地は工業専用地域に指定されるべきであり，第一種低層住居専用地域という用途地域の指定には疑問を感じたとしても，このような用途地域の指定自体を捉えて，取消訴訟を提起することはできないのです。争う方法としては，当該土地に工場を建てようとして，建築確認申請を出す以外にありません。第一種低層住居専用地域に工場は建てられませんから，当然，建築確認は拒否されます（拒否処分）。それは，当該土地について，第一種低層住居専用地域として，用途地域の指定がなされているためです。そこで，あなたは拒否処分の取消訴訟を提起して，拒否処分の前提となっている第一種低層住居専用地域への用途地域の指定がおかしいということを，訴訟の中で主張すればよいわけです。

（う）行政立法との類似性

　行政計画の処分性が否定される場合，その計画に不満をもつ者は，後続する都市計画事業認可，換地処分，建築確認拒否処分などを捉えて，その取消訴訟を提起して争う中で，基になった計画の違法性を主張することになります。考え方としては，行政立法と行政処分の関係に似ています。計画が一般的・抽象的なルールの策定にすぎない状態においては，まだ当事者にふりかかる不利益が現実化していないから，紛争の成熟性がなく，もしも争いたいのならば，そのルールに基づいて具体的な処分がなされた段階で，処分の取消訴訟を提起し，その処分の背景にあるルールの違法性もあわせて主張する以外にないわけです。それに対して，計画によって直接具体的に当事者に対し不利益が及ぶような場合には，処分と同視して取消訴訟で争うことが認められるのです。

> ┃システム┃　接道義務と 2 項道路の一括指定の処分性
>
> 　位置付けが難しいのが， 2 項道路の一括指定のような一般処分（対物処分とも）です。かなりの難問ですので，十分に理解が進んでから挑んでください。
>
> 　建築基準法は，建築物が単体で耐震構造などを備えているかをチェックする単体規定と，建築物が集団で防災上支障がないかについてチェックする集団規定とに分かれます。集団規定の代表的な例が，接道義務です。建築物の敷地は，災害の際に消防車が入ることができるように，幅員 4 メートル以上の道路に 2 メートル以上接する必要があり，この要件を満たさない場合には建築確認が下りません（建築基準法43条 1 項）。ただし，建築基準法が制定された当時，現に建築物が立ち並んでいる幅員 4 メートル未満の道で，特定行政庁（建築主事の属する地方公共団体の長のこと）が指定したものについては，同項の「道路」とみなすことになっています（同法42条 2 項）。これが「 2 項道路」とか「みなし道路」とよばれるしくみです。
>
> 　むろん，未来永劫現状のままでよいというわけではなく，建物を増改築する際には，道路の中心線から 2 メートルの線を道路の境界線として，建築物の敷地をこの境界線までセットバックすることが求められます。つまり， 2 項道路に指定されることにより，これに接する建築物は接道義務を満たすことになる一方，建築物の所有者からしてみれば， 2 項道路の敷地については（道路なので）自由に建物を建てることができないという私権制限が及ぶわけです（同法44条）。
>
> 　最判平成14年 1 月17日民集56巻 1 号 1 頁・百選Ⅱ149は， 2 項道路の一括指定の告示について，「個別の土地についてその本来的な効果として具体的な私権制限を発生させるものであり，個人の権利義務に対して直接影響を与えるものということができる」として，処分性を認めました。本文で述べたことと整合していないようにも思えるのですが，争いなく処分性が認められる個別指定も一括指定と同じ建築基準法42条 2 項を根拠にしており，最高裁は同じ根拠条文なのに処分性が認められたり否定されたりする結論を嫌ったのかもしれません。

第 5 節　事実行為の処分性

1　権力的な事実行為

　法律上の効果をもたない事実行為についても，処分性が認められることがありますが，理由付けはさまざまです。権力的な事実行為，行政指導，通知などに分けて説明します。

権力的な事実行為は，「その他公権力の行使に当たる行為」（行訴法3条2項）であるとして，処分性が認められます。具体的には，行政代執行，直接強制，即時強制（出入国管理及び難民認定法における退去強制令書の執行など）を指します（⇒**第14講**）。

権力的な事実行為が数か月から数年にわたり継続する場合には，取消訴訟を提起して，取りやめてくれるように求める実益があります。「継続的に行われる権力的な事実行為には処分性が認められる」ということです。

ただし，権力的な事実行為の中には，即時～数時間で終了するものが少なくありません。判例は，執行が完了すれば訴えの利益（⇒**第8講**・130頁）が失われるという考え方をとっていますので，実際には，執行の前段階において不服を申し立てる手段が保障されている必要があります。そこで，多くの学説では，行政代執行の戒告・通知（行政代執行法3条）や退去強制令書の発付（出入国管理及び難民認定法49条6項）といった執行の前段階でなされる予告的な機能をもつ事実行為にも処分性を認めています。

判 例 第4次厚木基地判決（その1）

最判平成28年12月8日民集70巻8号1833頁・百選Ⅱ145は，抗告訴訟として厚木基地における自衛隊機の夜間離発着の差止めが求められた事案において，「自衛隊が設置する飛行場における自衛隊機の運航に係る防衛大臣の権限の行使」に処分性を認めました。原審が明確にこれを権力的な事実行為であると明言したのに対して，最高裁は態度を明らかにしておらず，議論をよんでいます。

---

2 行政指導

行政指導は，権力的ではないので，処分性は認められないのが原則です。言い換えれば，行政指導は私人に対して行う「お願い」にすぎず，それに従うか否かはあくまで相手方の任意であって（行手法32条1項），国民の権利・義務関係を規律するという「直接性」要件（【第2要件】）に欠けるからとか，「公権力の行使」とは言えないからといった説明がなされます。

ところが，きわめて特殊な状況の下で，最高裁は，行政指導である医療法（平成9年改正前のもの）30条の7に基づく病院開設中止勧告に処分性を認めま

した。それが，最判平成17年7月15日民集59巻6号1661頁・百選Ⅱ154です。病院開設中止勧告というのは，病院の開設許可とは別に，病院開設者に対して，すでに地域医療計画に定める当該医療圏の必要病床数を満たしているという理由で，病院の開設を中止するように働きかける行政指導です（これと似たような勧告に，病床数を減らすように働きかける病床数削減勧告があり，最高裁は，病床数削減勧告についても同様の判断を下しています）。

　病院開設中止勧告は行政指導ですから，従う義務はありません。ところが，病院開設中止勧告に従わない場合には，「相当程度の確実さをもって」，保険医療機関指定拒否処分が行われるという実務慣行が成立していました。保険医療機関の指定というのは，健康保険・国民健康保険が利用できる医療機関として指定されるための，きわめて重要な行政処分です。つまり，行政庁は，病院開設中止勧告に従うか否かは勝手だけれど，勧告に従わないならば，保険医療機関に指定しないよという運用を確立させていたわけです。

　保険医療機関の指定がなされなければ，健康保険・国民健康保険が利用できず，患者は医療費の全額負担を強いられますから，誰もその病院を利用しないことでしょう。つまり，事実上，病院開設の道は閉ざされるのです。そこで，最高裁は，病院開設中止勧告の段階で取消訴訟を提起することを認めたというわけです。なお，保険医療機関の指定拒否処分は，疑いなく行政処分ですから，こちらを対象に取消訴訟を提起することは当然に可能です。最高裁が勧告に対する取消訴訟の提起を認めたのは，早めの救済を可能とするためと推測されていますが，それにしてもかなりイレギュラーな判断と言えるでしょう。

《学習のポイント》 さまざまな行政指導

　行政指導は，実務では，助言，指示，指導，勧告などとして行われます。事例問題を解くときに，助言，指示，指導は，すぐに行政指導だとわかるのですが，「勧告」は行政指導であることに気付きにくいので，気を付けましょう。よく耳にする災害時の避難指示は，行政指導なのです。

3　通知など

（あ）基本的な考え方

　勉強していて最も厄介なのが，通知などの処分性です。これについては，統一的な考え方があるわけではなく，各個別法規のしくみを理解した上で，その中で通知がどのように位置付けられているかを前提とした解釈（しくみ解釈）が求められるためです。まず，通知のほとんどは，一定の事項を相手に知らせるにとどまり，それにより相手方の権利義務に変動をもたらすものではありません。このような場合には，処分性は否定されます。

（い）他に争う機会がない場合

　他方で，通知が発出されたとき以外に争う機会がないというケースがしばしば問題になります。代表的な例が，源泉徴収による所得税の納税告知です。源泉徴収方式がとられている場合には，納税義務・税額ともに給与支払の時点で自動的に確定するため，納税者から不満を表明する手段がありません。納税告知はなされるのですが，これは単に確定した納税義務・税額についてお知らせするにとどまり，納税告知が行政処分の性質を有するわけではないのです。そこで，最判昭和45年12月24日民集24巻13号2243頁・百選Ⅰ60が採用したのが，納税告知こそ「確定した税額がいくばくであるかについての税務署長の意見が初めて公にされるものであるから」，納税者に不満があるときは，この納税告知について，抗告訴訟が提起できるという手法でした。

> │システム│　**申告納税方式**
>
> 　所得税の納付方式には，源泉徴収方式と申告納税方式があります。源泉徴収方式は，給与を支払う際に雇用主が税金を天引きして納付するというものであり，アルバイトなどでおなじみでしょう。これに対して，個人事業主などが行うのが申告納税方式です。申告納税方式の場合は，納税者が毎年度の確定申告を行った後，税務署長から更正　決定の処分がなされないときは，申告した内容で納税義務と税額が確定します（納税者が申告した内容通りですから，不満は生じません）。これに対して，申告した内容に誤りがあると税務署長が認めたときは，更正・決定処分により，納税額が増やされることになります。これに不満がある納税者は，更正・決定処分に対して抗告訴訟を提起すればよいわけです。

　最高裁が納税告知と同じような理由付けで処分性を認めたのが，関税定率法の輸入禁制品該当通知です。輸入が禁じられる書籍等（公安・風俗を害すべき物品）を輸入しようとすると，税関で「これは輸入禁制品だから国内には持ち込めませんよ」と言われるだけで，輸入不許可処分とか没収処分のような特定の権力的な行為がなされるわけではありません（もちろん，むりやり国内に持ち込めば処罰されます。いってみれば，税関では，持ち込んだら処罰されるか否かをあらかじめ判断して告知するサービスを行っているわけです）。最大判昭和59年12月12日民集38巻12号1308頁・百選Ⅱ153は，輸入禁制品該当通知は当該物品の輸入を禁止することについて税関長の意見が初めて公にされるもので，かつ，輸入申告に対して最終的な拒否の態度を表明するものであるから，実質的な拒否処分（不許可処分）として機能していると述べて，処分性を認めました。

（う）刑事訴訟との棲み分け

　交通反則金の納付通告の取消訴訟が提起されたという事案において，最判昭和57年7月15日民集36巻6号1169頁・百選Ⅱ146は，もし反則行為となるべき事実の有無を争いたい場合には，反則金を納付せずに公訴が提起されるように仕向けて，厳重な証拠調べ手続が定められている刑事訴訟手続の中で存分に争ってくださいという理由で，納付通告の処分性を否定しました。

> **システム**　交通反則金の納付通告
>
> 　よく誤解されるのですが，交通反則金は刑罰としての罰金（⇒**第 14 講**・236頁）とは異なります。交通違反のように，軽微な義務違反で刑事罰を科していたのでは，国民総前科者になってしまい，刑罰の感銘力の観点から望ましくありません。これを防ぐために創設されたのが，交通反則金制度（道路交通法125条以下）です。警察に交通違反を咎められた場合には，おとなしく違反事実を認めて交通反則金を納付すれば，公訴が提起されないので（同法128条2項）刑事訴訟手続の重い負担を背負うこともなく，もちろん前科者になることもないという，よく考えられたシステムです。仮に運転者に不服があったとしても，刑事訴訟手続の被告人になって争うのはたいへんなので，おとなしく違反事実を認めて交通反則金を支払ってしまおうという契機を与えているという意味でも，最初に考えた人は凄いなと思わされます。租税犯則通告処分（国税犯則取締法14条以下，改正後は国税通則法157条）も同様です。

（え）実定法が簡易なシステムを用意している場合

　しばしば，簡易な救済のシステムを実定法が用意している場合があります。登録免許税を過誤納付した場合，（当時の）登録免許税法31条は，簡易・迅速な還付の手続を定めていました。もちろん，この還付手続を利用しなくとも，正式な手続（国税通則法56条）を通じて還付を請求することは可能だったのですが，最判平成17年4月14日民集59巻3号491頁・百選Ⅱ155は，登録免許税法31条の請求に対してなされた拒絶通知は，簡易・迅速に還付を受けられる手続を利用できる地位を否定するものであるという理由で，処分性を認めています。

第6節　国・公共団体以外の主体が行う活動

　延々と【第2要件】ばかり説明してきましたが，【第1要件】についてもふれておきましょう。実は，国・公共団体の行う活動以外にも，処分性を満たすものが存在します。行訴法11条2項は，「処分……をした行政庁が国又は公共団体に所属しない場合には，取消訴訟は，当該行政庁を被告として提起しなければならない」と定めており，国・公共団体に所属しない機関が行政処分を行うことを想定しています。

　代表的な例が，公共組合が行政処分を行う場合です。たとえば，土地区画整理組合は仮換地や換地処分を行う権限を付与されており，これに不服のある私人は，土地区画整理組合を被告として，行政訴訟を提起する必要があります。

> **ことば**　公共組合
>
> 　公共組合というのは，行政事務を行うことを存立目的として設立された社団法人のことで，講学上の概念です。具体的には，土地改良区，土地区画整理組合，国民健康保険組合，農業共済組合などが該当するとされます。その特徴として，設立・解散に国や地方公共団体の認可が求められる，構成員について加入が強制される，行政処分を行う権限が付与されていることが挙げられます。
>
> 　公共組合が行政処分を行う場合，国賠法1条の対象にもなります。

　また，公共組合に分類するか否かについて争いはあるのですが，弁護士会が

所属弁護士に対して行う懲戒処分も，処分性をもちます。弁護士の資格は公的なものですから，素直に考えれば，資格の付与に深く関わる法務大臣が懲戒処分を下すしくみになりそうなものですが，弁護士の職務の性質上，国との対立がしばしば起こり得るため，国の機関に懲戒権限を付与するとこれを濫用されるおそれが出てきます。そこで，職業団体の自治によって，弁護士会が懲戒処分を行うしくみがとられています（弁護士法56条 2 項）。

　医師会が行う人工妊娠中絶を行うことのできる医師の指定およびその取消し（母体保護法14条）も，行政処分であるとされています（菊田医師事件：最判昭和63年 6 月17日判時1289号39頁・百選 I 86⇒**第 4 講**・56頁）。

　さらに，民間委託の進展により，指定確認検査機関（建基法 6 条の 2 ・77条の18以下）が建築確認を行ったり，指定管理者（地方自治法244条の 2 第 3 項）が公の施設の利用許可を行ったりする場面が登場しています。

第 7 節　法律の根拠

　【第 3 要件】は，法律に根拠が置かれている場合です。条例に根拠がある場合も，この要件を満たすとされています。したがって，条例に根拠のある補助金の交付決定は「申請に対する処分」として扱われるのに対して，要綱にのみ根拠がある補助金の交付決定は，契約の申込みと承諾として扱われます（形式的行政処分⇒**第 5 講**・79頁）。

判　例　労災就学援護費の支給決定

　最判平成15年 9 月 4 日判時1841号89頁・百選 II 152は，労働者災害補償保険法（労災保険法）23条 1 項 2 号に給付の根拠が置かれている労災就学援護費の支給・不支給の決定について，具体的な支給対象者，支給額，支給期間，欠格事由，支給手続は通達で定められていたものの，「労災就学援護費に関する制度の仕組み」にかんがみて，処分性を認めました。ほとんど通達という行政の内部規範を手がかりに処分性を認めたことには賛否両論あるところです。

　抗告訴訟（および審査請求）の対象になるためには，当該行為に「処分性」が備わっている必要があります。しかし，処分性がなくとも，私人が他の訴訟類型で不満を表明することができるのならば，実際上は問題ありません。

　たとえば，行政契約に不満がある場合などは，（公法上の訴訟か民事訴訟か争いはあるのですが）契約締結の意思表示を求める訴え，地位確認の訴え，債務不存在確認訴訟などを提起して，その中で意思表示の瑕疵・欠缺や法令ないし公序良俗違反による契約条項の無効などを主張すればよいのです。

　この点，処分性が認められない行政活動に対する不満を表明する受け皿として活用が期待されているのが，公法上の当事者訴訟（⇒**第10講**・166頁）です。「活用が期待されている」というのも変な言い方なのですが，これまで，公法上の当事者訴訟は，存在するにはするのだけれども実務・理論の蓄積がなく，どのように使えばよいのか誰にも見当がつかない，不思議な訴訟類型でした。つまり，抗告訴訟の枠組みに乗せることができなければ，事実上，救済の道が閉ざされるという時代が長く続いたため，処分性の有無は重要な論点だったのです。

　しかし，処分性が認められない類型であっても，契約その他の行政活動と構成して，公法上の当事者訴訟や民事訴訟の枠組みにより不満を表明することができるのならば，問題はないはずです。平成16年の行訴法改正で当事者訴訟の文言が改正されたことは，そうした期待を含んでいる趣旨であると言われます（髙木光『行政法』（有斐閣・2015）356頁）。その意味で，処分性の位置付けは非常に流動的です。

　現在，大きく２つの方向性が模索されています。１つは，これまで処分性が認められていなかった類型にも処分性を認めて，慣れ親しんだ抗告訴訟の守備範囲を拡充していこう（処分性の認定を柔軟にしよう）という動きです。病院開設中止勧告や土地区画整理事業計画決定における判例の動向は，これに沿うものと言えます。

　もう１つは，公法上の当事者訴訟を積極活用する一方で，処分性が認められるものを行政処分や権力的事実行為などに純化していこうという動きです。

　では最高裁はどのような方針なのかというと，処分性を幅広く認めつつ，他方で公法上の当事者訴訟も活用していこうという方針のように見えて，何がしたいのか不明であり，判例を整合的に説明するのは，非常に難しい状況になっています。

　率直に言えば，処分性というのは訴え方のテクニックであり，法律の実務家（地方公共団体の法務職員を含む）や研究者にとっては興味をひくテーマであっても，肝心の私人や原課の職員にとっては，重要性が薄いかもしれません。こうした流動性にも気を付けながら，学習を進めてください。

第8講　取消訴訟の要件②（原告適格，その他）

第1節　原告適格

1　総　説

　原告適格というのは，ある訴訟を提起することのできる資格（出訴資格）のことです。現在の行政法学における取消訴訟の原告適格の重要性と比べて，正確に理解している方はわずかです。この本では，私自身の言葉を用いながら，正確に理解して頂けるように，心を砕きました。

　取消訴訟の原告適格は，ある処分に対して「あれこれと口を出すことのできる地位」を誰に認めるのが，制度設計上望ましいかという観点から判断されます。一般には，ある処分に最も不満をもっている者に，原告適格が認められます。最も不満をもっているならば，一生懸命主張・立証を行うことが期待されるからです。

　行訴法9条1項は，これを，「当該処分……の取消しを求めるにつき法律上の利益を有する者」と表現します。具体的には，申請に対して不許可処分が出された申請者【タイプ1】や，不利益処分の名あて人【タイプ2】のことを指します。

> 《学習のポイント》　原告適格の認定と本案審理の違い
>
> 　原告適格とは，ある処分がもし違法に行われたならば，被害を受けそうな範囲の

人に認められるものです。これに対して，その処分が本当に違法になされたか否か
を審理するのが本案審理です。高さ500メートルのビルの建築確認取消訴訟を例に
とれば，原告適格は，そのビルから500メートル程度の範囲に居住しているか賃貸
用アパートを有しているなどして，ビルが倒壊したならば生命，身体，財産に被害
を受ける可能性のある人に対して認められます。これに対して，本案審理は，その
ビルが本当に倒壊の危険性を有しているか（正確に言えば，建築確認の対象となっ
た設計図面通りに建築したとき，震度6強～7程度の地震に耐えられるか）につい
て行われます。

2　被処分者以外の第三者の原告適格

（あ）保護法益

　ところが，【タイプ3】のように，被処分者以外の第三者も，ある処分に対
して不満をもつときがあります。不満のもち方はさまざまであって，競業者に
対する新規の営業許可によって営業成績が悪くなるとか（財産上の利益），廃棄
物処分場の設置許可によって健康が害されるとか（生命・身体の利益），はたま
たパチンコ店が開業することでガラの悪い若者がうろついて気分が悪いとか
（良好な風俗環境下で生活する利益――その他の人格的な利益），いろんな態様があり
得ます。（　）内で表したものを，保護法益とよびます。ある処分が適法にな
されることにより守られている利益のことであり，刑法の勉強でおなじみで
しょう。

【タイプ3】

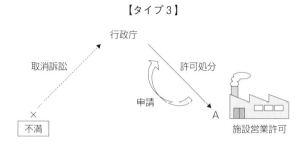

（い）判例・通説の「法律上保護された利益説」

　しかしながら，ある処分に不満をもつ可能性のある人は，70億人の全人類に
ついて認められる可能性があります。全人類に出訴資格を認めていては，あち

こちで取消訴訟が提起されることになり，キリがありません。横浜市保土ヶ谷区に設置予定の工場ならば，隣の東京都や静岡県の住民には原告適格は認められず，せいぜいその工場から半径数百メートルの範囲内に限り，工場の設置許可処分に対して文句を言う資格（設置許可処分取消訴訟の原告適格）を認めるというのが，穏当な相場観というものです。

　そこで，立法者は，「当該処分……の取消しを求めるにつき法律上の利益を有する者」に限り，出訴資格を認めることにしました（行訴法9条1項）。これが，判例・通説のとる「法律上保護された利益説」とよばれる考え方です。このように，原告適格は，放っておいては広がりすぎる出訴資格を，一定程度絞り込むための概念として出発していることには，重々，注意しなければなりません。言い換えれば，原告適格などというものを問題にする時点で，すでに「絞り込む」方向への力が，内在的に備わっているのです。

　原告適格は，元々「絞り込み」のための議論であるという当然の前提は，当然すぎて文献ではまずふれられませんが，しっかり意識してください。

（う）一般的公益との相違

　もう1つ，「法律上保護された」という言葉は，誤解を招きやすいので，あまり適切ではありません。この文脈における「法律上保護された」とは，その人の法益を処分の根拠法律が一般的・抽象的な利益として保護していることではなく，個々人の個別的利益としても保護されたものでなければならないからです。たとえば，工場の設置許可処分について，「行政庁は，工場から半径100メートルの範囲内に居住する人に健康上の被害が生じないことが保証されなければ，工場の設置許可を下してはならない」というように処分の根拠法律で規定されていない限り，ここでいう「法律上保護された」には該当しません。

＊　距離制限規定と競業者の原告適格

　最判昭和37年1月19日民集16巻1号57頁・百選Ⅱ164は，公衆浴場の既存業者に，新規の営業許可の取消しを求める原告適格を認めています。京都府の公衆浴場法施行条例は，各々の公衆浴場について少なくとも250メートル以上の間隔で配置しなければならないと定めており，最高裁によると，この規制は，「無用の競争により経営が不合理化することのないように濫立を防止することが公共の福祉のため

必要であるとの見地から，被許可者を濫立による経営の不合理化から守ろうとする意図をも有する」適正配置・需給調整の規定だというのです。

これに対して，最判昭和34年8月18日民集13巻10号1286頁は，質屋営業法には適正配置・需給調整を定めた明文の規定は置かれていないことを理由に，既存の質屋に対して，新規の営業許可の取消しを求める原告適格を認めませんでした。

ところが，最判平成26年1月28日民集68巻1号49頁・百選Ⅱ165は，すでに一定の区域内で一般廃棄物処理業の許可・更新を受けている者は，当該区域を対象として他の者に対してされた一般廃棄物処理業の許可・更新処分について，その取消しを求める原告適格を有するとしました。この判決では，後述する「行政法規の柔軟な解釈」アプローチに基づいて廃棄物処理法を解釈し，明文がなくとも適正配置や需給調整に関する法理を見出したことが注目されます。

＊ 競願関係

ライバル関係，つまり申請者の1名だけが許可が得られるような競願関係の場合は，落選者に対して，当選者への許可処分の取消しを求める原告適格が認められてきました（東京12チャンネル判決：最判昭和43年12月24日民集22巻13号3254頁・百選Ⅱ166）。

でも，よくよく考えてみてください。およそ行政法規というものは，（それがいかに希釈されたものであろうとも）一般的・抽象的には，すべての人の法益を保護しているはずです。横浜の工場でモクモクと黒煙が立ち上り，ダイオキシンによって土壌が汚染されるような場合を考えると，程度の差は大きいものの，本当に，影響を受けるのは半径数百メートルの住民に限られるでしょうか。地球環境が循環していることに思いを馳せるまでもなく，隣の市町村にだって，隣県だって，果ては地球の裏側の住民にだって，影響はゼロとは言えないはずです。そして，法律も，究極的には全人類の法益（一般的公益）のために，工場設置に規制をかけているはずなのです。

しかし，そのような一般的公益を，原告適格を導く手がかりとなる「法律上保護された利益」として認めることはできません。なぜならば，そのように考えると，70億人の全人類に原告適格を認めることとなってしまい，原告適格の「絞り込み」の機能が果たされないからです。原告適格が「絞り込み」のため

の概念として出発している以上は，行政法規が一般的・抽象的利益にとどまらず，その人にだけ特別に個別的利益としても保護している場合に限り，原告適格を認めるという理論構成にする必要があります。絞り込みの用をなさない論法は，原告適格の議論では使えないのです。

　先ほどの例で言えば，工場の設置許可が適法になされることの利益は一般的・抽象的には全人類に及んでいるのだけれども，工場の半径100メートルの範囲の住民には，処分の根拠法律が，それに加えて特別に，設置許可に対して文句を言う資格を付与しているのだということです。そのように，法律上個別的に保護された利益として，ある人の法益が保証されていなければ，「法律上保護された利益」が備わっているとは言いません（主婦連ジュース訴訟：最判昭和53年3月14日民集32巻2号211頁・百選Ⅱ128。なお，不服申立て適格について争われた事案ですが，最高裁は，不服申立て適格と原告適格は一致するとしています）。

3　実務運用の問題点と「裁判上保護に値する利益説」

（あ）硬直的な運用

　ところが，裁判所が法律の文言にこだわるあまり，運用は硬直化していきました。本来，原告適格は"絞り込むため"の枠組みではあるのですが，裁判所が「制定法準拠主義」に固執した硬直的な運用を行ったために，第三者の出訴資格などほとんど認められないという状態に陥ってしまったのです。というのも，法律は原告適格のことまで考えて制定されていないので，法律の文言から個々人の個別的な利益を読み取ることができるケースなど，非常に限られているからです。「都道府県知事は，工場から半径100メートルの範囲内に居住する人に健康上の被害が生じないことが保証されなければ，工場の設置許可を下してはならない」などという処分の根拠法規は，まず見つけられません（法律の立案をする行政職員も，わざわざ取消訴訟の原告適格を認める手がかりとなる条文を書き込まないでしょう）。したがって，文言にこだわってしまうと，第三者の原告適格など認められるわけがないのです。

（い）有力説──「裁判上保護に値する利益説」──

　この状況を打破するために，学界から提唱されたのが，「裁判上保護に値する利益説」でした（原田尚彦『行政法要論〔全訂第7版補訂2版〕』（学陽書房・

2012）392頁以下）。端的に言えば，「法律上保護された利益説」が法律の文言を重視するのに対して，「裁判上保護に値する利益説」は，問題となっている法益（権利・利益）の性質，つまり価値判断を前面に押し出す学説です。すなわち，「工場の設置許可処分が違法になされれば原告の健康が害される。健康は重要な法益だから，裁判上保護されていないはずはない。だから，原告には取消訴訟の原告適格が認められる」という論理構成です。ここには，判例・通説があれほどこだわっていた「法律」への言及がまったく現れないことに注意してください。つまり，利益衡量によって，原告適格の有無を判断するのが，「裁判上保護に値する利益説」なのです。この学説の問題提起には非常に鋭いものがあったのですが，利益衡量の学説一般に言えるように，基準が融通無碍となってしまい，客観性に欠けるところがあるとの理由で，通説的地位を占めるには至りませんでした。

（う）変化への兆し

しかし，最高裁も，昭和の終わり頃から，学説の提案を受け止めて，原告適格を拡大する方向へと舵を切っていきます。2つの方向性があり，1つが「行政法規の柔軟な解釈」アプローチ，もう1つが「利益の内容・性質を考慮すべき」アプローチでした。そして，後者には，「裁判上保護に値する利益説」が提起した視点が存分にとり入れられたのです。

4　原告適格拡大への道①──行政法規の柔軟な解釈──

（あ）伊達火力発電所判決

行政法規の柔軟な解釈の可能性を切り開いたのが，伊達火力発電所判決（最判昭和60年12月17日判時1179号56頁）です。事案は，電力会社が発電所を建設するために道知事から公有水面の埋立免許（公有水面埋立法2条）と埋立工事の竣工認可（同法22条）を受けたところ，周辺海域で漁業を営む原告から取消訴訟が提起されたというものです。

ところが，公有水面埋立法は大正時代に制定された古い法律であり，埋め立てられる水面で漁業を営んでいた者の利益は保障されていたのですが，環境保全の見地から，周辺海域で漁業を営む者にまで拡大して利益を認めた規定は置かれていませんでした。法律の文言を重視する通説・判例では，立法時に意識

されていなかった問題に対処することができないのです。

　そこで，最高裁は，「法律上保護された利益」とは，処分がその本来的効果として制限を加える権利利益に限られず，行政法規が個人の権利利益の保護を目的として行政権の行使に制約を課すことにより保障されている権利利益も含まれるが，「右にいう行政法規による行政権の行使の制約とは，明文の規定による制約に限られるものではなく，直接明文の規定はなくとも，法律の合理的解釈により当然に導かれる制約を含む」としました。

　このようにして，伊達火力発電所判決は，忠実な文言解釈を緩めて「法律の合理的解釈」の可能性を開いたわけですが，結論としては，「法律の合理的解釈」を施しても，そのような制約を導くことは困難であるとされました。

（い）新潟空港判決

　続いて，対象として読み取るべき「行政法規」の範囲の拡大に決定的な役割を果たしたのが，運輸大臣が航空会社に対して与えた定期航空運送事業免許について，空港周辺住民がその取消しを求めた新潟空港訴訟に係る最判平成元年２月17日民集43巻２号56頁・百選Ⅱ183です。

　ここで処分の根拠法規である航空法が求めているのは，事業計画が航空保安上適切なものであることでした。航空機が安全に運航できれば事業免許は付与されるのであり，周辺住民に対する騒音の防止については，法の関心外であるように見えたわけです。ところが，最高裁は，「当該行政法規が，不特定多数者の具体的利益をそれが帰属する個々人の個別的利益としても保護すべきものとする趣旨を含むか否かは，当該行政法規及びそれと目的を共通する関係法規の関係規定によって形成される法体系の中において，当該処分の根拠規定が，当該処分を通して右のような個々人の個別的利益をも保護すべきものとして位置付けられているとみることができるかどうかによって決すべきである」としました。すなわち，個別的利益として保護されているか否かを判断するに当たっては，航空法の目的やその関係法規である航空機騒音障害防止法の規定など，法体系全体について考慮しなければならないという趣旨です。

　最高裁は，法体系論を掲げることで，航空機による騒音障害を防ぐという周辺住民の利益も，処分の根拠法規が個別的に保護している（＝「法律上保護された利益」に含まれる）と解釈したわけです（その他，主張制限の問題については⇒第

9 講・139頁）。

> ＊　手続的規定の帰趨
>
> 　処分の根拠法規に付された手続的参加規定が，個別的保護利益性を認める手がかりとなる場合があります。長沼ナイキ判決（最判昭和57年9月9日民集36巻9号1679頁・百選Ⅱ171）は，当時の森林法29条・30条・32条が，保安林の指定解除について異議があるときには，「直接の利害関係を有する者」は意見書を提出して公開の聴聞手続に参加することができると定めていたことを根拠に，「保安林の伐採による理水機能の低下により洪水緩和，渇水予防の点において直接に影響を被る一定範囲の地域に居住する住民」の原告適格を認めました。行政法規が一定範囲に居住する住民に対し，行政庁の判断に「あれこれと口を出すことのできる地位」を明文で認めたものと言えるため，周辺住民の利益が法律上個別的に保護されていることの根拠としたわけです。

5　原告適格拡大への道②──利益の内容・性質を考慮すべき──

　利益の内容・性質を考慮すべきという要請は，高速増殖炉「もんじゅ」判決（最判平成4年9月22日民集46巻6号571頁・百選Ⅱ156）が打ち出したものです。周辺住民による原子炉設置許可処分無効確認訴訟について，最高裁は，原子炉から半径58キロメートルの範囲内に居住している者にすべて原告適格を認めるという，行政訴訟史上類を見ない事例となりました。同判決は，原子炉等規制法の許可要件について，次のように述べました。

　「同法24条1項3号所定の技術的能力の有無及び4号所定の安全性に関する各審査に過誤，欠落があった場合には重大な原子炉事故が起こる可能性があり，事故が起こったときは，原子炉施設に近い住民ほど被害を受ける蓋然性が高く，しかも，その被害の程度はより直接的かつ重大なものとなるのであって，特に，原子炉施設の近くに居住する者はその生命，身体等に直接的かつ重大な被害を受けるものと想定されるのであり，右各号は，このような原子炉の事故等がもたらす災害による被害の性質を考慮した上で，右技術的能力及び安全性に関する基準を定めているものと解される。右の3号（技術的能力に係る部分に限る。）及び4号の設けられた趣旨，右各号が考慮している被害の性質等にかんがみると，右各号は，単に公衆の生命，身体の安全，環境上の利益を一般

的公益として保護しようとするにとどまらず，原子炉施設周辺に居住し，右事故等がもたらす災害により直接的かつ重大な被害を受けることが想定される範囲の住民の生命，身体等の安全等を個々人の個別的利益としても保護すべきものとする趣旨を含むと解するのが相当である。」

　生命は最上の価値を有しており，一旦侵害されたら取り返しがつかない以上，生命を害される可能性がある者には原子炉等規制法が出訴資格を認めているというわけです。鋭い方は気付かれると思いますが，もんじゅ判決は，「裁判上保護に値する利益説」から強い影響を受けています。「生命は大事だから保護しなければいけない，だから，生命が害されそうな人には，原告適格が認められる」という論理に見えるからです。しかし，「裁判上保護に値する利益説」そのものを採用したわけではないことには，注意しなければなりません。というのも，もんじゅ判決の論理は，「生命は大事だから，<u>原子炉等規制法によって個別的に保護されている</u>。だから，生命が害されそうな人には，原告適格が認められる」という論理であり，あくまでも処分の根拠法規である原子炉等規制法の解釈を行っているため，「法律上保護された利益説」の衣を捨て去ってはいないからです。

＊　利益の内容・性質にまでふみ込んだ理由

　ところで，最高裁は，従来の「法律上保護された利益説」の枠組みに従って，「原子炉等規制法では半径58キロメートル圏内に住む住民の法益を個別的に保護しているから，その圏内の住民に原告適格が認められる」という結論を導いてもよかったように思われます。わざわざ利益の内容・性質について言及した意図はどこにあるのでしょうか。

　おそらくは，それまで工場とか廃棄物処分場などの施設からせいぜい半径数十メートル，数百メートルといった範囲でちまちま認めてきた原告適格の範囲を，一気に半径数十キロメートルまで拡大するにあたり，正当化する補充的な理屈が必要であったからだと推察します。

　生命は至高の法益ですから，ある行政処分が違法に行われた場合にある人の生命が害されるようなケースにおいて，処分の根拠法規がその人の法益を個別的に保護していないはずはないと思われます。生命を個別的に保護していない行政法規に存在価値はありません。順序が逆転している感はありますが，最高裁は，「生命は至高の法益であり，処分が違法になされた場合に生命を害されそうな人について，原

子炉等規制法はひとしく個別的に保護している（保護していないはずはない）から，生命が害される可能性のある原子炉から半径58キロメートル圏内に住む人には，すべて原告適格が認められる」という論理を採用したわけです。原告適格は絞り込むための理屈だと先に述べましたが，もしも運用次第で地球が粉々になるような施設があるならば，その設置許可処分については，日本国内に限らず，地球に住む全人類にその取消訴訟の出訴資格が与えられるでしょう。

6　行訴法９条２項への結実と小田急大法廷判決

　平成16年改正で追加された行訴法９条２項は，これらの２つのアプローチを発明してきた判例・学説を結実させたものと言えるでしょう。重要な条文なので，引用します。「裁判所は，処分又は裁決の相手方以外の者について前項に規定する法律上の利益の有無を判断するに当たつては，①当該処分又は裁決の根拠となる法令の規定の文言のみによることなく，当該法令の趣旨及び目的並びに②当該処分において考慮されるべき利益の内容及び性質を考慮するものとする。この場合において，①当該法令の趣旨及び目的を考慮するに当たつては，当該法令と目的を共通にする関係法令があるときはその趣旨及び目的をも参酌するものとし，②当該利益の内容及び性質を考慮するに当たつては，当該処分又は裁決がその根拠となる法令に違反してされた場合に害されることとなる利益の内容及び性質並びにこれが害される態様及び程度をも勘案するものとする」（数字と下線は筆者による）。

　下線①は，「行政法規の柔軟な解釈」アプローチです。「当該処分……の根拠となる法令の規定の文言のみによることなく」という箇所は，文言にこだわらず合理的な解釈を行うようにという伊達火力発電所判決に影響を受けています。「法令の趣旨及び目的」を考慮するとともに，「当該法令と目的と共通にする関係法令があるときはその趣旨及び目的をも参酌するものとし」という箇所には，新潟空港判決の要旨が反映されています。

　下線②は，「利益の内容・性質を考慮すべき」アプローチです。「当該処分において考慮されるべき利益の内容及び性質」を考慮すべきことを明文で求めるとともに，その際には，「当該処分……がその根拠となる法令に違反してされた場合に害されることとなる利益の内容及び性質並びにこれが害される態様及

び程度をも勘案するものとする」という箇所は，もんじゅ判決をなぞったものです。最高裁は，原告が現実に受ける不利益の内容や性質といった実態に着眼すべきという「裁判上保護に値する利益説」のエッセンスをとり入れていたわけで，これを明文化した行訴法 9 条 2 項は，「法律上保護された利益説」に「裁判上保護に値する利益説」を加味したものといってよいでしょう。

　そして，都市計画事業認可（⇒**第 5 講**・83頁の事業型に分類されます）の取消しが求められた小田急線高架化訴訟大法廷判決（最大判平成17年12月 7 日民集59巻10号2645頁・百選Ⅱ159）は判例変更を行い，事業地の所有者のみならず，事業地の周辺地域に居住する住民に対しても，事業認可が違法になされた場合には生活環境利益を害され得ることを根拠に，その原告適格を認めました。

7　現在の判例の動向

（あ）概　　要

　原告適格の判定で最初に行うべきことは，昔も今も，問題となっている保護法益を見つけ出すことです。ここで考え方の視座として，少なくとも最高裁は，保護法益の間に一定の序列を付けていることを指摘しておきます。保護法益（利益）は財産的利益と人格的利益から構成されています。人格的利益はさらに生命，身体（あるいは健康），その他の人格的利益に分かれます。これらは，おおむね，①生命，②身体（あるいは健康），③財産，④その他の人格的利益の順番に序列が付けられています。刑法の保護法益論では，財産犯よりも傷害罪のほうが一般に法定刑は重く，傷害罪よりも殺人罪のほうが法定刑は重いとか，緊急避難はこれによって生じた害が避けようとした害の程度を超えなかった場合に限り成立すること（刑法37条 1 項）を思い浮かべてください。

　④その他の人格的な利益とは，名誉・プライバシーの利益や生活環境利益などのことです。名誉・プライバシーは，①生命や②身体ほどではなくとも，③財産と同じくらいの価値は見出されそうにも思いますが，原告適格論ではあまり問題にならないので，この本では深入りしません。注目すべきは，生活環境利益です。生活環境利益の特徴は幅が広いことにあり，騒音，悪臭，振動の被害を受けない利益から，良好な景観を享受する利益（景観利益），果ては良好な風俗環境の下で生活する利益まで，実に多様です。これまで最高裁は，生活環

境利益について，後述するように，処分の根拠法規に明文の規定があるか，①生命や②身体に引き付けられる場合でもなければ，個別的保護利益性を認めていません。それは，生活環境利益は，その具体的内容が明確ではないだけでなく，利益の帰属する範囲（保護範囲）の限定が困難であるという事情のためと考えられます。原告適格に期待される「絞り込み」機能と相性が悪かったからとも言えます。

　これに対して，①生命や②身体（あるいは健康）は，内容が明確であり，誰にとっても最上の価値を有することが理解できるし，利益の帰属する範囲もきわめて明確です。③財産についても，基本的には同じことで，お金持ちの100万円も貧しい人の100万円も，一応，同じ100万円であることには変わりがありません。利益の内容と帰属主体の範囲が明確であることが，要保護性の強さを基礎付けているのです。

（い）生命の侵害

　生命は最上の価値を有しており，一旦失われれば取り返しがつきません。いかなる行政法規においても，生命が侵害されそうな人については，その利益が個別的に保護されているはずです。「生命が侵害されそうな人」という限定のことを，保護範囲とよぶことがあります。もんじゅ判決（最判平成4年9月22日）が原子炉から58キロメートル圏内に居住する人々に原告適格を認めた例を思い浮かべてください。

（う）身体（あるいは健康）の侵害

　身体（あるいは健康）は，生命に次ぐ価値を有します。侵害の程度にもよりますが，失われれば取り戻すのは困難です。したがって，生命と同様に，保護範囲のみを検討すれば十分です。最高裁は，問題となっている行政処分が根拠法律に違反してなされた場合には身体の安全等を害されるおそれがある地域の住民には，その取消訴訟の原告適格が認められるとしています。開発許可（都市計画法29条1項）において，がけ崩れにより身体の被害を生じ得る住民（最判平成9年1月28日民集51巻1号250頁）や，林地開発許可（森林法10条の2第2項）において，土砂の流出，崩壊，水害により身体の被害を生じ得る住民（最判平成13年3月13日民集55巻2号283頁・百選Ⅱ157）などが，その例です。

（え）財産的利益の侵害（その1）制定法準拠主義？

　財産は，生命や身体には劣るものの，一定の価値をもちます。ただし，処分の根拠法律に明文規定がないと，個別的保護利益性は認められないとする判決が目立ちます。最判平成14年1月22日民集56巻1号46頁・百選Ⅱ158が，総合設計許可（建築基準法59条の2）の取消訴訟において，建築基準法1条の目的規定に「国民の生命，健康及び財産の保護」と謳われていることを手がかりにして，財産を侵害され得る周辺住民の原告適格を認めたのに対し，最判平成13年3月13日は，財産に関する規定が特に置かれていない森林法の林地開発許可について，財産を侵害され得るにすぎない住民に原告適格を認めませんでした。

（お）財産的利益の侵害（その2）量が質を変える？

　利用客から鉄道運賃引上げ認可処分の取消しが求められた近鉄特急料金訴訟において，最判平成元年4月13日判時1313号121頁・百選Ⅱ162は，通勤客の個別的な（財産上の）権利・利益は，地方鉄道法（当時）上保護されていないとして，原告適格を認めませんでした。やはり制定法準拠主義の色濃い判決です。

　ところが，平成16年行訴法改正の後，いわば「量が質を変える」というべき下級審判決が現れました。やはり利用客から鉄道事業法上の旅客運賃認可処分の取消しが求められた北総鉄道訴訟において，東京地判平成25年3月26日判時2209号79頁は，旅客運賃認可処分が違法になされた場合，日常の通勤・通学のために反復継続して当該鉄道路線を利用している者には，仕事や居住場所などといった日常生活の基盤を揺るがすような重大な損害が生じかねないとして，原告適格を認めたのです。地方鉄道法を引き継いだ鉄道事業法では，目的規定に「利用者の保護」が掲げられたのですが，北総鉄道判決で決定的な役割を果たしたのは，目的規定云々という「行政法規の柔軟な解釈」アプローチよりも，むしろ「利益の内容・性質を考慮すべき」アプローチと思われます。

　行訴法9条2項は，個別的保護利益性を判断する上では，「害されることとなる利益の内容及び性質並びにこれが害される態様及び程度」をも勘案するように規定しました。よく読むと，もんじゅ判決（利益の内容および性質）をただなぞったのではなく，ひっそりと「これが害される態様及び程度」が加わっており，これは結構大きな違いです。つまり，通勤客1人ひとりを見れば，害されるのはしょせん財産的利益にすぎないけれども，鉄道を反復継続して日常的

に利用するなどして、それが積み重なっていけば（「程度」が積み上がれば）、原告適格の判定に活かしてあげるよということです。つまり、「量が質を変える」ことが起こり得るのです。さらには、「害される態様」も勘案することになりましたから、「こんなにひどい侵害のされ方をしている」という点も、原告適格の判定に活かされます。北総鉄道判決で言えば、利用客にとって通勤・通学は日々繰り返される生活の一部であって、人格的な利益という色彩も帯びるから、より強力に保護されるべきであるという論理です。

（か）生活環境利益の侵害（その１）生命・身体に引き付けられる場合

小田急線高架化訴訟大法廷判決（最大判平成17年12月７日）では、東京都環境影響評価条例の規定を手がかりにするなど、「行政法規の柔軟な解釈」アプローチをとった箇所ばかり注目されるのですが、ここでは、「利益の内容・性質を考慮すべき」アプローチに関係する判示を参照します。

「都市計画法又はその関係法令に違反した違法な都市計画の決定又は変更を基礎として都市計画事業の認可がされた場合に、そのような事業に起因する騒音、振動等による被害を直接的に受けるのは、事業地の周辺の一定範囲の地域に居住する住民に限られ、その被害の程度は、居住地が事業地に接近するにつれて増大するものと考えられる。また、このような事業に係る事業地の周辺地域に居住する住民が、当該地域に居住し続けることにより上記の被害を反復、継続して受けた場合、その被害は、これらの住民の健康や生活環境に係る著しい被害にも至りかねない。」

下線部において、最高裁は実に上手い表現を用いています。騒音や振動による被害から守られる利益は、生活環境利益です。しかし、生活環境利益にもさまざまなものがあり、この事件で問題となった騒音や振動による被害は、反復、継続して受ければ、②健康を害したり、場合によっては、①生命に関わるかもしれないのです。このように、積み重なれば①生命や②身体（あるいは健康）に関わるタイプの生活環境利益の侵害は、個別的保護利益性が比較的認められやすいと考えられます。

（き）生活環境利益の侵害（その２）法律に手がかりがある場合

しかし、生活環境利益の侵害の中には、「良好な景観を享受する利益」（景観利益）のように、どのように頑張っても①生命や②身体への侵害に近付けるこ

とのできないものがあります。ところが，鞆の浦世界遺産訴訟において，広島地判平成21年10月 1 日判時2060号 3 頁は，鞆の浦の良好な景観の恵沢を日常的に享受している者には，個別的利益としての保護が及ぶとしました。

　同判決に決定的な影響を及ぼしたのは，瀬戸内海における公有水面埋立免許については，「わが国のみならず世界においても比類のない美しさを誇る景勝地として」の瀬戸内海の特殊性（水質や自然景観）について十分配慮しなければならないと定めた，瀬戸内海環境保全特別措置法13条 1 項および 3 条 1 項の存在です。繰り返しますが，景観利益は内容・帰属主体の不明確な利益の典型であり，最高裁の発想では個別的保護利益性は認められてきませんでした。しかし，何よりも頼りになる法律が，第三者に対して自然景観に係る個別的利益の帰属を明確に認めているのだから，裁判所といえども，従来の発想を飛び越して，原告適格を認めざるを得ない（変な表現ですが）わけです。

　これはもっぱら「行政法規の柔軟なアプローチ」により導かれた結論ですが，同判決では，景観は一旦破壊されれば取り返しのつかないものであるという，「利益の内容・性質を考慮すべき」アプローチも追加的に論拠に掲げられています。

＊　景観利益における保護範囲の画定

　なお，景観利益における保護範囲の画定は難問として残されており，広島地判平成21年10月 1 日は，景観利益の帰属する範囲を，鞆町という一定の行政区画の居住者に限定しています。私などは，原告適格は 1 人に認められればいずれにせよ本案審理を行わなければならなくなる以上（そして何人増えようと対象となるのはたった 1 つの処分にすぎない以上），鞆の浦が観望できるすべての住民に認めてもよいと考えるのですが，研究者・実務家の多くはなお線引きにこだわるようです。

（く）生活環境利益の侵害（その 3 ）上記いずれでもない場合

　どのように頑張っても①生命や②身体の侵害に近付けることができず，法律の根拠規定も見出だせない生活環境利益の侵害については，最高裁は冷淡です。パチンコ屋や場外馬券売場ができてガラの悪い若者が周囲をうろつくことになって気持ちよく生活することが難しくなったとしても，そうした良好な風

俗環境への侵害の是非は訴訟では争えないということです。

　最判平成10年12月17日民集52巻9号1821頁・百選Ⅱ160は，風営法3条1項に基づくパチンコ屋の営業許可の取消訴訟について，良好な風俗環境が害されると主張した周辺住民の原告適格を否定しています。近隣の診療所について原告適格を認めた最判平成6年9月27日判時1518号10頁と比較すると，診療所が法令で個別的に保護されているのに対して，周辺住民についてはそのような手がかりが見出せないというのです。

　そして，平成16年行訴法改正後も，サテライト大阪判決（最判平成21年10月15日民集63巻8号1711頁・百選Ⅱ161）において，最高裁は，施設から1000メートル以内の住民に原告適格を認めた控訴審（なお，控訴審は，ここでの生活環境利益の侵害を，①生命や②身体の侵害にも至りかねないものという見方を示しており，この点の評価の差異が，結論の違いに影響しています）と比較して，大きく原告適格を絞り込んでいます。

《学習のポイント》　答案の書き方？

　特に原告適格を授業で教えた後，しばしば「理屈はわかったけど，どのように答案に書けばよいのかわからない」という声を耳にします。しかし，自分がきちんと理解しているということを採点者に伝わるように表現すれば，立派な答案になります。それでも点数が取れないというのならば，反復継続して理解を深めるか，文章力を磨きましょう。また，答案の中には，「良好な風俗環境を享受する利益は重要でないから原告適格は認められない」と言い切るものが散見されます。行訴法9条2項は，生命や身体など重要な法益については個別的利益への該当性を判断する際に有利に考慮することを規定していますが，それ以外のものについてどうするかは述べていません。むしろ，良好な風俗環境を享受する利益は，重要とか重要でないという見方ではなく，権利・利益の内容や範囲が明らかではなくて，個別的保護利益性を認めることと相性が悪いからだと理解してください。

第2節　訴えの利益

1　総　説

　当該処分を取り消す実際上の必要性のことを，（狭義の）取消訴訟の**訴えの利**

益とよびます。広い意味では，原告適格を含む概念として「訴えの利益」とよぶことがあるので，注意してください。訴えの利益が消滅した場合，訴訟係属の必要性が失われるため，訴えは却下されます。訴えの利益は，具体的な事例と結び付けて理解することが大切です。

2　訴えの利益が消滅するとされた例

【判例①】　メーデーのために 5 月 1 日の皇居外苑使用許可を申請していたが，不許可処分が出されたので，取消訴訟を提起して争っているうちに，肝心の 5 月 1 日が経過してしまった（最大判昭和28年12月23日民集 7 巻13号1561頁・百選 I 63）。

【判例②】　ある建築物について建築確認（建築基準法 6 条 1 項）が出された。隣人は，建築物の耐震性に疑問があると考えたので，取消訴訟を提起して争っていたが，訴訟係属中に建物が完成してしまった（最判昭和59年10月26日民集38巻10号1169頁・百選 II 170）。

＊　建築物完成後の隣人の争い方

　この説明では，建築物を早く完成させた者勝ちになってしまいます。【判例②】のケースでは，隣人は，完成した建築物の除却命令（建築基準法 9 条 1 項）を発するように特定行政庁に「処分等の求め」を行い，それでも除却命令が発せられない場合には，（非申請型）義務付け訴訟を提起することになります（⇒**第 10 講**・159頁）。逆に言えば，建築物が完成した後には，建築確認のシステムではなく除却命令のシステムについて行政介入請求を行うことによって紛争を解決してくださいというのが，立法の趣旨であるわけです。

　そうこうしているうちに当該建築物が倒壊して損害を被ったときは，規制権限不行使を理由とする国家賠償請求訴訟を提起すべきでしょう（⇒**第 12 講**・196頁）。

【判例③】　保安林解除処分の取消しを求めて争っていたところ，代替施設の設置により洪水の危険が解消された（長沼ナイキ判決：最判昭和57年 9 月 9 日民集36巻 9 号1679頁・百選 II 171）。

【判例④】　本邦に在留する外国人が，再入国の許可を得ないまま出国した（最判平成10年 4 月10日民集52巻 3 号677頁）。この場合，それまで有していた在留資格は消滅するので，再入国不許可処分が取り消されても，従前の在留資格のままで再入国を認める余地はなくなるからです。

3　訴えの利益が消滅しないとされた例

【判例⑤】　土地改良事業の施行の認可処分の取消しを求めて争っているうちに，土地改良事業の工事および換地処分が終了した（最判平成4年1月24日民集46巻1号54頁・百選Ⅱ172）。仮に土地の原状回復が社会的，経済的損失の観点から見て社会通念上不可能であるとしても，そのような事情は事情判決（行訴法31条1項⇒**第9講**・148頁）の適用に関して考慮されるべき事柄であるという理屈です。

＊　開発許可の取消訴訟における判例の揺れ？

市街化区域において，開発許可に係る開発行為に関する工事が完了して検査済証が交付されたときは，開発許可の取消しを求める訴えの利益は消滅するとされています（最判平成5年9月10日民集47巻7号4955頁）。ところが，最判平成27年12月14日民集69巻8号2404頁は，市街化調整区域においては，「開発許可がされ，その効力を前提とする検査済証が交付されて工事完了公告がされることにより，予定建築物等の建築等が可能となるという法的効果が生ずる」のであるから，開発行為に関する工事が完了し，検査済証が交付された後であっても，開発許可の取消訴訟の訴えの利益は失われないとしました。

4　行訴法9条1項かっこ書

行訴法9条1項かっこ書は，「処分……の効果が期間の経過その他の理由によりなくなった後においてもなお処分……の取消しによって回復すべき法律上の利益を有する者を含む」と定めています。この規定が典型的にあてはまるのは，4月1日に免職処分を受けた公務員が7月1日に選挙に立候補したような場合です。

彼は選挙の届出の日である7月1日に公務員の職を辞したものとみなされるため（公職選挙法90条），判決で免職処分が取り消されたとしても，いずれにせよ公務員は辞めているわけですから，免職処分取消しの訴えの利益は消滅しそうに思えます。しかし，免職処分を受けていなければ，4月1日にクビになってから立候補する7月1日までの3か月の給料は支払われていたはずです。このような場合，免職処分の取消しを求める訴えの利益は残るとされます（最大判昭和40年4月28日民集19巻3号721頁）。

　自動車の免許停止 1 日の処分を受けた場合，免許停止という処分自体の効果は 1 日間の期間の経過によって消滅します。しかし，その後 1 年間は，免許停止の処分が前歴となり，違反点数の効果が加重されることは知っていますよね。このようなときも，その 1 年間は，「処分の取消しによって回復すべき法律上の利益を有する」ことになります。

＊　処分基準における累積加重の定め

　最判平成27年 3 月 3 日民集69巻 2 号143頁・百選Ⅱ167は，ある処分による累積加重の運用が行政規則である処分基準で定められている場合にも，公正・平等取扱いの要請や相手方の信頼保護等の観点から，当該処分基準の定めと異なる取扱いをすることを相当と認める特段の事情がない限り，累積加重の効果が消えるまで，当該処分の取消しを求める訴えの利益は残るとしました。

　逆に言えば，この 1 年間が経過してしまうと，処分の法的効果は一切失われるので，処分を受けたという事実により名誉・信用が損なわれたとしても，処分の取消しを求める訴えの利益は消滅するというのが，判例（最判昭和55年11月25日民集34巻 6 号781頁・百選Ⅱ168）です。ただし，そこで違反を行ったか否かがゴールド免許の交付に関わってくるようなときは，訴えの利益は消滅しないと考えられます（参照，最判平成21年 2 月27日民集63巻 2 号299頁）。

第 3 節　被告適格

　取消訴訟の被告は，処分行政庁の所属する国・公共団体（行政主体）です（行訴法11条 1 項）。指定法人や公共組合のような若干の例外を除いて，行政が相手方となるので，原告適格のような複雑な決まりはありません。

　平成16年改正以前は，取消訴訟の被告は処分行政庁とされていました。市長や県知事が処分行政庁である場合には間違いは起こらなかったのですが，保健所長などに権限の委任がなされていると，ややこしい事態となっていました。被告を間違えると，訴えは却下されることになるので，処分行政庁を正確に突き止めるのは，原告（および代理人）にとって余計な負担でした。

しかし，そのような取扱いは原告の救済という観点から好ましくないとされ，現在のように国，県，市を訴えるという，わかりやすい形に変更されました。なお，指定確認検査機関が行った建築確認の取消訴訟の被告は，行政庁である指定確認検査機関となります（行訴法11条2項）。

第4節　出訴期間

　取消訴訟の**出訴期間**は，処分または裁決があったことを知った日から6か月以内です（行訴法14条1項）。6か月が経過すると処分の違法性を争うことが不可能になるという事象について，「行政処分には不可争力が備わっている」と表現することがあります。なお，平成16年改正まで，この出訴期間は3か月でした。

　出訴期間を過ぎると，行政処分の違法性を争うためには，その瑕疵が重大かつ明白であるから無効であると主張して，無効等確認訴訟を提起する以外になくなります。このことから，無効等確認訴訟を「時機に後れた取消訴訟」などと表現することがあります（⇒**第10講**・154頁）。

　ことば　行審法における不服申立て期間

　　行審法では，行政処分の効力を争うことができる期間のことを不服申立て期間とよんでいます。不服申立て期間は，従来は処分がなされてから60日でしたが，平成26年の行審法改正により3か月に延びました（行審法18条1項）。

　《学習のポイント》　不可争力と不可変更力

　　まったく本質的な話ではありませんが，「不可争力」と「不可変更力」（⇒**第6講**・98頁）を混同して覚えている人が多く見受けられます。混同しないコツは，両方の用語を覚えてしまう（「不可争力」と「不可変更力」という2つの用語があることを押さえる）ことです。「不可争力」と「不可変更力」という2つの用語があるのならば，いずれが出訴期間の徒過の話題であり，いずれが一旦下した裁決を変更してはいけないという話題なのか，区別できるはずです。

第5節　（例外的な）不服申立て前置

　行政不服申立てと行政訴訟との間に決められた前後関係はなく，どちらを先に提起して判断を仰いでも構いません（自由選択主義の原則，行訴法8条1項）。しかし，一定の場合には，例外的に，行政不服申立てを経なければ行政訴訟を提起してはならないことが定められています。たとえば，所得税法の更正処分の取消訴訟は，国税不服審判所長による裁決を経てからでなければ，提起できません（国税通則法115条1項）。これを訴訟要件としての**不服申立て前置**とよびます。

　不服申立て前置の趣旨は，①処分が大量に行われるため，それに対する不服をすべて裁判所で受け付けていたのでは容量を超過してしまうので，行政不服申立ての段階で不服の大部分を処理すること（スクリーニング機能），②処分が専門的判断を必要とするため，まずは専門の審査庁に審理・判断を行わせることにあるとされています。

　ただし，審査庁がいつまで経っても裁決を出さない場合には，裁判所に訴え出ることが許されます（参照，行訴法8条2項1号）。また，無効等確認訴訟の場合は，不服申立て前置は要求されません。

　不服申立て前置には，早く裁判を受けたい国民の権利を制約するという強い批判があり，平成26年の行審法改正にあわせて大幅に削除されました。たとえば，建築確認の取消しの訴えは，審査請求に対する建築審査会の裁決を経た後でなければ提起することができないと定めていた建築基準法旧96条などは，このとき削除されています。不服申立て前置は，現在では，税金や社会保険関係の法律くらいにしか残っていません。

第**9**講 取消訴訟の審理，判決の効力，仮の救済

第1節 取消訴訟の審理

1 職権主義による修正

（あ）職権主義と当事者主義

　行政争訟法において，訴訟の審理は非常に重要ですが，行政法の教科書でもそんなに分量は割かれておらず，この本でもサラッとふれる程度です。なぜかというと，民事訴訟法の規定を包括準用している関係で，多くは民事訴訟法の授業で学んでくださいというスタンスをとっているからです。

　「取消訴訟の審理」というとき，まず理解してほしいのは，職権主義と当事者主義という言葉です。私的自治を重視する民事訴訟では，それぞれの当事者が審理を主導する当事者主義の原則がとられています。

　これに対して，職権主義とは，争訟において裁判所主導の審理を認める考え方のことです。行政争訟法では，審理の対象が公共の利益に関係することから，随所に職権主義が採用されています。

（い）職権証拠調べ

　職権主義の代表例が，**職権証拠調べ**です。まず，民事訴訟を例にとって説明しましょう。金銭の消費貸借契約（民法587条）では，それぞれの当事者が表9-1に掲げた①②③の要件事実を主張・立証する必要があります。

　時代劇でよく出てくるような，悪徳な高利貸しが貧しく善良な長屋住まいの父娘を苦しめている局面を想像しましょう。概して高利貸しは抜け目なく証文

表9-1　金銭消費貸借契約における証明責任の分配

貸主	借主
①お金を渡したこと ②返還約束をしたこと	
	③お金を返したこと

を取っていますので，①②については文書で証明されています。

　父娘は，「ちゃんとお金は返しました！　そのことは，遊び人の金さんが知っています」と主張しています。それならば「金さん」を証人申請すればよいだけなのですが，なぜかこの父娘は，証人申請をしようとはしません（高利貸しのほうから「ほう，それでは金さんをここによんできてもらいましょう」と言ってもらえれば，高利貸しから証人申請がなされたことになるのですが，ややこしくなるので考えないでください）。

　このようなとき，みなさんが裁判官であったならば，正義感に駆られて，よし，「金さん」から証言してもらおうと考え始めると思います。しかし，当事者主義の下では，そのような運用は厳に慎まなければいけません。当事者が申請していないのに，裁判官が職権で証人をよぶこと（職権証拠調べ）は，片方に必要以上に肩入れするものとして，許されないのです。訴訟追行が下手な者は救済されないというのも，私的自治の1つの局面であり，だからこそ腕の立つ弁護士を代理人として雇わなければいけないわけです（むろん，実際には釈明〔民事訴訟法149条〕といって，裁判官から父娘に対して，「金さん」を証人申請したらどうですか，と働きかけることが行われます）。

　しかし，行政訴訟や行政不服申立てでは，当事者が私人と行政であって，証拠が偏在しているなどの理由で行政が一方的に有利であるから，その格差を是正するためとの趣旨で，職権証拠調べが認められています（行訴法24条，行審法33条）。したがって，裁判官が職権で「金さん」をよび出すことも許されるわけです（なお，裁判官自身が，おうおう悪人ども，黙って聞いてりゃ調子に乗りやがってと言って，「金さん」として名乗り出るのはダメです）。

やってはダメです。

137

（う）職権探知

　しかし，行政訴訟であっても，「そのお金はちゃんと返しました！」という③の要件事実については，貧しい父娘が主張しない限り，勝手に裁判官が認定することは許されません。このように，裁判所が当事者の主張していない事実を取り上げることは職権探知とよばれており，訴訟では職権探知までは認められていません。行政訴訟で言えば，この営業停止命令には理由の提示の不備があるから違法であって取り消されるべきという，「行政処分の違法性を根拠付ける事実」は，原告が主張しない限り取り上げてはいけないわけです。これに対して，行政不服申立てでは職権探知が認められているとされます（訴願法時代の判例として，最判昭和29年10月14日民集8巻10号1858頁・百選II 132）。

2　証明責任の分配

　証明責任というのは，ある事実について真偽不明の状態となったときに，自己に有利な法律効果が生じないという当事者の不利益のことです。立証責任ともよびます。そして，職権探知が認められない状況下では，当事者は自己に有利な事実について主張を怠ってはいけません（これを主張責任とよびます。以下では，特に区別せず「主張・立証責任」と表現することがあります）。民事訴訟法では，自己に有利な法律効果を発生させる要件事実について証明責任を負担するという，法律要件分類説が通説です。

　法律要件分類説を高利貸しの例で説明すると，そもそも①お金を渡していなければ，話は始まりません。①お金を渡しただけで②返還約束をしていなければ，ただの贈与契約（民法549条）ですので，①②の存在については，貸主が証明責任を負うことになります。これに対して，①お金を渡して②返還約束をしたとしても，③お金を返していたならば，二重に返済する必要はないことになるので，③の存在は，借主が証明責任を負うわけです。

　行政争訟では通説とよばれる見解はありませんが，基本的には法律要件分類説で考えて差し支えありません。実務的には，申請に対する拒否処分の取消訴訟**【タイプ1】**ならば，原告が申請の要件を満たしていることを主張・立証する必要があるとされ，不利益処分の取消訴訟**【タイプ2】**ならば，被告行政が不利益処分の要件を満たしていることを主張・立証する必要があるとされてい

るようです。

　なお，【タイプ3】の紛争において，行政庁の判断に不合理な点があることについて，原告が主張・立証責任を負担するとした判例（最判昭和42年4月7日民集21巻3号572頁・百選Ⅱ188）があります。

　情報公開訴訟では，不開示事由に該当する事実について，行政が主張・立証責任を負うとされています（参照，最判平成6年2月8日民集48巻2号255頁，最判平成26年7月14日判時2242号51頁・百選Ⅱ187）（⇒**第15講**・259頁）。

＊　伊方原発判決における修正

　伊方原発における原子炉設置許可処分の取消訴訟において，最判平成4年10月29日民集46巻7号1174頁・百選Ⅰ74は，行政庁のした判断に不合理な点があることの主張，立証責任は，本来，原告が負うべきものとしながらも，専門技術的な判断であることや証拠が偏在していることを理由に，「被告行政庁の側において，……行政庁の判断に不合理な点のないことを相当の根拠，資料に基づき主張，立証する必要があり，被告行政庁が右主張，立証を尽くさない場合には，被告行政庁がした右判断に不合理な点があることが事実上推認される」として，原告の主張立証の負担を軽減しました。

3　主張制限・原処分主義

（あ）主張制限

　取消訴訟においては，自己の法律上の利益に関係のない違法を理由として取消しを求めることは認められません（行訴法10条1項）。これを**主張制限**とよびます。

　原告適格と発想は同じなのですが，それならばなぜ行訴法が9条1項に加えて10条1項を規定したのかについて，説明しておきましょう。たとえば，原告適格の主張の際に，原告が「法律上保護された利益」としてa，b，cといった事由を挙げて，そのうち裁判所からaについてのみ「法律上保護された利益」として承認された局面を想定しましょう。このとき，原告適格が認められた（入口を突破した）とはいっても，本案の主張でb，cの違法事由を述べることは許されないということです。

新潟空港判決（最判平成元年２月17日民集43巻２号56頁・百選Ⅱ183⇒**第８講**・121頁）では，相互乗り入れにより輸送力が著しく過剰になるなどの主張は「自己の法律上の利益に関係のない違法」を述べるものとして，退けられています。空港周辺住民が主張できるのは，あくまで騒音被害の防止に関係する違法事由にすぎないということです。

（い）原処分主義

　先に不服申立てを行ってから取消訴訟を提起する場合には，①原処分→②審査請求の裁決→③取消訴訟の提起という時系列を辿ります。このとき，①の原処分も②の裁決も処分性を有する行為であるので，いずれについても取消訴訟を提起することが可能です。

　しかし，②の裁決の取消訴訟の中では，裁決固有の瑕疵（審査請求の証拠調べが不十分であるとか，必要な手続を経ていないといった，もっぱら手続的な事由）しか主張することができず，原処分に付着した瑕疵については主張することはできません。

　したがって，原処分の違法を訴えたいとき——ほとんどの局面で訴えたいのは，原処分の違法でしょう——は，原処分（①）について，取消訴訟を提起する必要があります。これを原処分主義とよびます。

　行訴法10条２項は，原処分主義を採用しています。おそらく，裁判所にとって手続の複雑化を防ぐためでしょう。すなわち，原処分（①）の違法を訴えるときに，原処分（①）と裁決（②）の両方に対する取消訴訟を認めることにすると，裁決の取消訴訟が，原処分の瑕疵を争う部分と裁決固有の瑕疵を争う部分に分解されることになり，複雑になるからです。それならば，原処分の取消訴訟では原処分の瑕疵を，裁決の取消訴訟では裁決固有の瑕疵のみを争うしくみにしたほうが，混乱は生じません。

＊　**裁決主義をとる立法例**

　処分によっては，例外的に裁決主義がとられている場合があります。納税者が固定資産課税台帳に登録された価格に関して不服がある場合，固定資産評価審査委員会に対して審査の申出をすることができるのですが，固定資産評価審査委員会が行った決定に対しても不服がある場合には，この決定をつかまえて取消訴訟を提起

することが認められます（地方税法434条１項）。そして，固定資産評価審査委員会に対する審査の申出を経由してからでなければ，裁判所に訴え出ることはできません（同条２項参照）。このように，不服申立て前置が義務付けられている場合の多くで，裁決主義がとられています（電波法96条の２，特許法178条６項，土地改良法87条10項，弁護士法16条３項・61条２項など）。これならば，裁判所にとっても混乱は生じないから，裁決主義をとることに合理性があると言えます。

4　違法判断の基準時

　取消訴訟では行政処分が違法かどうかが審理の対象となるわけですが，いつの時点を基準に判断を行うのかという問題があり，違法判断の基準時とよばれています。取消訴訟は処分の違法性を是正するという性格上，一般に違法判断の基準時は処分時であると考えられます。これに対して，原子炉設置許可処分の取消訴訟のように，科学技術に関わる判断が求められるようなときは，例外的に違法判断の基準時を判決時とすることもあります（伊方原発判決：最判平成４年10月29日民集46巻７号1174頁・百選Ⅰ74）。

ことば　判決時

　判決時といっても，判決言渡し期日のことではなく，（事実審の）口頭弁論終結時のことです。なお，義務付け訴訟の場合には，その性質上，違法判断の基準時は判決時とすると考えられています。

5　理由の差替え

　理由の差替えとは，ある処分の取消訴訟の審理の中で，処分時に提示した理由（参照，行手法８条・14条）とは異なる理由を，被告行政のほうから“差し替える”形で提示することです（単に理由を追加する「理由の追加」についても，考慮すべき内容は同じです）。

　たとえば，行政機関情報公開法に基づく開示請求（詳しくは⇒**第15講**・254頁）について，実施機関から審議検討情報該当性（同法５条５号）を理由に不開示処分が出されたので，申請者が不開示処分取消訴訟を提起して争っていたとこ

ろ，訴訟の途中で実施機関の側から，不開示処分の理由を事務事業情報該当性（同法5条6号）へと“差し替える”ような局面です。

　行政庁に対して処分時に理由の提示を求める趣旨は，①行政庁の恣意的判断の抑制，②被処分者からの不服申立ての便宜にあります（⇒**第3講**・38頁）。ところが，後から自由に理由の差替えを許すとするならば，①②の趣旨が没却されかねません。こうした論拠から，理由の差替えは制限されるとする学説も有力に唱えられています。

　これに対して，逗子市情報公開条例事件において，最判平成11年11月19日民集53巻8号1862頁・百選Ⅱ180は，①②の趣旨は，ひとたび処分時に一応の理由が示されれば担保されるのであり，その後の訴訟で理由を差し替えることも妨げられないとしました。

　判例のように理由の差替えを幅広く認めることは，行政にばかり有利なようにも思えますが，申請に対する不許可処分の取消訴訟においては，原告にとって悪いことばかりではありません。この局面で原告が求めているのは，不許可処分を取り消してもらうことよりも，端的に許可処分を行ってもらうことだからです。この点，取消訴訟の認容判決は，そこで示された理由にしか及ばないので（反復禁止効〔行訴法33条2項〕⇒148頁），理由の差替えを制限したところで，被告行政の側で別な理由に基づく不許可処分（再処分）を行うことは妨げられない点に注意しましょう。つまり，再処分についてまた取消訴訟を提起して……という不毛な過程を延々と繰り返すことになりかねないのです。ならば，被告行政の側で考え得る不許可処分の理由をすべて示し争点化することで，1回の取消訴訟に勝訴すれば許可処分が得られるという構成のほうが，原告の望む帰結ではないでしょうか（ただし，申請型義務付け訴訟の審理を行うのと同じことになるので，審理は重厚化します⇒**第10講**・157頁，**第15講**・259頁。また，申請型義務付け訴訟が法定された現在，わざわざ取消訴訟のみを提起する以上，処分に示された理由だけを争点とすべきであるという解釈もあり得るでしょう）。

　これに対して，不利益処分について理由の差替えを認めることは，事前手続として告知と聴聞が要求されている趣旨を没却することになりかねず，消極的に解するべきと思われます。ただし，課税処分については，最判昭和56年7月14日民集35巻5号901頁・百選Ⅱ179が，いわゆる総額主義を採用して，税額が

変わらない範囲において理由の差替えを認めています。

6　違法性の承継

（あ）概　　要

　2つの行政処分が同一の目的に向けられた先行処分と後行処分との関係にあり，すでに先行処分の6か月の出訴期間は徒過しているにもかかわらず，原告の救済の必要性の観点から，例外的に，後行処分の取消訴訟の中で先行処分の違法性に関する主張を認めるときがあります。これを**違法性の承継**とよびます。「先行処分の違法性が後行処分に承継されている」というのが，命名の由来です。

（い）事業認定と収用裁決

　長らく最高裁が明示的には違法性の承継を認めてこなかったことから，この法理は，もっぱら下級審判決において展開されてきました。土地収用法の事業認定と収用裁決の間には，下級審裁判例の多くが，違法性の承継を認めてきました（二風谷ダム判決：札幌地判平成9年3月27日判時1598号33頁など）。都市計画法上の事業認可と土地収用法上の収用裁決についても，同じことが言えます（参照，都市計画法70条1項）。ただし，法改正によって土地所有者にとっての手続的保障の充実が図られた現在，従来通り違法性の承継が認められるとは思われません。

> **システム**　土地収用法のしくみ
>
> 　公共の利益となる事業に必要な土地の所有権を強制的に移転することを，土地収用とよびます。土地収用法は，土地収用のための一連の手続と，その際に元々の所有権者が受ける損失の補償について定めた法律です。土地収用により土地所有者が受ける損失は，起業者が補償しなければなりません（同法68条）。土地収用は，土地所有者の意思にかかわらず強制的に行われるため，強制収用とよばれることもあります。
>
> 　まず，道路，鉄道，電気通信，ガス，水道といった公共の利益に関わる事業が，収用適格事業として列挙されています（同法3条）。この事業を行う者を，起業者とよびます（同法8条1項）。行政だけでなく，鉄道事業者など民間の事業者も，起業者となることができます。

起業者は，国土交通大臣または都道府県知事から事業認定（同法16条）を受けることで，事業の遂行にとって必要な土地の所有権その他の利用権を収用・使用することが可能になります。事業認定を行うためには，「事業計画が土地の適正且つ合理的な利用に寄与するものであること」（同法20条3号）とか「土地を収用し，又は使用する公益上の必要があるものであること」（同条4号）といった要件を満たす必要があります（⇒**第2講**・26頁）。これ以降の具体的な土地収用は，事業計画の図面に従って行われるので，土地が収用されるか否かといった運命は，事業認定の時点で決せられます。しかし，事業認定はあくまでも起業者と行政庁との間で行われるため，強い利害関係を有するはずの事業区域内の土地所有者にとっては，事業認定の段階で自分の土地の収用が事実上運命付けられているという認識をもたないことがしばしばでした。

　起業者が具体的に個々の土地を収用するためには，事業認定の後に，別途，収用裁決を受ける必要があります。起業者は，事業認定の告示があった日から1年以内に，都道府県の収用委員会に収用の裁決を申請します（同法39条）。収用裁決の役割は損失補償の具体的な額を決めることにあり，事業の公共性が存在するという判断は事業認定の段階で確定しています。

　しかし，収用裁決の申請があって初めて事の重大性に気付き，収用委員会の審理の段階で，収用すべき公共性がないということを主張する土地所有者が後を絶ちませんでした。下級審裁判例が事業認定と収用裁決の間に違法性の承継を認めてきた背景には，こうした事情があります。

　そこで，平成13年の土地収用法改正では，事業認定を行う過程で土地所有者や関係人を巻き込んだ手続の充実が図られました。具体的には，事業説明会の開催が義務付けられるとともに（同法15条の14），利害関係者から請求がなされたときは公聴会を開催しなければならないことになりました（同法23条）。その他にも，事業認定の際には社会資本整備審議会などの意見を聴き（同法34条の7第1項），その意見を尊重すべきこと（同法25条の2），事業認定の理由を公表すること（同法26条）など，土地所有者らの手続的保障について配慮されています。

（う）課税処分と滞納処分

　これに対して，課税処分（所得税の更正処分や固定資産税の賦課決定処分）と滞納処分との間には，違法性の承継は否定されます（これらの処分の説明は⇒**第14講**・241頁）。先行する課税処分は納税義務の確定，後行する滞納処分はその執行という関係にあり，両者はそれぞれ趣旨・目的を異にする完結した別個の手続であるからという理由です（大阪地判平成15年11月25日判例地方自治266号46頁な

ど）。民事執行に引き付けて言えば，執行段階で実体債務の存否（債務名義）について不服を申し立てることは許されないというのと同様であり，法的安定性の見地からも妥当な結論です。

（え）新宿区タヌキの森判決

　新宿区タヌキの森訴訟において最判平成21年12月17日民集63巻10号2631頁・百選Ⅰ81は，東京都建築安全条例4条の安全認定と建築基準法の建築確認との間に，違法性の承継を認めました。①両者の関係は，安全認定を受けることで建築確認における接道義務（建基法43条1項（⇒**第7講**・107頁））が免除されるというもので，安全認定における「安全上の支障の有無」の判断と建築確認における「接道要件充足の有無」の判断は，「避難・通行の安全の確保」という同一の目的を達成するために行われており，両者が結合して初めてその効果を発揮するという関係にあること，②安全認定があっても，申請者以外の者に通知することが予定されておらず，安全認定の適否を争うための手続的保障が周辺住民に十分に与えられているとは言えないし，仮に安全認定の存在を知ったとしても，建築確認がなされるまで不利益は現実化しないため，その段階まで争訟を提起しないと判断したとしても不合理とは言えないことが，違法性の承継を認める根拠とされています。

（お）ま　と　め

　最高裁が示した基準を整理すると，①先行処分と後行処分が相結合して1つの効果の実現をめざす関係にあり，②先行処分の段階で原告の手続保障が十分に図られていなかったと言えるような場合には，違法性の承継が認められるということでしょう。

　違法性の承継は，事例問題で頻繁に出題されるので，みなさんの関心をひく論点です。しかし，出訴期間を過ぎた後にも事実上取消訴訟の提起を認めるのと同じ帰結を導くものであり，行政処分の不可争力に対する重大な例外であるため（行政処分の公定力に対する例外であるとする見解もあります），あまり一般化することは望ましくありません。

第2節　取消判決の効力

1　さまざまな効力

　取消判決に注目して，判決の効力について簡単に説明していきます。ただし，言葉だけを単独で覚えようとするのではなく，この本の他の箇所を参照しながら，理解するように努めてください。

（あ）既 判 力

　紛争の蒸し返しを防ぐために，取消判決には既判力が備わっています。民事訴訟法で習ったのと同様に，既判力は訴訟物の範囲と一致します。取消訴訟における訴訟物は，処分の違法性一般であるとされています。そのため，請求棄却判決がなされた後は，その処分の違法性について訴訟で争うことはできなくなります。

＊　職権取消しの可否

　ただし，請求棄却判決が出された後に，行政庁が自分の誤りを認めて，当該処分の職権取消し（⇒**第4講**・53頁）を行うことは構いません。

＊　違法同一説と既判力

　違法同一説（⇒**第11講**・185頁）に立つと，取消訴訟の既判力が国家賠償請求に及ぶことになります。

（い）対世効（第三者効）

　取消判決は，第三者に対しても効力を有します。これを取消判決の対世効（第三者効とも）とよびます（行訴法32条1項）。対世効が認められている趣旨は，もし訴訟終了後に原告と被告（行政主体）以外の第三者が当該処分の有効性を主張してきた場合に，いちいち原告がその第三者との間で当該処分の有効性について改めて裁判所の審理を仰がなければならないようなことになると，法的安定性を著しく害するからです。先にも説明したように，取消判決に対世

効が認められていることが，わざわざ取消訴訟という訴訟形態を認めたことの特質であると説明されます（⇒**第6講**・91頁）。

> **＊　利害関係者の訴訟参加と第三者再審**
>
> 　取消判決には対世効があるため，一度取消判決が下されると，当該処分の利害関係者に大きな影響を及ぼします。そこで，取消訴訟の中で，利害関係者に対して十分な手続保障を及ぼし，言いたいことは十分に主張・立証させる必要があります。こうした趣旨から認められているのが，第三者の訴訟参加です（行訴法22条1項）。
>
> 　なお，自己の責めに帰することができない理由により訴訟に参加できなかった第三者には，1年の期限付きで，取消判決に対する再審の訴えを提起することが認められています（行訴法34条1項）。

（う）形 成 力

　取消訴訟は形成訴訟であり，請求が認容されることによって法律関係を変動させる効力をもちます。言い換えれば，行政庁による別段の措置を必要とせずに，取消判決が下されるだけで，行政処分が遡及的に効力を失うのです。これを取消判決の形成力とよびます。取消訴訟の訴訟要件が法律で厳格に定められていることは（⇒**第7講**・100頁），取消判決に形成力が認められていることと密接に関係します。

　なお，後述する義務付け訴訟などは，判決が下されるだけで当然に行政処分がなされたのと同一の効果をもたらすわけではなく，別途，行政庁の手で行政処分が行われる必要があるので，注意しましょう。

（え）拘 束 力

　取消判決は，当該処分を行った行政庁その他の関係行政庁を拘束します（行訴法33条1項）。拘束力は具体的な事例と一緒に理解しないとわからないので，申請型義務付け訴訟の審理（⇒**第10講**・157頁，**第15講**・259頁）を参照しながら理解してください。

> **＊　関係行政庁の訴訟参加**
>
> 　取消判決に拘束力が認められる以上，関係行政庁には訴訟に参加する十分な手続

（お）反復禁止効

申請に対する不許可処分が取消判決により取り消されたとき，処分行政庁は，判決の趣旨に従い，改めて申請に対する処分をしなければなりません（行訴法33条2項）。このとき，同一事情，同一理由に基づき，同一の処分を行うことは禁止されます（反復禁止効）。言い換えれば，事情や理由が異なれば，同一の処分を行っても構わないということです。これについても，申請型義務付け訴訟の審理（⇒**第10講**・157頁，**第15講**・259頁）とあわせて理解してください。

2 事情判決

取消訴訟において，たしかに処分は原告の主張する通り違法なのだけれども，これを取り消すことにより公の利益に著しい障害を生ずるような場合には，事情判決により，請求を棄却することが認められています。**事情判決**を下すためには，原告の受ける損害の程度，その損害の賠償または防止の程度および方法その他一切の事情を考慮することが必要です（行訴法31条1項）。事情判決の場合，裁判所は，主文で「当該処分が違法である」ことを宣言した上で，請求を棄却することになります。

> **＊ 事情判決の効用**
>
> 原告としては，事情判決をもらって何が嬉しいのかという疑問が浮かぶと思います。ここでは，事情判決が下されると，「当該処分が違法である」という裁判所の判断に既判力が及ぶ点がポイントです。国家賠償請求訴訟（⇒**第11講**・182頁）では，当該処分が違法であることを前提として審理が行われます。

第3節 仮の救済

1 執行不停止の原則

あなたに1か月の営業停止命令が下されたとしましょう。あなたにとっては

身に覚えのないことで，到底承服できないため，取消訴訟を提起しよう。営業停止命令には何の根拠もなく，裁判では絶対勝てる自信がある……。

　ところで，本業のほうはどうしよう。明日からは営業してよいのだろうか，と疑問に思いませんか？　あなたは営業停止命令に納得していませんから，営業をしばらく止めよという命令に従いたくはないでしょう。しかし，営業停止命令が違法か否かについて，裁判所が判決を出すまでには数か月から数年はかかります（ちなみに，その間に，営業停止命令の取消しを求める訴えの利益も消えてしまうのですが，その話はここでは措きます⇒**第8講**・130頁）。そんなに待っていたら，たいへんな損失ですよね。

　ドイツなどでは，営業停止命令について取消訴訟が提起されると，自動的に当該命令（行政処分）の効力が停止されるしくみがとられています。設例で言えば，あなたが営業停止命令に納得できないのなら，取消訴訟を提起して不満を表明すれば，営業を続けてよろしいということになるわけです。

　これに対して，日本では，「処分の取消しの訴えの提起は，処分の効力，処分の執行又は手続の続行を妨げない」（行訴法25条1項）とされています。このような立場を，執行不停止の原則とよびます。そこで，営業停止命令を下された原告としては，ひとまず処分の効力を停止するための手段を別途講じる必要が出てくるのです。

2　仮処分の排除

　この点，民事訴訟では，民事保全法に規定された仮処分という手段を用いて，簡易迅速な仮の救済を求めることが認められています。しかし，抗告訴訟では，仮処分を行うことが明文で排除されています（行訴法44条）。司法裁判所への一元化が図られた戦後改革において行政訴訟のカテゴリーが残された直接の要因は，仮処分の排除にあります（⇒**第6講**・91頁）。

> **＊　当事者訴訟と仮処分**
>
> 　行訴法44条の反対解釈から，公法上の当事者訴訟では仮処分を行うことができると考える説が有力です。

3 執行停止

　そこで行訴法が設けたのが、**執行停止**という手段です。取消訴訟が提起された場合において、処分、処分の執行または手続の続行により生ずる重大な損害を避けるため緊急の必要があるときは、裁判所は、申立てにより、決定をもって、それらの全部または一部の停止をすることができるとされており（行訴法25条2項）、これを執行停止とよんでいます。ただし、公共の福祉に重大な影響を及ぼすおそれがあるとき、または本案について理由がないと見えるときは、執行停止をすることはできません（同条4項）。執行停止を行うか否かの決定は、疎明に基づいてなされます（同条5項）。口頭弁論を行うか否かは任意です（同条6項）。

ことば 「重大な損害」要件

　執行停止が認められる「重大な損害」（行訴法25条2項）は、平成16年の行訴法改正以前は「回復の困難な損害」とされていた要件を緩和したものです（改正法下の事件として、最決平成19年12月18日判時1994号21頁・百選Ⅱ192）。執行停止だけではなく、義務付け訴訟や差止め訴訟の要件にも、「重大な損害」（37条の2第1項・37条の4第1項）が用いられています。仮の義務付け・差止めの要件である「償うことのできない損害」（行訴37条の5第1項）との間には、重い順に、「償うことのできない損害」＞「回復の困難な損害」＞「重大な損害」という関係があります。よほどの事情がない限り、財産的損害では、「償うことのできない損害」は認められません。

ことば 申立てと職権

　「申立てにより」というのは、原告からの申立てを待って、初めて裁判所が執行停止を検討するということです。これに対して、行審法25条2項の執行停止では、審査庁が処分庁の上級行政庁であるときには、職権で執行停止を行うことを認めています。これは、行審法が職権主義的であり、行訴法が（行訴法と比較すると相対的には）当事者主義的であることの表れと言えます。

ことば　疎明と任意的口頭弁論

　疎明（行訴法25条5項）には，正式な証明と比較したとき，①証明手段が簡略であり（民訴法188条により，即時に取り調べることができる証拠によってしなければなりません），②証明度が低くてもよいという特徴があります。

　また，決定を行うに際して，口頭弁論を行う必要がないこと（同条6項）を，任意的口頭弁論とよびます。

　疎明と任意的口頭弁論は，後述する仮の義務付け・仮の差止めにも準用されています。

　これに対して，通常の訴訟手続で判決を下すには，口頭弁論を開く必要があり（必要的口頭弁論，民訴法87条），正式な証明が求められます。

ことば　内閣総理大臣の異議

　執行停止が公共の福祉に重大な影響を及ぼすおそれがあるときには，内閣総理大臣は，裁判所に対し，異議を述べることができます（行訴法27条）。異議が述べられると，執行停止はなされず，元の行政処分が予定通りに効力をもつことになります。このように内閣総理大臣の異議の効力は非常に強力であり，権力分立原理から違憲の疑いが強いとされていますが，平成16年の行訴法改正でも削除されずに残りました。ただし，半世紀近く，この制度はまったく用いられていません。

Tea Break　多様なバックグラウンド

　元々，環境が頻繁に変わるのは苦手な性格です。そうした性格とは裏腹に，同世代の研究者の中では，比較的多くの経験をしてきました。特に影響を与えているのが，国土交通省住宅局での1年間の勤務経験です。勤務経験とはいっても，専門的な職員研修も受けていない身に込み入った仕事が任されるわけもなく，実際には，籍を置かせてもらいながら役所の様子を見学する1年間でした。

　しかし，あれから年を経るごとに，専門的な知見云々よりも，行政実務の感覚を肌で感じたことが貴重な財産であったと思います。室長や課長がどのくらい偉くて，審議官や局長になるとどのくらいの待遇になるとか，通知や告示を発出するときには何人くらいの職員がどのくらい時間をかけて起案して，どのような決裁手続を経て発出されるのかとか，政治家には官庁に対してどのくらいの影響力があるの

かといったことは，実際に体験しないとわかりません。

　ここで強調したいのは，多様な視点，多様なバックグラウンドをもつことの重要性です。いかなる職種にもあてはまることですが，公務員の場合は特に，民間の事業者を相手にしながら，世の中について制度設計していく仕事である以上，相手の立場に立った多角的な物の見方や考え方ができるというのは，必須の条件です。

　そのような趣旨もあってか，元々公務員の採用については，比較的，年齢制限が緩やかでした。近年は，さらに進んで，30歳を過ぎても採用を行うところが少なくありません。身の回りでも，民間企業で働いていたのが思い立って公務員に転身したという例が目に見えて増えています。法科大学院を修了してから，法律家ではなく市役所や県庁職員になった教え子もいます。

　日本社会の構造にはよいところもたくさんありますが，就職における新卒至上主義だけは，早急に是正しなければならない悪習だと思います。就職氷河期の年代であった私たちの同期には，能力がありながら景気の都合で冷や飯をかこった人たちが数多くいます。こうした有能な人材のストックが蓄積されていることに加えて，「団塊の世代」の大量退職や好景気の継続という事情が重なり，労働市場にも変化が生まれてきたのかもしれません。いずれにしても，今後も続いてほしい傾向です。

　むろん，新卒で公務員として採用されることを否定する趣旨では決してありません。公務員として採用されてからも，国の官庁や他の地方公共団体，民間企業との間で人事交流が行われていますし，職場の環境を変えなくても，多様な視点を身に付けることは可能でしょう。学部で修めた学問がバックグラウンドになることもあるでしょうし，インターンや留学だって構いません。重要なのは，いかなる立場にあっても，多様な視点に立とうとする努力です。

第10講　取消訴訟以外の抗告訴訟, 当事者訴訟, 客観訴訟

第1節　取消訴訟以外の抗告訴訟

1　さまざまな抗告訴訟

　抗告訴訟には，取消訴訟以外にも，①無効等確認訴訟，②不作為の違法確認訴訟，③申請型義務付け訴訟，④非申請型義務付け訴訟，⑤差止め訴訟があります。これら以外に，裁判上，⑥法定外抗告訴訟が認められることもあります。いずれも，【タイプ1】から【タイプ4】の具体的な適用場面を思い描いて，的確に答えられるようにしておくことが大切です。

> ### ことば　法定外抗告訴訟
>
> 　客観訴訟とは異なり，主観訴訟である抗告訴訟の場合には，法律に具体的な訴訟類型についての定めがなくとも，裁判所の判断でその都度，訴訟類型として認められることがあります。これを法定外抗告訴訟（無名抗告訴訟）とよびます。義務付け訴訟と差止め訴訟は，かつて法定外抗告訴訟であったため，裁判所によって手探りで要件が定められていたのですが（最判昭和30年10月28日民集9巻11号1727頁，長野勤評事件：最判昭和47年11月30日民集26巻9号1746頁），いずれも平成16年行訴法改正により法律の明文で規定されるようになったので，法定外抗告訴訟ではなくなりました。ただし，現在でも，職務命令に基づく公的義務の不存在確認訴訟（最判平成24年2月9日民集66巻2号183頁・百選Ⅱ200，最判令和元年7月22日民集73巻3号245頁・百選Ⅱ201）など，裁判所によって認められるかはともかく，法定外抗告訴訟として想定される類型は存在します。

2　無効等確認訴訟

（あ）「時機に後れた取消訴訟」

　無効等確認訴訟（行訴法3条4項）は，処分の瑕疵が「重大かつ明白」で（なお，この要件は「重大」のみで足りるという見解も有力です⇒**第4講**・54頁），無効と言えるほどの局面でのみ用いることができる手段です。出訴期間の制限がかからないので，処分から6か月以上経過しても提起することができます。機能的に見ると，無効等確認訴訟は，処分から日時が経過してしまい，もはや取消訴訟が提起できなくなった局面において，原告がダメもとで提起する類型です（本当の論理関係は逆なのですが，出訴期間の縛りがかからない分だけ，重大・明白な程度の瑕疵が求められるのだとも言えます）。これを指して，無効等確認訴訟は，「時機に後れた取消訴訟」などとよばれます。出訴期間だけでなく，不服申立て前置が求められている場合についても，その適用を免れます。

> 《**学習のポイント**》　日時に注意！
>
> 　事例問題を解くときに，事例の中でわざとらしく処分の日時と現在の日時が示されているようなときは，処分から6か月が経っていないか，注意しましょう。また，先行処分と後行処分に分かれているようなときは，違法性の承継（⇒**第9講**・143頁）に飛びつく前に，先行行為の重大・明白な瑕疵を主張して無効等確認訴訟を試みるといったセンスが重要です。無効等確認訴訟では，取消訴訟に関する規定がほとんど準用されていますから（行訴法38条），処分性や原告適格などの判断は同じように考えて構いません。

（い）争点訴訟

　さて，処分の瑕疵が「重大かつ明白」であるということは，元々処分は無効なのであって，「一旦なされた行政処分は職権・争訟を通じて取り消されるまでは一応有効なものとして扱われなければならない」という取消訴訟の排他的管轄（ないし公定力）は発生しません。そうである以上は，何も抗告訴訟の手続に乗せる必要はなく（なぜ抗告訴訟をわざわざ提起する必要があったのか，その本来の趣旨を思い出してください⇒**第4講**・53頁），民事訴訟を提起して，その中で争点として当該処分が無効であることを摘示すれば十分なはずです。このように，処分の存否あるいは有効・無効が争点となっている民事訴訟のことを争点

訴訟とよびます。行訴法36条でいう「当該処分……の存否又はその効力の有無を前提とする現在の法律関係に関する訴え」が争点訴訟です。争点訴訟は，あくまで民事訴訟であって，その争点として処分の違法性が争われているのだから，その限りで，職権証拠調べや訴訟参加などの規定が準用されています（参照，行訴法45条）。

（う）一元説と二元説

　これに対して，無効等確認訴訟が提起できるのは，行訴法36条の要件を満たした場合に限られます。具体的には，ⓐ「当該処分……に続く処分により損害を受けるおそれのある者」か，ⓑ「その他当該処分……の無効等の確認を求めるにつき法律上の利益を求める者」で，ⓒ「当該処分……の存否又はその効力の有無を前提とする現在の法律関係に関する訴えによって目的を達することができないもの」とされます。

　文理上は，これを［類型①］ⓐかつⓒと［類型②］ⓑかつⓒと理解する一元説が自然なのですが，学説では，要件を広げて［類型①］ⓐと［類型②］ⓑかつⓒとして解釈する二元説が有力です。立法者意思も二元説であったと言われるのですが，それならばもっと明確に規定をしてほしかったところですね。一元説の場合，ⓒ要件が，ⓐにもⓑにも共通してかかると理解することになり，この説に立つと，［類型①］をⓐかつⓒとして理解する分だけ，無効等確認の訴えを提起し得る局面が狭くなります。二元説の論者は，［類型①］の提起をⓐの要件のみで認めることにより，無効等確認の訴えを幅広く活用しようとしているわけです。

　最判昭和51年4月27日民集30巻3号384頁は，課税処分に続く滞納処分により損害を受けるおそれのある者について，無効等確認訴訟を提起することができるとしており，ⓐ「当該処分……に続く処分により損害を受けるおそれのある者」の要件が満たされれば［類型①］の提起が認められるとする二元説を採用しています。

《学習のポイント》　争点訴訟と無効等確認訴訟の使い分け

　　争点訴訟と無効等確認訴訟の使い分けは，理解の難しい箇所です。行政処分（旧

自作農創設特別措置法による農地買収・売渡処分）によってＸからＹへと農地の所有権が移転したのだけれども，行政処分の無効を主張して農地を取り返すような場合には，ＸはＹに対して農地の明渡し請求を民事訴訟で提起し，その中の争点として当該行政処分の無効を主張することになります。これが争点訴訟です。

　これに対して，申請者が営業不許可処分の無効を争うようなケース【タイプ１】や営業許可取消処分の無効を争うようなケース【タイプ２】では，端的に無効等確認訴訟を提起して争うことができます。もんじゅ訴訟のように原子炉設置許可処分について第三者から無効等確認訴訟が提起される場合【タイプ３】も同様です。

　本当は重要なこの使い分けですが，正確に理解している人があまりに少ないためか，事例問題ではあまり見かけません。

3　不作為の違法確認訴訟

【タイプ１】

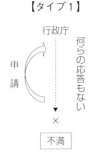

行政庁

申請

何らかの応答もない

×

不満

　　不作為の違法確認訴訟は，行手法の「申請に対する処分」に関連する【タイプ１】の局面のみが舞台となるので，単純です。すなわち，私人が法律に基づき行政庁に申請したにもかかわらず，いつまで経っても何の応答もない局面において，返事をしない不作為が違法であることを裁判所に確認してもらうのが，不作為の違法確認訴訟です。したがって，原告はあらかじめ申請を行った者でなければなりませんが（行訴法37条），申請書類の控えを提出すればよいだけなので，立証は簡単です。

　請求が認容された場合には，行政庁がいつまでも返事をしないこと自体が違法であるということになるので，行政庁は，ただちに申請に対して何らかの応答をする義務が生じます。しかし，注意すべきは，ここで行政庁に「申請に対する許可処分」が義務付けられるわけではないことです。へそ曲がりな行政が，申請に対して不許可処分を行っても，判決には反しないのです。

　しかし，不作為の違法確認訴訟を提起する原告の最終目的は，許可処分を得ることのはずです。したがって，不作為の違法確認訴訟の認容判決を受けて，行政庁から申請に対する不許可処分が下された場合，原告はこの不許可処分の取消訴訟をあらためて提起し，その請求認容判決の拘束力によって（これについても，１回の訴訟で済むかどうかはわかりません），ようやく許可処分が得られる

ことになります。このように不作為の違法確認訴訟は，救済手段として中途半端であると言われてきました。

《**学習のポイント**》　**不作為の違法確認訴訟なのか非申請型義務付け訴訟なのか**

　不作為の違法確認訴訟は，あくまで申請（自己に対して何らかの利益を付与する処分を求める行為）がなされたことが前提です。私人が行政庁に対して，他の私人に向けた不利益処分（監督処分ないし措置命令）を行うよう申し出た（行手法36条の3）のに行政庁が何もしないという局面【**タイプ4**】で用いられるのは，非申請型義務付け訴訟です。字面だけをみると，不作為の違法確認訴訟でもおかしくないように誤解するので，注意しましょう。

4　申請型義務付け訴訟

（あ）概　　要

　義務付け訴訟とは，裁判所に対して，行政庁がある処分をすべき旨を命ずるように求める訴訟のことです。従前は法定外抗告訴訟として，一定の要件を満たした場合に裁判所によって認められる類型にすぎなかった義務付け訴訟も，平成16年の行訴法改正により明文化されました。

　義務付け訴訟は，私人からの申請がなされたことを前提とする**申請型義務付け訴訟**（行訴法3条6項2号に規定されるので，2号義務付け訴訟ともよばれます）と，申請がなされたことを前提としない**非申請型義務付け訴訟**（行訴法3条6項1号に規定されるので，1号義務付け訴訟または直接型義務付け訴訟ともよばれます）に分かれます。

　条文の順番とは逆なのですが，申請型義務付け訴訟のほうが理解しやすいので，こちらから説明します。

（い）不作為の違法確認訴訟と併合提起するタイプ

　先ほど，不作為の違法確認訴訟の請求認容判決が得られても，行政庁に対して，原告への許可処分を行うように義務付けられるわけではなく，不許可処分を行っても判決には違反しないことを述べました。

　そこで，最終目的である許可処分を得たい申請者（原告）としては，

　①　不作為の違法確認訴訟を提起する，

→② 勝訴判決に従って行政庁から応答がなされるが，出されたのは不許可処分であった，

→③ 不許可処分の取消訴訟を提起して，請求認容判決をもらう，

→④ 請求認容判決の趣旨に従って（行訴法33条2項），あらためて行政庁から「許可処分」を得る（実は，これもそれほど単純ではありません。すぐ後で説明します），

という煩雑なプロセスを経る必要が出てきます。最も面倒なのは，①と③において，2回，訴訟手続を経由しなければならないことでしょう。そこで，1回の訴訟ですべてを解決してしまおうというのが，申請型義務付け訴訟の発想です。上の例でいくと，

① 申請型義務付け訴訟を提起する。

→② 判決に従って，行政庁から許可処分がなされる。

というプロセスになり，きわめて簡単になります。申請型義務付け訴訟では，申請に対する許可処分を下すべきことが明らかであるときには，請求認容判決（義務付け判決）がなされます（行訴法37条の3第5項）。ただし，不作為の違法確認訴訟では(1)申請に対する応答の遅延が違法か否かのみを審理すれば十分であったのと異なり，義務付け訴訟では，それに(2)申請に対して許可処分を行うべきか否かという要素が加わるので，訴訟手続は重厚化します。

　このように，申請型義務付け訴訟は(1)+(2)という構造で理解され，このうち(1)は不作為の違法確認訴訟と同一なので，不作為の違法確認訴訟と併合して提起することが求められています（同条3項1号）。2つの訴えの結論が異なっては困るので，弁論を分離してはならないとされます（同条4項）。

（う）取消訴訟（無効等確認訴訟）と併合提起するタイプ

　基本的には（い）と同様に考えればよいのですが，説明を省いた「④請求認容判決の趣旨に従って（行訴法33条1項），あらためて行政庁から『許可処分』を得る」ことについて，丁寧に説明する必要があります。ある不許可処分について取消訴訟の請求認容判決が得られても，行政庁には，同一事情・同一理由の下で同一内容の『不許可処分』を出すことが禁じられるにとどまります（行訴法33条1項）。つまり，取消判決の反復禁止効は，同一事情・同一理由についてのみ及ぶものであり，別な理由を提示して不許可処分を出すことは妨げられ

ません（理由の差替え（⇒**第9講**・141頁）と発想が似ていますが，これは再処分です）。

　となると，行政庁が処分のたびに新たな理由を提示して不許可処分を行うことも，理論的には構わないわけです。しかし，不許可処分が理由を変えてなされるたびごとに，申請者（原告）からいちいちその処分の取消訴訟を提起して争い，その取消判決の拘束力は当該訴訟で争点となって審理された理由にしか及ばないので，また別な理由で不許可処分がなされ……という過程が延々と繰り返されたのではキリがありません。

　この問題を解決するためには，1回の訴訟で不許可となり得るすべての理由を片付けるしかありません。そこで，申請型義務付け訴訟では，1回の訴訟で不許可処分の理由となり得るすべての事由について審理し，許可処分を下すべきことが明らかであるときには，請求認容判決（義務付け判決）がなされることになりました（同条5項）。

　取消訴訟の審理と比較すると，取消訴訟では，(1)ある不許可処分に付着した理由についての処分の違法性が審理されるにとどまるのに対して，申請型義務付け訴訟では，これに(2)想定されるすべての不許可処分の理由を1つずつ潰していき，すべて潰されたときにしか請求認容判決は出せないため，訴訟手続は重厚化します。このうち，(1)の部分は取消訴訟と同一なので，申請型義務付け訴訟は，取消訴訟と併合提起する必要があります（同条3項2号）。やはり，弁論の分離は禁じられます（同条4項）。

5　非申請型義務付け訴訟

（あ）概　　要

　申請を行ったことを前提としない義務付け訴訟が，非申請型義務付け訴訟です。訴訟手続の細々とした理屈はなく，その意味では単純なのですが，訴訟の背景事情は少し複雑です。注意しなければいけないのは，同じ義務付け訴訟でも，申請型と非申請型では，問題となる局面がずいぶん異なることです。

　非申請型義務付け訴訟の対象となる処分の多くは，行政庁が（原告以外の）第三者に対して行う不利益処分です。局面は，【タイプ4】を思い浮かべてください。なんだ，原告が他人に対していやがらせをすることを行政庁が手助けする訴訟のことかと考えてしまうと，何が何やらわからなくなりますので，X

の家の隣にAによって今にも倒壊しそうな違法建築物が建てられたので，行政庁から建物所有者Aに対して除却命令（建築基準法9条）を発してもらいたい局面を思い浮かべてください。

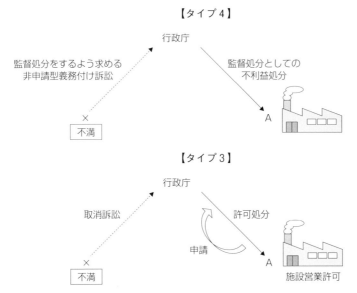

【タイプ4】

行政庁

監督処分をするよう求める
非申請型義務付け訴訟

監督処分としての
不利益処分

×
不満

A

【タイプ3】

行政庁

取消訴訟

許可処分

申請

×
不満

A

施設営業許可

　このようなとき，Xとしては，訴訟を提起する前に，行政庁に対して，建物所有者Aに対して除却命令を発するように，処分等の求めを行うことが認められています（行手法36条の3）。

＊　行政介入請求（その1）

　実務的には，いきなり除却命令という行政処分が発せられることはあり得ず，まず規制的行政指導が行われます。Xは，規制的行政指導を行うように行政機関に要求することも認められます（⇒**第5講**・72頁）。いずれも根拠条文は行手法36条の3です。なお，処分等の求めも規制的行政指導の求めも，「何人も」行うことができることになっており，原告適格のような絞りはかけられていません。その代わり，非申請型義務付け訴訟の認容判決のように，行政庁が行政処分を行うように義務付けられることもなく，バランスをとっています。このように私人から紛争解決のために行政庁の介入を求める一連の働きかけのことを，行政介入請求とよぶことがあります。

（い）原告適格

　非申請型義務付け訴訟は，処分がなされることにつき「法律上の利益」を有する者に限り，提起することができます。これは，取消訴訟における第三者の原告適格と同じ基準であり（参照，行訴法37条の2第3項・4項），【タイプ3】においてＸが建築確認の取消訴訟を提起したところ，訴訟の係属中に建築物が完成して訴えの利益が消滅したというケースを想起すれば理解できるでしょう。Ｘとしては，完成した建築物に対して行政庁から除却命令を発してほしいと願うことと思われますが【タイプ4】，これは【タイプ3】の場合と当事者の利害状況に何ら違いはないからです。

（う）その他の訴訟要件

　非申請型義務付け訴訟は，①一定の処分がされないことにより重大な損害を生ずるおそれがあり（重大な損害），かつ，②その損害を避けるため他に適当な方法がないときに限り（補充性），提起することが認められます（同条1項）。

　たとえば，【タイプ3】の紛争において，行政庁がＡに対して行った許可処分の取消しをすることを義務付ける非申請型義務付け訴訟をＸが提起することはできません。Ｘは，単に許可処分の取消訴訟を提起すればよいからです。同じ理由で，Ａからの申請に対して行政庁に拒否処分をすることを義務付ける訴訟も提起できません（許可処分の差止め訴訟で足りるから）。

　なお，無効等確認訴訟における補充性について判断した判例（「もんじゅ」判決：最判平成4年9月22日民集46巻6号1090頁・百選Ⅱ174）の考え方は非申請型義務付け訴訟の場合にも同様に当てはまると考えられるため，私人に対する民事差止め訴訟の提起が可能である場合であっても，非申請型義務付け訴訟の提起は認められるべきと思われます。

> **＊　民事差止め訴訟との相違**
>
> 　本文で，「私人に対する民事差止め訴訟の提起が可能である場合」というのは，【タイプ4】において，Ｘから直接Ａに対して民事差止め訴訟を提起する場合のことです。民事差止め訴訟は，環境法の領域で頻出する訴訟類型ですが，後述する「抗告訴訟としての差止め訴訟」とはまったく異なる訴訟類型なので，注意してください。むしろ，問題状況としては，【タイプ4】のように，非申請型義務付け訴

訟と共通する面が多いのです。

　民事差止め訴訟とは，自己の有する権利に基づき，他者からの侵害を事前に排除してもらうように求める妨害予防請求訴訟のことです（他者からの侵害が現実化した後で排除を求める場合は，妨害排除請求訴訟になる）。所有権に基づく妨害予防請求が典型的なのですが，実は所有権のような財産権のみならず，生命や健康といった人格権に基づく妨害予防請求も認められることがあります。すなわち，廃棄物処理施設が操業することで発せられる物質のせいで大気や土壌が汚染され自分の生命や健康が害される危険があるから，操業を止めてくれという請求です。原子炉の運転や飛行機の離発着などでも，同じ構成がとられます（著作権法を勉強すると，財産権としての著作権と著作者人格権が区別されるので，理解が深まります）。

　したがって，廃棄物処理施設の操業について不満のある周辺住民は，施設の操業について民事差止め訴訟とともに，事業者に対して監督処分を下すよう行政庁に求める非申請型義務付け訴訟を提起することになります。

判 例　大阪空港判決

　ところが，国営空港の周辺住民が騒音を理由に夜間の離発着の差止めを求めた空港騒音訴訟においては，大阪空港判決（最大判昭和56年12月16日民集35巻10号1369頁・百選Ⅱ144）によって，民事差止め訴訟の提起は認められないとされました。運輸大臣の空港管理権と航空行政権が不可分一体となって結び付いており，前者はともかく後者に対する請求は，私法上の請求として行うことは許されないというのです。こうして，大阪空港判決は，公法・私法二元論（⇒**第6講**・93頁）の亡霊が権利救済を妨げた事例として課題を残しました。

（え）本案認容要件

　行政庁がその処分をすべきであることが根拠法令の規定から明らかであると認められるとき，または行政庁がその処分をしないことが裁量権の逸脱・濫用と認められるときは，請求認容判決が下されます（同条5項）。

＊　在留特別許可

　少し応用の話題ですが，すべての非申請型義務付け訴訟が，行政庁を相手に，他人に対する不利益処分をするように求める訴訟【タイプ4】ではありません。稀に

ですが，行政庁を相手に，自分に対して利益となる処分をするように求める訴訟も存在します。なぜ稀かというと，こうした場合，ほとんどは申請‐応答のしくみが法定されているからです。しかし，原告が自分に対して（申請を前提としない）利益付与処分を求めるときは，非申請型義務付け訴訟を用いることになります。例としては，在留特別許可（出入国管理及び難民認定法50条1項）を自分に対して発出するように求める義務付け訴訟を提起することなどが考えられます。

6　差止め訴訟

（あ）概要──タイミングを早めた取消訴訟──

　差止め訴訟とは，行政庁が一定の処分をしてはならないことを命ずるように求める訴訟であり（行訴法2条7項），やはり平成16年改正で法定されました。

　実は，差止め訴訟の問題状況は，【タイプ2】と【タイプ3】であり，取消訴訟とほとんど違いがありません。唯一，異なるのは，<u>処分がまだなされていないか（差止め訴訟），すでに処分がなされた後であるか（取消訴訟）</u>です。差止め訴訟が「タイミングを早めた取消訴訟」であるという点さえ理解すれば，覚えることはほとんどありません。

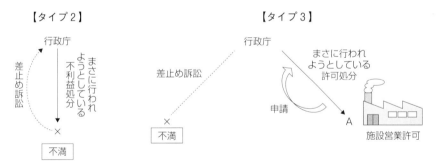

　差止め訴訟の場合，まだ処分がなされていないにもかかわらず，行政のやろうとしていることに裁判所が口を挟む以上は，何か要件を加重しなければいけないという趣旨で，重大な損害と補充性の要件が加えられています（行訴法37条の4第1項）。すなわち，差止め訴訟は，①一定の処分がなされることにより重大な損害を生ずるおそれがある場合に限り，提起することが許されます。ただし，②他に損害を避けるため適当な方法があるときは除かれます（補充性）。

国旗・国歌訴訟において最判平成24年2月9日民集66巻2号183頁・百選II200は、「重大な損害が生ずるおそれ」があると認められるためには、「処分がなされることにより生ずるおそれのある損害が、処分がなされた後に取消訴訟等を提起して執行停止の決定を受けることなどにより容易に救済を受けることができるものではなく、処分がされる前に差止めを命ずる方法によるのでなければ救済を受けることが困難なものであることを要する」としています。具体的には、毎年3月に卒業式、4月に入学式が行われるたびに職務命令への違反に対する懲戒処分が反復継続して行われ、累積加重によりおおむね4回で停職処分に至ることを考えると、1年ちょっと取消訴訟の確定を待っている間に事後的な損害の回復が著しく困難になるとして、「重大な損害が生ずるおそれ」が認められるというわけです。ここでも、差止め訴訟と取消訴訟＋執行停止が問題となる状況がきわめて似ており、その違いは処分がされているか否かにすぎないことがわかります。

＊　いかにして不利益処分を事前察知するのか

　【タイプ2】の場合、超能力者ではあるまいし、原告は自身に対して不利益処分がなされようとしていることをどのようにして察知するのかと疑問に思う方もいるかもしれません。不利益処分の場合には弁明の機会の付与や聴聞などの事前手続を慎重にふむ必要があることから（⇒**第3講**・44頁）、事前手続の段階で不利益処分がなされようとしていることを察知できるわけです。
　これに対して、【タイプ3】の場合は、申請者以外の第三者の手続保障の程度によって、事前に許可処分がなされようとしていることを察知できるか否かが左右されます。

（い）原告適格

　差止めの訴えの原告適格は、行政庁が一定の処分をしてはならない旨を命ずることを求めるにつき法律上の利益を有する者に限り認められます（同条3項）。取消訴訟と同じように、自身に対する不利益処分を事前に差し止める局面【タイプ2】と、第三者の申請に対する許可処分を事前に差し止める局面【タイプ3】に分けて考えれば、話が早いです。
　【タイプ2】については、不利益処分の取消訴訟と同じ論理で、当然に原告

適格が認められます。

　【タイプ３】は，行政庁が第三者に対して行う処分（申請に対する許可処分）について「あれこれと口を挟む」類型なので，取消訴訟における第三者の原告適格と同様の利益状況になります（同条４項は，行訴法９条２項を準用しています）。近所の産業廃棄物処理施設について，その設置許可が都道府県知事から事業者に対してなされようとしている局面を思い浮かべるとよいでしょう。

（う）本案認容要件

　行政庁がその処分をすべきでないことが根拠法令の規定から明らかであると認められ，または行政庁がその処分をすることが裁量権の逸脱・濫用となるときは，請求認容判決が下されます（同条５項）。

判　例　第４次厚木基地判決（その２）

　大阪空港判決が残した課題をいかに解決するか，学説は模索を続けてきました。第４次厚木基地判決：最判平成28年12月８日民集70巻８号1833頁・百選Ⅱ145は，自衛隊機の運航に関する防衛大臣の権限の行使を「公権力の行使」と見て，抗告訴訟としての差止め訴訟の提起を認めるという構成を認めています。

７　仮の義務付け・仮の差止め

　義務付け訴訟も差止め訴訟も，緊急性の高い案件が想定されています。したがって，裁判所がモタモタ審理をしているうちに，原告が救済を得られないという事態も十分起こり得ます。そこで，取消訴訟における執行停止に相当する仮の救済のしくみとして，仮の義務付け・仮の差止めが法定されました。考え方は執行停止の応用ですので，詳細な説明は割愛します。ただし，申請に対する拒否処分に対して取消訴訟を提起し，執行停止の申立てを行っても，許可が得られるわけではなかったのが，許可処分の仮の義務付けを申し立てればこれが得られるので（満足的処分），この点は大きな違いです。

　義務付け［差止め］の訴えの提起があった場合において，義務付けの訴えに係る処分がされないこと［差止めの訴えに係る処分がされること］により生ずる償うことのできない損害を避けるため緊急の必要があり，かつ，本案について理由があると見えるときは，裁判所は，申立てにより，決定をもって，仮の

義務付け［仮の差止め］を命ずることができます（行訴法37条の5第1項・2項）。これらは，公共の福祉に重大な影響を及ぼすおそれがあるときは，することができません（同条3項）。

「償うことのできない損害」は，金銭をもって償うことはできないという趣旨で，生命や身体の利益は含まれますが，財産的利益では，よほどの事情がないと認められません（⇒**第9講**・150頁）。仮の義務付けが初めて認められたのが，保育所入所仮義務付け決定（東京地決平成18年1月25日判時1931号10頁）であり，本案判決を待っていたのでは，子どもにとってかけがえのない保育所通学年齢を徒過してしまうことが決定的な理由になっています。なお，財産的利益が問題となった事案でも，大阪高決平成27年1月7日判時2264号36頁のように，タクシー事業者が運賃変更命令を受けると営業に多大な影響が及ぶとして，「償うことのできない損害」を認定し，仮の差止めを認める例が現れています。

第2節　当事者訴訟

1　総　説

　行政訴訟のうち主観訴訟は，これまで抗告訴訟を中心に組み立てられてきました。この動きに風穴を開けるものとして期待されているのが，**公法上の当事者訴訟**（行訴法4条）です。形式的当事者訴訟と実質的当事者訴訟に分かれますが，形式的当事者訴訟（同条前段）は，当事者訴訟の形式をとっていても，行政処分のあり方が争点となっているという意味では，抗告訴訟と変わりません。注目を集めているのは，実質的当事者訴訟（同条後段）です。

2　形式的当事者訴訟

　形式的当事者訴訟（行訴法4条前段）は，当事者間の法律関係を確認しまたは形成する処分・裁決に関する訴訟で法令の規定によりその法律関係の当事者の一方を被告とするものを指します。代表例が，収用委員会の収用裁決に対する損失の補償に関する訴え（土地収用法133条2項・3項）です（土地収用法のシステムについては⇒**第9講**・143頁）。収用裁決は権利取得裁決（同法48条）と明渡裁決（同法49条）に分かれるのですが，2つとも起業者と土地所有者（または関係人）

の両当事者を相手に，いくらいくらの損失補償の支払い（⇒**第13講**・214頁）と
引換えに権利を移転せよ，土地を明け渡せということを命じる行政処分である
点で同じです。

　当事者は，収用委員会の行った収用裁決について不服があるわけで，抗告訴
訟の原則に従えば，収用委員会の属する都道府県を被告として，取消訴訟ない
し義務付け訴訟を提起すべきことになります。しかし，この紛争の争点はつま
るところ補償の額なので，最も補償の額について関心をもっている当事者同士
である起業者と土地所有者らとを争わせるしくみが採用されました。つまり，
起業者は補償額が少なくなるように，土地所有者らは補償額が大きくなるよう
に争うインセンティブが働くので，この両当事者を争わせるのが制度設計上も
合理的であると考えられたわけです。

　その他，形式的当事者訴訟には，審決に不服がある者と相手方との間で争わ
れる特許無効審判の審決取消訴訟（特許法179条ただし書）があります。

3　実質的当事者訴訟

（あ）概　　要

　実質的当事者訴訟（行訴法4条後段）は，公法上の法律関係に関する確認の訴
えその他の公法上の法律関係に関する訴訟のことです。「公法上の法律関係」
を対象とすると規定するのみで，文言上はそれ以上の限定がないことから，処
分性が認められない類型の紛争についても，いわば受け皿として幅広く訴訟手
続に乗せることができるのではないかと期待されています（当事者訴訟の受け皿
論）。実質的当事者訴訟は，民事訴訟と同様に，給付訴訟と確認訴訟に分かれ
ます。審理における民事訴訟との違いは職権証拠調べが認められることですが
（⇒**第9講**・136頁），今のところ抗告訴訟でもほとんど職権証拠調べは用いられ
ておらず，民事訴訟との違いは裁判所の付す事件番号の違いくらいしかないと
も言われています。

（い）給付訴訟

　公務員が俸給や退職手当の支払いを求める訴訟（最判平成11年7月15日判時
1692号140頁・百選Ⅰ55の事案）や，老齢年金支払い請求訴訟（最判平成7年11月7
日民集49巻9号2829頁・百選Ⅰ64の事案），そして憲法29条3項に基づく損失補償

の請求訴訟（最大判昭和43年11月27日刑集22巻12号1402頁・百選Ⅱ247で傍論として認められており〔⇒**第13講**・215頁〕，最判平成5年7月20日民集47巻7号4627頁・百選Ⅱ204でも前提とされている）などが，給付訴訟としての実質的当事者訴訟の例とされています。ただし，上記訴訟は民事訴訟と同じように審理されており，取り立てて実質的当事者訴訟であることが意識されていたわけではありません。

（う）確認訴訟

　在外邦人である原告が衆参両院の選挙区選出議員の選挙における選挙権を有する権利の確認を求めた在外邦人選挙権確認訴訟における最大判平成17年9月14日民集59巻7号2087頁・百選Ⅱ202や，原告が日本国籍を有することの確認を求めた国籍法違憲判決（最大判平成20年6月4日民集62巻6号1367頁）において，確認訴訟が使われています。

　取消訴訟では，紛争解決のタイミングや対象選択の適切性が処分性（⇒**第7講**・100頁），出訴者の資格が原告適格（⇒**第8講**・115頁），紛争解決の必要性が訴えの利益（⇒**第8講**・130頁）で考慮されていましたが，確認訴訟の場合には，「確認の利益」という概念によって，これらの範囲が画されます。

　確認訴訟のうち，公法上の義務が存在しないことの確認の訴え（義務不存在確認の訴え）は，差止め訴訟と似たような機能をもちます。都立高校教職員らが通達・職務命令に基づく起立斉唱義務の不存在確認を求めた最判平成24年2月9日民集66巻2号183頁・百選Ⅱ200は，原告らが今後昇給の遅れなど事実上の不利益取扱いを受けることを防ぐ趣旨の部分については（当事者訴訟としての）通達・職務命令に従う義務の不存在確認訴訟として，懲戒処分を受けることを防ぐ部分については（法定抗告訴訟としての）差止め訴訟として訴訟を構成しています。

第3節　客観訴訟

1　総　説

　原告が自己の法律上の利益に関わらない資格で提起する訴訟のことを，**客観訴訟**とよびます。ここで主観とか客観とかいうのは，ドイツ語の直訳で，自己の利益に関わるものを主観的（subjektive），そうでないものを客観的（objektive）とよびならわす趣旨です。したがって，客観訴訟というのは，自己の（主観的な）権利・利益ではなく，客観的な法秩序の是正を求める訴訟という意味です。客観訴訟は，さらに民衆訴訟と機関訴訟に分かれます。客観訴訟のポイントは，法律に定める場合において，法律に定める者に限り，提起することが認められるという点です（行訴法42条）。

《学習のポイント》　客観訴訟に法律の限定がかかる理由

　裏を返せば，主観訴訟（抗告訴訟・当事者訴訟）は，法律に定めがなくとも，裁判所が認めれば，提起することが許されます。だからこそ，法定外抗告訴訟（⇒153頁）というものが存在するわけです。主観訴訟は，自己の法律上の利益に関わるものであるという時点で絞りがかけられるので，「訴えを提起することのできる者」と「訴えることのできる局面」について限定しなくてもよいのです。これに対して客観訴訟の場合，訴えが無制限に拡大されるおそれがあるので，法律で限定をかける必要があるということでしょう。

2　民衆訴訟

（あ）概　　要

　国・公共団体の機関の法規に適合しない行為の是正を求める訴訟で，選挙人たる資格その他自己の法律上の利益に関わらない資格で提起するものを**民衆訴訟**とよびます（行訴法 5 条）。民衆訴訟では，選挙訴訟と住民訴訟がよく知られています。

（い）選挙訴訟

　選挙訴訟は，選挙人たる資格に基づいて選挙の効力を争う訴訟です。元々は不正な選挙があったようなときに選挙人や候補者が選挙や当選の効力を争うために用意された手段なのですが（国政選挙について，公職選挙法204条・208条），最大判昭和51年 4 月14日民集30巻 3 号223頁・百選Ⅱ206以来，衆議院・参議院における議員定数不均衡の合憲性を確認するための手段として，重きをなしています。このことは，地方選挙（同法203条・207条）においても同様です（最判昭和59年 5 月17日民集38巻 7 号721頁）。

（う）住民訴訟

　住民訴訟（地方自治法242条の2）は，地方公共団体の住民たる資格に基づき提起する訴訟です。住民監査請求（同法242条）を先に行っておく必要があるため，住民監査請求を行うための要件が実質的な訴訟要件となっています。ただし，住民監査請求は，その地方公共団体の住民であれば誰でも行うことができるため（外国人や子どもであっても可），その要件はきわめて緩やかです。住民訴訟は，地方公共団体の財務会計行為の適法性を確認する手段として，実務上，大きな役割を担っています。

　住民訴訟で請求できる裁判には，次の4種があります（法242条の2第1項）。その対象は，住民監査請求と同様に，「財務会計上の行為」です。

表10-1　住民訴訟における4種類の裁判

1号　財務会計上の行為の差止め請求
2号　行政処分の取消し・無効確認請求
3号　「怠る事実」の違法確認請求
4号　「当該職員」あるいは「相手方」に対して損害賠償請求・不当利得返還請求をすることを求める請求

　1号請求の例としては，代金の支払いのような公金支出の差止めや，公共工事の請負契約の締結の差止めが考えられます（織田が浜訴訟：最判平成5年9月7日民集47巻7号4755頁・地方自治判例百選A33など）。

　2号請求の例としては，行政処分として行われる補助金交付決定の取消しや，行政財産の目的外利用許可の取消しの請求が考えられます。財務会計上の行為に係る行政処分の取消訴訟の原告適格を住民全体に拡大した規定であると説明されることもあります。

　3号請求については，「怠る事実」の理解がカギになります。「怠る事実」とは，地方公共団体が公租公課の取立てを怠っていたり，公有地の不法占拠者に対して立退き請求および賃料相当額の不当利得返還請求を怠るなど，違法・不当に公金の賦課・徴収もしくは財産の管理を怠っている事実を指します。最判昭和57年7月13日民集36巻6号970頁は，行政が客観的に存在する債権を理由もなく放置・免除することは許されないとしています（ただし，はみ出し自販機判決：最判平成16年4月23日民集58巻4号892頁・地方自治判例百選110が示した例外的

許容要件の適用の有無がしばしば争われます）。

　4号請求は，住民が，（行政機関としての）長を被告として，「違法な行為によって損害賠償責任を負う者（当該職員・相手方）に対し，その賠償金を地方公共団体に支払うように請求すること」を求める請求です。住民勝訴の判決が確定したときは，敗訴した地方公共団体の長は，60日以内に請求に関わる損害賠償等の支払いを当該職員・相手方に請求することが義務付けられます（地方自治法242条の3第1項）。それでも支払いがなされない場合には，当該地方公共団体は，あらためて当該職員ないし相手方に対して損害賠償等を求める訴訟を提起しなければなりません（同条第2項）。

＊　旧4号請求

　かつての4号請求は，債権者代位訴訟（民法423条）や株主代表訴訟（会社法847条）などと同じ代位訴訟であり，他分野と比較して理解しやすかったのですが，長が被告として訴訟の矢面に立つことの負担が大きい等の理由により，平成14年の法改正で現在の姿に改められました。ただし，地方公共団体が当該職員・相手方に対して有する債権について争われているという意味では，改正の前後で違いはありません。改正前のものは，「旧4号請求」とよばれます。

3　機関訴訟

　国・公共団体の機関相互間における権限の存否またはその行使に関する紛争についての訴訟のことを，**機関訴訟**とよびます（行訴法6条）。

　機関訴訟の多くは，地方自治法において規定されています。普通地方公共団体に対する国等の関与に関する訴え（地方自治法251条の5以下）や国・都道府県による不作為の違法確認の訴え（同法251条の7・251条の8）は，関与（同法245条）の法的効力をめぐる訴えです。辺野古紛争における最判平成28年12月20日民集70巻9号2281頁・百選Ⅰ84は，沖縄県知事が国土交通大臣からの是正の指示に従わず，埋立承認の取消し処分を取り消さないことは違法であるとしました。これに対し，泉佐野市ふるさと納税事件における最判令和2年6月30日民集74巻4号800頁・百選Ⅰ48は，「ふるさと納税指定制度」の下で総務大臣が告示を根拠に泉佐野市を指定しなかったこと（不指定）は，地方税法の委任の範

囲を逸脱しており違法であるとしました（**第4講**・63頁）。

　長と議会との間の権限分配に関する訴え（同法176条7項）については，名古屋市長と市議会が中期戦略ビジョンの策定権限をめぐり争った名古屋地判平成24年1月19日・地方自治判例百選A38が話題をよびました。

＊　審査請求で敗れた処分庁からの出訴

　行政不服申立て（⇒**第6講**・94頁）において，審査庁によって請求棄却裁決を下された審査請求人の側から，原処分や裁決の取消しを求めて出訴することは当然に予定されています。不服申立て前置（⇒**第8講**・135頁）が定められている事案では，取消訴訟はそのような過程によって提起されます。

　これに対して，審査庁により請求認容裁決が下された場合，処分庁は自身の主張が認められず敗れたことになりますが，その裁決の取消しを裁判所に訴え出ることは可能でしょうか。

　処分庁の属する大阪市が審査庁である大阪府国民健康保険審査会の行った裁決の取消しを求めて出訴した事案において，最判昭和49年5月30日民集28巻4号594頁・百選11は，これは行政機関内部の争いであって，機関訴訟を許容する法律の規定がないことを理由に不適法であるとしました。ここでは，国民健康保険の保険者である大阪市の地位をどのように見るかが大きな争点となっています。

　辺野古紛争（⇒**第6講**・96頁）においても，沖縄県知事（処分庁）は，国土交通大臣（審査庁）が行った請求認容裁決が不服であるとして，その取消訴訟を提起しましたが，最判令和4年12月8日判タ1508号46頁は，審査庁のした裁決は（審査庁が処分庁の上級庁であるか否かにかかわらず）関係行政庁を拘束するとされていること（行審法52条1項），法定受託事務に係る処分についての審査請求に関し法令所管大臣が行う裁決は，紛争の迅速な解決のために国地方係争処理委員会などの紛争処理の対象となる「関与」から外されていること（地方自治法245条3号）などを根拠に，不適法であるとしました。

Tea Break　お役所の今昔

　1つの学問を修めると，その学問のフィルターを通して，世界の見え方が変わってきます。鉄道模型のジオラマを製作していても，「この建物は接道義務違反だな」とか，「ここは市街化調整区域なのだろう」とか，いろいろなことが思い浮かびます。実は，大学などで学問を修めることの意義は，細かい知識を覚えることではな

く，こうした全体的な「ものの考え方」を身に付けることにあります。法律では
リーガルマインドなどと言われるものです。

　法律の視点から，歴史的な制度を眺めると，中高生の頃は見えてこなかった視野
がひらけてきます。東アジアの法制としてよく知られている「律令制度」なども，
その一例です。「律」は刑法，「令」は行政法のことですが（その他に，施行細則を
定めた「格式」があります），いずれも公法であり，このことから，西欧と比較す
ると，東アジアは民事法（私法）の伝統が薄いなどと言われています。

　でも，歴史の授業では，「律」（刑法）は犯罪を取り締まる法律なのでイメージし
やすい一方で，「令は行政法のことです」と教えてもらっても，その行政法がどの
ようなものなのか，ピンときませんでした。ところが，この分野の研究者になって
みると，行政法は実に普遍的な領域であることを実感します。

　というのも，行政法は統治機構を鏡に映した法なので，統治機構あるところに必
ず行政法は存在するからです。えらそうに武士や王様がふんぞり返っていれば統治
が成り立つ，などという楽な話はありません。治安維持，租税の徴収，都市計画
（町割り），灌漑・治水・水道，交通網の整備，救貧施策など，為政者は勤勉に働か
なければならず，そのために定められたルールがあれば，それが行政法です。

　ただし，広大な領土を一円的かつ中央集権的に支配する近代的な統治機構が成立
している場合は例外であり，一般的には，封建制とよばれるきわめて分権的な支配
体制が構築されていました。戦国大名の支配体制を思い浮かべてもらうのがよいの
ですが，そこで「支配する」というのは，警察権，徴税権，そして裁判権が及ぶこ
とを指します。おおむね，規制行政（⇒**第１講**・４頁）の範囲と一致すると考えて
差し支えありません。人民の「安心・安全」を守ることは，行政に課せられた最も
古く，最低限の，しかし最も大切な役割であり続けているのです。

　もちろん，こうした「歴史上の行政法」は，行政権の行使をコントロールするた
めの法制というよりも，行政権の行使を滞りなく進めるための法制という性格が強
いので，そのまま現代の行政法学に採用することはできません。ですが，人口の把
握や租税の徴収など，効率的な統治システムの構築の仕方については，当時の人間
の知恵が結集されており，感心させられることが多々あります。

　たとえば，江戸時代の日本では寺社が，近世以前の西欧ならば教会が，市役所や
町役場に相当する機能の多くを果たしていました。寺社や教会なら，どんな小さな
村にも存在したからです。そして，寺社や教会は，村落における出生，婚姻，死亡
について把握し，戸籍を管理していました。自ずと，１つの村落の住民は同じお寺
の檀家になります。洋の東西を超えて，寺社・教会という宗教組織と村落の組織が
結び付き，人口を把握して年貢を納めるという統治機構の末端を担っていたことは
興味深いですね。

第1節　国家補償法総説

1　国家補償法とは

　私人が, 違法な行政活動（たとえば営業停止命令）により権利・利益を侵害された場合, 救済としていかなる手法が考えられるでしょうか。**第 6 講**から**第 10 講**まで紹介してきたのは, 行政不服申立てや行政訴訟を通じて, 営業停止命令の取消しを求める方法でした。これらは, 権利・利益を侵害する原因を根本から消滅させることで, 救済を図る手法です。

　もう 1 つ, 行政に対して, 違法な行政活動によって失った損害を補填するよう求めるという, 国家賠償の手法があります。そして, 違法な行政活動だけに限らず, 適法な行政活動によって失った損害についても, 場合によっては損害が補填されるという, 損失補償とよばれる手法もあるのです。これらが, 本講から**第 13 講**まで学ぶ, 国家補償法のしくみです。

　　国家補償法　＝　国家賠償（違法な行政活動）　＋　損失補償（適法な行政活動）

2　国家賠償の概要

　横断歩道でタクシーにはねられたとき, ドライバーの前方確認の不注意が原因だとしたら, あなたはドライバーに対して, 不法行為に基づく損害賠償を請求することができます（民法709条）。ドライバーには損害賠償を支払うだけの

資力が備わっていないこともあり得ますから，タクシー会社に対しても使用者責任（民法715条）を追及することができます（もっとも，実務的にはほとんど保険でカバーされるのですが）。また，遊園地で遊んでいたら，遊具の腐食が原因でケガをしたようなときは，遊具の設置者に対して工作物責任に基づく損害賠償を請求することができます（民法717条）。

　これと同じことで，違法な行政活動によって損害を受けた私人は，国や公共団体から，損害賠償を支払ってもらうことができるのです。憲法17条は，「何人も，公務員の不法行為により，損害を受けたときは，法律の定めるところにより，国又は公共団体に，その賠償を求めることができる。」と定めて，国家賠償請求権を保障しています。これに基づいて制定されたのが，**国家賠償法**（以下，「国賠法」とよぶことにします）です。

　国賠法は2種類の請求を定めています。1つが，公務員の公権力の行使に基づく損害の賠償について定める国賠法1条です。国賠法1条は，民法715条の特則です。もう1つは，公の営造物の設置管理の瑕疵に起因する損害の賠償について定める国賠法2条です。国賠法2条は，民法717条の特則です。

ことば | **国家賠償**

　「国家」賠償法という名称ですが，国のみならず地方公共団体（都道府県，市町村）の損害賠償も含むので注意しましょう。言ってみれば，行政の支払うべき損害賠償のことを，まとめて「国家賠償」とよぶわけです。

＊　国家賠償の歴史

　国家賠償は，世界的に見ても20世紀後半になって一般的になったしくみです。かつては国家無答責（主権無答責）といって，「国家は悪をなし得ない」と考えられていました。わかりやすく説明すると，「国家活動は法に従って行われる」＝「法に従って行われた活動だけが国家に帰属する」＝「違法な活動は国家に帰属しない」と考えられていたようです。

　しかし，この論理では，「国家が違法な活動から生じた損害を賠償する責任を一切負わない」ことの説明にはなりません。やがて，ドイツなどでは，国家そのものは悪を行わなくても，官吏（公務員）は過ちを犯すことがあり，官吏が行った不法

行為の損害賠償責任を国家に代位して負わせる「代位責任」（⇒192頁）という考え方を通じて，国家賠償が認められるようになりました。

明治憲法下の日本では国家無答責の法理が主流でしたが，戦後，日本国憲法17条は，国家が公務員の不法行為に基づく賠償責任を負うことを，明文で認めました。

3　損失補償の概要

あなたの自宅の敷地に新しく高速道路が通ることになりました。あなたは一生懸命働いてお金を貯め，家と土地を手に入れたのに，立ち退かなければなりません。高速道路の完成によって，あなたを除く国民みんなが便利で快適な移動手段を利用することができて，幸せそうにしています。このようなとき，あなたは，自分1人が犠牲になれば，みんなが幸せになるのだからといって，聖人のような境地で黙って立退きに合意できるでしょうか。

言うまでもなく，現代の日本では，国民から集めた税金を用いて，あなたが家や土地を失うことの引き換えに，補償金が支払われることになっています。このように，適法な行政活動によって損害を受ける私人に対して金銭的救済を図ることを，**損失補償**とよんでいます。憲法29条3項は，「私有財産は，正当な補償の下に，これを公共のために用ひることができる。」と定めて，損失補償請求権を保障しています。これに基づいて，個々の個別法の中に，損失補償の規定が置かれています。

＊　損失補償の歴史

歴史的には，国家賠償よりも損失補償のほうが先に行われるようになりました。19世紀，産業革命の進展により，西欧諸国では盛んに鉄道が建設されたのですが，その際，鉄道は切れ目なく一直線に敷設しなければならない都合から，どんな有力貴族や領主の土地であっても，関係なく土地を収用する必要が生じました。しかし，たまたま鉄道の建設予定地に掛かってしまった土地所有者の立場からすれば，鉄道の建設という国民国家全体の公共利益のために，自分の財産を特別の犠牲に供しなければいけません。

ゆえに，土地所有者の側からは，鉄道建設事業には協力するけれども，相応の損失補償を支払ってほしい，という既得権保護が要求されたわけです。その後，道路や都市の建設においても，損失補償は幅広く行われるようになりました。

　このように，損失補償は，財産権の保障と表裏一体のものとして発展してきたこ
とは，覚えておきましょう。損失補償の原点には，行政が公共の利益のために必要
な事業を推し進める際に，特定の私人に財産上の特別な犠牲を強いてしまう場合，
衡平の見地から，犠牲を払った分を補わなくてはならないという発想が存在しま
す。

第2節　国賠法1条の要件

（あ）各要件について

　国賠法1条は，使用者責任について定める民法715条の特則です。使用者が
「国又は公共団体」に，被用者が公務員に置き換わったものと考えてくださ
い。民法715条との異同を意識することが，学習のポイントです。

---

§　国家賠償法（昭和22年法律第125号）

第1条　①国又は公共団体の公権力の行使に当る公務員が，その②職務を行うにつ
　　　いて，③故意又は過失によって④違法に⑤他人に損害を加えたときは，国又は公共
　　　団体が，これを賠償する責に任ずる。
　2　略

　国賠法1条に基づく損害賠償責任が認められるためには，上記の①〜⑤の要
件をすべて満たす必要があります。事案によっては問題なく要件を満たす項目
もあるので，一体，今何が問題となっているのか，よく見極めましょう。
　なお，本講と**第12講**の説明の中で，被害者である私人のことを「原告」と
よぶことがあります。

（い）要件①「国又は公共団体の公権力の行使に当る公務員」

　建築主事が建築確認拒否処分を出したり（申請に対する処分），都道府県知事
が飲食店の営業停止命令を出す（不利益処分）場合が典型です。理解のカギを
握るのが，「公権力の行使」という概念です。
　まず，あらゆる見解で一致しているのは，「公権力の行使」の中に，いかに
も行政が権力をふるっているような活動（権力的行政活動）は必ず含まれている

177

という点です。権力的行政活動の典型例は，この本でもたびたびふれてきた，私人の権利を制限し義務を課す法律行為である，行政処分です。行政処分は，許認可，命令，禁止など，強制の要素を含みますから，イメージがつかみやすいと思います。ただし，強制の要素を含む活動は，法律行為である行政処分だけではなく，事実行為の中にも存在します。警察官による逮捕や，後述する代執行，即時強制などの権力的事実行為です。

　「公権力の行使」をめぐる学説は３つあり，最も範囲が狭いのが，（a）狭義説です。狭義説は，行政の「公権力の行使」を，権力的行政活動に限定して認めます（図11－1）。

図11－1　国賠法１条の「公権力の行使」

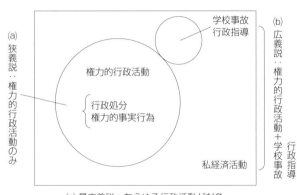

次に広いのが，通説・判例である（b）広義説で，「公権力の行使」について，権力的行政活動に加え，学校事故や行政指導も含める考え方です。私人が行うのと同じ経済活動（私経済活動）には，民法を適用することになります。広義説を言い換えると，「あらゆる行政活動から私経済活動を除いたものを『公権力の行使』とする考え方」ということになります。

　「公権力の行使」の範囲を最も広く捉えるのが（c）最広義説であり，この考え方では，私経済活動を含めたあらゆる行政活動が，国賠法の対象となります。ポイントとなるのは「私経済活動」です。私経済活動とは，市営バスや都営地下鉄の運行，公立病院で行われる医療行為のように，民間事業者でも行うことのできる活動のことを指します。独立行政法人や地方公営企業などによ

り，行政も私経済活動を手広く行っているのですが（⇒**第5講**・77頁），そのような活動は，行政に特有の活動とは言えないことから，通説・判例は，取り立てて国賠法を適用する必要はないと考えて，（b）広義説に立っています。

通説・判例である（b）広義説は，端的に言えば，【公権力の行使＝権力的行政活動＋学校事故＋行政指導】という考え方です。実務上も，公立学校における体育の授業や部活動中の事故，いじめ自殺について，数多くの国賠訴訟が提起されています（最判昭和62年2月6日判時1232号100頁・百選Ⅱ209など）。

ところで，「国賠法の対象となる」ということの意味は，よく考える必要があります。公務員の所属する国や公共団体が，公務員の代わりに損害賠償を支払ってくれるわけですが，それだけならば，民法715条の使用者責任と変わりがありません。実は，国賠法の対象となることで，実際に「公権力の行使」に当たっている公務員の個人責任が否定されることが，最大の違いなのです（詳しくは⇒193頁）。

（う）要件①の応用――身分上の「公務員」でない者が行う「公権力の行使」――

身分上の「公務員」というのは，国家公務員や地方公務員のことです。身分上の公務員が行う「公権力の行使」については，問題なく国賠責任が発生します（国会の立法活動や裁判官の下す判決も，国賠責任の対象となります⇒189頁）。ところが，身分上の「公務員」が行う活動でなくとも，国賠法の対象となる場合があります。

典型的なのは，弁護士会がその所属する弁護士に対して行った懲戒処分が違法であった場合です（弁護士法56条2項⇒**第7講**・113頁）。この場合，法人としての弁護士会が国賠責任を負うことになり，懲戒委員会の構成員の個人責任は否定されます。

このように，行政処分の権限を委任されて行使する主体は，自己の計算と責任において権限を行使している以上，そこから生じる国賠責任も「公共団体」（国賠法1条1項）として負うことになります。行政事務の民間委託が進む現在，この問題は重要度を増しており，指定法人が行政処分の権限を委ねられて行使している場合，指定法人の職員の過誤により損害が生じたときは，その指定法人自身が「公共団体」として国賠責任を負うと解釈するべきでしょう。指定確認検査機関が建築確認を行う場合（建築基準法6条の2・77条の18以下）が典

型です。

＊　**最決平成17年6月24日判時1904号69頁との整合性**

　指定確認検査機関の行った建築確認に過誤があるとして建築物の周辺住民が取消訴訟を提起していたところ（行訴法11条2項に基づき，取消訴訟の被告は指定確認検査機関です⇒**第8講**・134頁），建築物が完成したために訴えの利益が失われた（⇒**第8講**・131頁）という事案において，最決平成17年6月24日判時1904号69頁・百選Ⅰ5は，特定行政庁の帰属する地方公共団体を被告とする国賠訴訟へと，被告の変更（行訴法21条1項）を認めました。言ってみれば，指定確認検査機関のミスから生じた損害賠償責任を地方公共団体が引き受けるような構成です。

　本文の説明はこの最高裁決定と矛盾していないか，疑問に思うかもしれません。私は，最高裁決定が下された当時は，指定確認検査機関の無資力リスクを被害者が負担する危険があったため，地方公共団体に損害賠償責任を背負わせるという構成にも説得力があったのに対して，現在では指定確認検査機関が指定を受けるためには責任保険への加入が事実上義務付けられるようになり（建築基準法77条の20第3号），そうした無資力リスクの危険は解消したため，指定確認検査機関自身に損害賠償責任を負わせることに支障はなくなったと考えています。

　児童福祉法27条1項3号の措置（いわゆる3号措置）に基づき，児童を養育監護する事務を県から委ねられていた社会福祉法人が設置運営する児童養護施設の職員が，適切な養育監護を怠ったために，入所児童が他の児童に怪我をさせたという事案において，最判平成19年1月25日民集61巻1号1頁・百選Ⅱ226は，「入所後の施設における養育監護は本来都道府県が行うべき事務であり，このような児童の養育監護に当たる児童養護施設の長は，3号措置に伴い，本来都道府県が有する公的な権限を委譲されてこれを都道府県のために行使するものと解される」ことを理由に，県の国賠責任を認めて，職員および社会福祉法人は損害賠償責任を負わないとしました。職員の個人責任が否定されるのは従来の判例通りなのですが，社会福祉法人の使用者責任（民法715条）まで否定することは，社会福祉法人を保護しすぎなのではないかという批判があります。

＊　「本来都道府県が行うべき事務」

　最判平成19年1月25日は，「本来都道府県が行うべき事務」について「権限を委譲されてこれを都道府県のために行使する」ときは，都道府県の国賠責任の問題となるとしましたが，およそ民間委託される事務の本来の帰属先は国・地方公共団体なのですから，字面通りに解釈すると，民間委託が行われたケースでは際限なく国・地方公共団体が責任を背負い込むという，妥当でない帰結になります。そこで学説では，最判平成19年1月25日は3号措置において都道府県が要保護児童に対してもつ権限・責任と社会福祉法人の行為が法的に不可分であることなどを理由に都道府県の国賠責任を認めたのだとして，何らかの絞り込みをかける理解が有力です。

（え）要件②「職務を行うについて」

　判例は，職務を執行しているような外観があれば，「職務を行うについて」と言えるとする外形主義の立場をとります。警視庁の警察官が非番の日に制服・制帽を着用し，川崎駅で職務行為を装って通行人の所持品検査をしたところ，騒がれたので手持ちのけん銃で射殺したという事件において，最判昭和31年11月30日民集10巻11号1502頁・百選Ⅱ223は，東京都の国賠責任を認めました。ポイントは2点あり，(1)この事件で警察官は警察官としての職務を果たそうと思って活動したわけではなく，自分の利益のために強盗殺人を行ったわけですが，このような自己図利目的の場合でも国賠責任は成立します。(2)警察マニアの一般人が，どこかから入手した警視庁の制服・制帽を着用してけん銃で人を殺しても，東京都の責任にはなりません。単に職務執行の外観を備えていたというだけではなく，犯人が本物の警視庁の警察官であったという点が，隠れた要件になっています。

（お）要件③「故意又は過失によって」

　公務員が「違法な行為」をしたならば，いかなる場合でも国賠責任が生じるわけではなく，「故意・過失」が認定できなければ，国賠責任は認められません。つまり，公務員にとって仕方のない職務上のミスについては，責任は問われないのです。これは，「過失責任主義」とよばれる原則で，公務員が職務の遂行に当たり萎縮することなく，安心して仕事をするために採用されている考

え方です。国民健康保険事件を例に，考えてみましょう。

判　例　国民健康保険事件

　国民健康保険法 5 条は，被保険者の要件として，「市町村……の区域内に住所を有する者」と定めていました。ところが，厚生省の所管部局からは，被保険者の資格を得るためには，さらに，1 年以上の在留期間を認められた者でなければならないとする通知が発せられていました。X は在留資格を有しなかったため，担当行政庁は被保険者資格を否認し，被保険者証の交付申請を拒否したところ，X から国賠請求がなされたという事案です。

　最判平成16年 1 月15日民集58巻 1 号226頁・地方自治判例百選12は，「ある事項に関する法律解釈につき異なる見解が対立し，実務上の取扱いも分かれていて，そのいずれについても相当の根拠が認められる場合に，公務員がその一方の見解を正当と解しこれに立脚して公務を遂行したときは，後にその執行が違法と判断されたからといって，直ちに上記公務員に過失があったものとすることは相当ではない。」「本件処分は，本件各通知に従って行われたものであるところ，……本件各通知には相当の根拠が認められるというべきである。そして，……在留資格を有しない外国人が国民健康保険の適用対象となるかどうかについては，定説がなく，下級審裁判例の判断も分かれている上……法 5 条の解釈につき本件各通知と異なる見解に立つ裁判例はなかったというのであるから，本件処分をした……担当者に過失があったということはできない」と述べて，X の請求を棄却しました。

　最判平成16年 1 月15日のポイントは，担当行政庁が厚生省の通知に従った運用をしていたから過失がなかったというのではなく，相当の根拠が認められる法律の解釈に立脚して事務を遂行したから過失がなかったとされた点です。分権時代において法律の解釈権は実際に事務を遂行する個々の地方公共団体に属しており，国から出されている通知に漫然と従うのではなく，必ず自身でそのような法律の解釈に相当の根拠が認められるか精査してから判断することが求められるのです。

（か）要件④「違法に」

　通常，裁判で争点になるのは，この違法性要件であり，実体的違法（⇒**第 2 講**）と手続的違法（⇒**第 3 講**）が関係してきます。国賠訴訟は，具体的な行政活動が法律に適合しているか，あるいは違反するのかについて，理論の発展に

貢献してきました。そして，公務員が期待される客観的な行為規範に従わなかったことを違法であると判断することで，その後の違法な行政活動を抑制する機能（違法抑制機能）を果たしてきました。

　学界の通説である違法同一説では，取消訴訟の中で行政処分が違法と判断されれば，その既判力によって，国賠訴訟における違法性の要件も満たされると考えます。既判力が認められるのは，一度，裁判の中で審理が尽くされた事項について，再び争点を蒸し返すのは，訴訟経済の観点から好ましくないからです。

表11-1　違法同一説から見た行政救済のプロセス

⑴　食堂を経営してきたXは，身に覚えのない食中毒事件の責任を取らされ，営業許可取消処分を受けた。Xは，営業許可取消処分は行政庁の過誤によるものだとして，裁判所に取消訴訟を提起した。

⑵　Xの主張は認められ，<u>営業許可取消処分は違法であった</u>として，裁判所は営業許可取消処分の取消判決を下した。

⑶　Xは，判決が確定するまでの間，営業を行うことができなかった分の損害賠償を求めて，行政庁の所属するY県を相手に国賠請求訴訟を提起した。この訴訟の中で，裁判所は，先行する取消訴訟において下された④<u>営業許可取消処分は違法であった</u>という判断については，既判力が働くため，あらためて審理する必要はない。

⑷　したがって，Xとしては，④**違法性**以外の要件（特に③**故意・過失**や⑤**損害発生**）を重点的に主張・立証すれば，国賠請求が認容されることになる。

＊　取消訴訟の排他的管轄（公定力）と国家賠償

　ところで，Xがもう営業を再開する気力はなくなったという場合には，取消訴訟を提起せずに，いきなり国賠訴訟を提起することも可能です。取消訴訟の排他的管轄（公定力）との関係で，営業許可取消処分を取り消すことなく，いきなり国賠訴訟を提起してもよいのか，疑問に感じる方もいると思いますが，この場合は構いません（最判昭和36年4月21日民集15巻4号850頁）。国賠請求は，別に行政処分の効力を否定するわけではなく，行政処分が違法であると評価されれば認容されるため，取消訴訟の排他的管轄が働かないのです。設例は営業許可取消処分なので効力をそのままにしておくのは気持ち悪いかもしれませんが，3日間の営業停止命令のように，その3日間が経過すると取消訴訟の訴えの利益が消滅するような場合には（⇒**第8講**・130頁），原告は国賠訴訟によって救済を得る以外にありません。

　実は，課税処分や生活保護開始決定（変更・廃止決定を含む）のように金銭の給付や徴収を目的とする行政処分の場合，その取消訴訟でも，国賠訴訟でも，達成される目的はほとんど変わりません。すなわち，100万円の課税処分に不満がある場合，課税処分の取消訴訟を提起しても，課税処分の違法を理由に100万円の国賠訴訟を提起しても，100万円の返還という点で，得られる効果は同じです。そうだとすると，取消訴訟の６か月の出訴期間を徒過した後であっても，不法行為に基づく損害賠償請求権が消滅時効にかかるまで（民法724条に従い３年または20年），原告としては同じ効果が得られることになります。

　そこで，学説では，金銭の給付・徴収を目的とする行政処分の場合には，６か月を過ぎても実質的に同じ効果が得られるのでは取消訴訟に出訴期間を定めた意味がないから，国賠訴訟の提起には制限がかかるとする（ａ）否定説が有力に唱えられています。

　これに対して，最判平成22年６月３日民集64巻４号1010頁・百選Ⅱ227は，国賠訴訟には取消訴訟の排他的管轄（公定力）が働かないのだから制限をかける必要はないとする原則に従って，（ｂ）肯定説を採用しました。

（き）要件⑤「他人に損害を加えた」

　実際の訴訟では，具体的な損害額がいくらかという点が，大きな争点となります。財産的損害・精神的損害（慰謝料）を問いませんが（水俣病お待たせ賃訴訟における最判平成３年４月26日民集45巻４号653頁・百選Ⅱ212），損害の発生については原告が立証しなければなりません。違法な建築確認拒否処分により，予定された年月日にマンションの分譲を開始することができなくなれば，材料費の値上がりや遅れた日数分の損害が生じますし，違法な営業停止命令により，一定期間，飲食店の営業ができなくなれば，相応の営業損害が生ずるでしょう。違法な医薬品の製造承認により，広範な薬害が発生した場合には，被害を受けた患者は，治療費や慰謝料を損害として請求することができます。

　取消訴訟の主張・立証責任とは異なり（⇒**第９講**・138頁），国賠訴訟の場合は，

ほぼ争いなく，不法行為に基づく損害賠償請求（民法709条）と同様に，損害賠償の支払いを求める原告に，行政活動が違法に行われたことを主張・立証する責任があるとされています。ただし，予防接種禍（⇒**第13講**・223頁）のような難しい事案では，過失の推定を用いた立証責任の転換が図られています（小樽予防接種禍訴訟：最判平成3年4月19日民集45巻4号367頁・百選Ⅱ211）。

＊　建築主から建築確認が行われたことについての国賠請求？

　建築確認をめぐる国賠請求は，【**タイプ1**】において建築主が建築主事から違法な拒否処分を受けたために建築物の完成が遅延した分の損害賠償を求めるとか，品川マンション訴訟（最判昭和60年7月16日民集39巻5号989頁・百選Ⅰ121）のようになかなか申請に対する応答をしてくれなかったとか，【**タイプ3**】において耐震強度に疑問のあるビルに建築確認が下された後にビルが倒壊して周辺住民が損害を被ったとか，【**タイプ4**】において周辺住民は特定行政庁に対して耐震強度に疑問のあるビルの所有者に対して是正命令を発するように求め続けたのに特定行政庁がこれを怠った結果ビルが倒壊して周辺住民が損害を被ったようなケースが主でした。

　ところが，最判平成25年3月26日裁時1576号8頁・百選Ⅱ215は，建築主事が耐震強度の偽装を看過して建築確認を出したせいで損害を被ったという建築主（申請者）からの損害賠償請求を認める余地を残す判示を行い（結論的には請求棄却），申請満足処分に対する申請者からの国賠請求という構成が認められたことで注目を集めました。

第3節　国賠法1条における違法性の諸問題

1　違法同一説と職務行為基準説

（あ）違法同一説

　③故意・過失と④違法性の要件については，厄介な問題があります。この本の記述は，（a）違法同一説とよばれる考え方に立っており，③故意・過失と④違法性を別々に判断しています。違法同一説に立つと，取消訴訟で④違法性が認定されれば，国賠訴訟でも④違法性要件を無条件に満たすことになります（取消訴訟と国賠訴訟で「違法」の意味が同一）。したがって，取消訴訟で勝訴した

原告は，国賠訴訟では，③故意・過失だけを主張・立証すればよいわけです。違法同一説は簡明であり，行政の従うべき行為規範を明確に示すことから，学界の通説です。

(い) 職務行為基準説

　これに対して，一部の裁判例は，（b）職務行為基準説とよばれる考え方を採用しています。職務行為基準説においては，取消訴訟の「違法性」と国賠訴訟の「違法性」は別の概念であると考えます。職務行為基準説における国賠訴訟の「違法性」という概念は，違法同一説でいう③故意・過失と④違法性をあわせた意味をもつことになります。職務行為基準説は，基本概念である「違法性」の意味・内容を複雑にすることから，学習者の方は使わないのが賢明です。

　それでは，なぜ一部の裁判例は職務行為基準説をとるのでしょうか。込み入った話題になるのですが，公務員にとって遵守することが期待される行為規範が，注意義務（違反）の判断と分かちがたく結びついている場合のように，違法性と故意・過失の判断を明確に分けることができないときに，意味があると言われます。よく注意してから権限を発動することが求められている場合と言い換えることもできます。典型的なのは，被疑者の逮捕（刑事訴訟法199条1項）において，警察官が「被疑者が罪を犯したことを疑うに足りる相当な理由があるとき」に該当すると判断したことです。こうした場合，よく注意せずに権限を行使することは，過失ある行為とも言えるし，違法な行為とも言えるので，両者を厳密に分けることはできず，職務行為基準説をとる意味があると言われます。その他，規制権限不行使（⇒**第12講**・196頁）も，違法性と故意・過失の判断を明確に分けることができない場合として挙げられます。

　ただし，最判平成5年3月11日民集47巻4号2863頁・百選Ⅱ213のように違法性と故意・過失の判断を明確に分けることができない事案以外にも，職務行為基準説を採用する判例が散見されるため，その意図は不明確です。

表11-2　違法性をめぐる学説

	行為規範への違反	注意義務への違反
違法同一説	違法	故意・過失
職務行為基準説	違法（客観的違法）	違法（主観的違法）

> ＊　職務行為基準説と故意・過失の判断
>
> 　ところで，国賠法1条1項にはしっかりと「故意又は過失によって」と書いてあるわけですが，職務行為基準説の場合，故意・過失の要件はどこに消えてしまったのか，疑問に思われるかもしれません。職務行為基準説に立つと，違法と過失は一体化しているので，上記の表でも，「違法（過失と一体化）」と理解するのが正確ということになります。職務行為基準説に立つ判決では，このあたりはさらっと誤魔化されることが多いです。

2　刑事事件における捜査・公訴の提起と国家賠償

（あ）結果違法と行為違法

　刑事事件における捜査・公訴の提起については，もう1つ，結果違法と行為違法という考え方を理解しておく必要があります。(a) 結果違法説というのは，公務員の行為が結果として違法であれば，すべて国賠法上違法と評価されるという考え方のことですが，結果論に基づいて責任を追及しても違法抑制機能は期待できないことから，支持はありません。通説・判例は，(b) 行為違法説とよばれており，あくまでも行為時において職務上の注意義務を果たし合理的な判断を行っていれば，たとえ結果が望ましいものではなかったとしても（真犯人でない者を逮捕していたとしても），国賠法上の責任は生じないと考えます。

（い）被疑者の逮捕

　具体的に考えましょう。警察官による被疑者の逮捕は権力的事実行為の典型であり，「公権力の行使」に該当することは疑いありません。しかし，十分な違法の嫌疑を認めて逮捕したところ，事後的に無罪判決が確定した場合，逮捕行為は国賠法上どのように評価されるのでしょうか？

> ことば　刑事補償法
>
> 　無罪判決が確定したときは，憲法40条に基づき制定された刑事補償法によって，一定程度は補償金が交付されることになりますが，それでは足りないという場合には，国賠請求が行われます（刑事補償法5条も参照）。

スーパーでナイフを用いた強盗傷害事件が発生したので，警察官が緊急出動したというとき，現場近くで血まみれのシャツで急ぎ歩いている容疑者と似たような年恰好の男を見かければ，やむなく緊急逮捕することもあるでしょう。緊急逮捕の要件として，刑事訴訟法210条は，「司法警察職員は，死刑又は無期若しくは長期３年以上の懲役若しくは禁錮にあたる罪を犯したことを疑うに足りる充分な理由がある場合で，急速を要し，裁判官の逮捕状を求めることができないときは，その理由を告げて被疑者を逮捕することができる」と定めています。ところが，犯人は別に存在し，緊急逮捕した相手はたまたま鼻血を出して急ぎ歩いていただけの，ただの粗暴な男であったならば，警察官としては困ってしまいます。

　そもそも，被疑者を逮捕することができるのは，罪証隠滅と被疑者の逃亡を防ぐためです。本当に犯人であるか否かは，刑事裁判で時間をかけて証拠調べをしなければわかりません。刑事裁判で有罪判決を下すための裁判官の心証の程度は，合理的な疑いを差し挟む余地がない程度（俗に90パーセントくらい）のものが求められると言われています。となると，被疑者を逮捕するときに警察官に求められる心証の程度は，90パーセントよりも低い，70〜80パーセントくらいでもよいということです。

（う）逮捕後のプロセス

　逮捕の後にも，被疑者を勾留し，検察官に送致し（検察官の下でも判決が確定するまで勾留は続けられます），検察官が公訴を提起して（起訴），訴訟を追行するというプロセスが待っています。これらについても，合理的な疑いを差し挟む余地がない程度の心証までは要求されず，それよりも少し低い程度でよいと考えられています（最判昭和53年10月20日民集32巻７号1367頁・百選Ⅱ222）。むろん，必要とされる心証の程度は，手続が後に進むほどに高くなっていきます。

判　例　芦別事件

　事案は，国鉄根室本線芦別〜平岸間の鉄道路線がダイナマイトにより爆破されたという衝撃的なものです。Xは，火薬類取締法違反などで逮捕，勾留，起訴されたのですが，最終的には全部無罪判決が確定しました。Xから，違法な捜査や公訴の提起によって損害を被ったとして，国家賠償が請求されました。

　　最判昭和53年10月20日民集32巻7号1367頁・百選Ⅱ222は，「刑事事件において無罪の判決が確定したというだけで直ちに起訴前の逮捕・勾留，公訴の提起・追行，起訴後の勾留が違法となるということはない。けだし，逮捕・勾留はその時点において犯罪の嫌疑について相当な理由があり，かつ，必要性が認められるかぎりは適法であり，公訴の提起は，検察官が裁判所に対して犯罪の成否，刑罰権の存否につき審判を求める意思表示にほかならないのであるから，起訴時あるいは公訴追行時における検察官の心証は，その性質上，判決時における裁判官の心証と異なり，起訴時あるいは公訴追行時における各種の証拠資料を総合勘案して合理的な判断過程により有罪と認められる嫌疑があれば足りるものと解するのが相当であるからである」と述べて，請求を棄却しました。

3　裁判と国家賠償

　　ところで，地方裁判所が第1審判決を下したとしても，それで終わりではありません。控訴審である高等裁判所によって第1審判決が覆されることもありますし，最終的には，上告審である最高裁判所の判決が下されるまで，裁判所の判断は確定しません（むろん，当事者が控訴や上告を行わなければ，そこで確定します）。

　　そして，裁判官の行う判決（裁判行為）も，「公権力の行使」であり，国賠法1条の要件を満たしています。それでは，地方裁判所の出した有罪判決が控訴審で取り消され，逆転無罪の判決が出されて確定した場合，地方裁判所の裁判官が有罪判決を出した行為は，国賠法上違法になるのでしょうか。

　　民事事件では，裁判官の法令解釈のミスにより本来勝てるはずの当事者が敗訴したことで，国賠請求がなされたという事案において，最判昭和57年3月12日民集36巻3号329頁・百選Ⅱ221が，「裁判官がした争訟の裁判に上訴等の訴訟法上の救済方法によって是正されるべき瑕疵が存在したとしても，これによって当然に国家賠償法1条1項の規定にいう違法な行為があったものとして国の損害賠償責任の問題が生ずるわけのものではなく，右責任が肯定されるためには，当該裁判官が違法又は不当な目的をもって裁判をしたなど，裁判官がその付与された権限の趣旨に明らかに背いてこれを行使したものと認めうるような特別の事情があることを必要とする」として，請求を棄却しています。裁判官の「違法又は不当な目的」を立証するのはまず不可能なので，あくまでも

理念的には国賠法の対象となり得るというにとどまります。

　刑事事件でも，再審で無罪が確定した事案に係る最判平成2年7月20日民集44巻5号938頁において，これと同様の判断が下されています。

4　立法行為と国家賠償

　国会の立法行為も，「国……の公権力の行使に当る公務員」の行為ですから，国賠法の対象となります。しかし，立法行為が違法になるというのは，かなり珍しい局面です。というのも，立法というのは，法律を制定することであり，「何が法律であるか」を確定する行為ですから，立法が違法である（＝法に違反する）というのは，法律よりも上位の規範である憲法に違反する局面に限られます。

　さらに，在宅投票事件における最判昭和60年11月21日民集39巻7号1512頁は，「国会議員の立法行為（立法不作為も含む。以下同じ。）が同項の適用上違法となるかどうかは，国会議員の立法過程における行動が個別の国民に対して負う職務上の法的義務に違背したかどうかの問題であって，当該立法の内容の違憲性の問題とは区別されるべきであり，仮に当該立法の内容が憲法の規定に違反する廉があるとしても，その故に国会議員の立法行為がただちに違法の評価を受けるものではない」として，法律が違憲ならばただちに当該立法行為が国賠法上も違法となるという考え方は採用しませんでした。

　なお，在外邦人選挙権事件に係る最大判平成17年9月14日民集59巻7号2087頁・百選Ⅱ220では，「立法の内容又は立法不作為が国民に憲法上保障される権利を違法に侵害するものであることが明白な場合や，国民に憲法上保障されている権利行使の機会を確保するために所要の立法措置をとることが必要不可欠であり，それが明白であるにもかかわらず，国会が正当な理由なく長期にわたってこれを怠る場合などには，例外的に，国会議員の立法行為又は立法不作為は，国家賠償法1条1項の規定の適用上，違法の評価を受ける」とした上で，実際に国賠請求を認容しています。

　おそらく，最高裁は，①立法・立法不作為が国民に憲法上保障される権利を違法に侵害することが明白である場合と②国民に憲法上保障されている権利行使の機会を確保するための立法措置をとることが必要不可欠かつ明白である場

合を区別しているものと考えられます。①の基準は在宅投票判決から変更がないと推察されますが，実際にこの要件への該当が認められる局面は想定しがたいと思われます（民法733条が定めた再婚禁止期間の合憲性について判断した最大判平成27年12月16日民集69巻8号2427頁も，同条項の違憲判断を行う一方で，具体的な国賠請求は棄却しました）。②は選挙権の行使を念頭に置いた基準であると考えられます。

＊　行政法の守備範囲

　行政法とは行政活動を法的にコントロールする分野であるという定義からすると，裁判所や国会の活動まで対象とするのは，本来の行政法の領域を超えています。これは，国賠法という領域が，公務員一般の「公権力の行使」について法的なコントロールを及ぼしているためです。

第4節　国賠法1条の効果

1　国賠法1条の効果

　国賠法1条の効果として，国または公共団体が，被害者に対して，損害賠償責任を負います。したがって，国賠請求訴訟は，国または公共団体を被告として提起する必要があります。損害賠償責任を果たすためには，一定程度の財産が帰属していることが求められるために，法人である国・公共団体を相手とするしくみがとられているものと考えられます。

《学習のポイント》　取消訴訟と国賠請求訴訟の被告

　横浜市長があなたに対して行った行政処分が違法であった場合，
　①　取消訴訟は，行訴法11条1項1号により，「当該処分をした行政庁の所属する国又は公共団体」を被告として提起する必要があるから，横浜市が被告となります。
　②　国賠請求訴訟は，国賠法1条により，公務員である横浜市長の所属する国・公共団体を被告として提起する必要があるから，横浜市が被告となります。
　結論は同じなのですが，理屈付けは異なるので，区別しておきましょう。

　国賠請求訴訟は，民事の損害賠償請求訴訟（給付訴訟）という扱いです。行政訴訟ではないことに注意しましょう。なぜ公法上の当事者訴訟ではないのか不思議なのですが，おそらく代位責任説との関係で，元々公務員個人が負うべき損害賠償責任を肩代わりするという構成がとられているからと思われます。

2　責任の根拠をめぐる学説と組織的過失

　国・公共団体が損害賠償責任を負うといっても，元々は誰が損害賠償責任を負っているのかという議論があります。沿革的にとられてきたのは，（a）代位責任説です。これは，元々公務員が自分のミスで損害を負わせたのだから，本来は公務員個人が責任を負うべきだけれども，公務員個人には資力がないため，政策的見地から国・公共団体が責任を肩代わりするという考え方です。

　しかし，現代の行政活動は非常に複雑になっており，担当公務員の誰か1人が単独で責任を負うべき局面はきわめて限られています。現実の訴訟で追及されるのも，組織的過失が多くなっています。こうした状況にかんがみて提唱されたのが，（b）自己責任説です。これは，元はと言えば国・公共団体が自身の手足である公務員に公権力を行使させて危険を創出したのだから，その責任も元々国・公共団体が負っているという考え方です。

　国・公共団体の組織的過失を追及する場合には，端的に国・公共団体の責任を認める自己責任説のほうが優れているという主張もあります。しかし，レントゲン読影ミス事件から読み取れるように，代位責任説に依拠しても，組織的過失の追及は可能です。結局，両説の差異は説明の仕方の違いにすぎません。

```
判　例　レントゲン読影ミス事件
```

　税務署職員である原告は，定期健康診断でレントゲンの撮影をしてもらったところ，担当職員のミスで結核に罹（かか）っていることが見落とされ，長期療養をする羽目になりました。しかし，レントゲンの撮影者にミスがあったのか，レントゲンを読影する医師が見落としたのか，あるいは税務署長などの事務処理連絡にミスがあったのか，どうしても加害行為・加害者は特定できませんでした。ともかく，医療に従

事する職員の誰かに過失があったからだとして，国を被告に損害賠償を請求したという事案です。

　最判昭和57年4月1日民集36巻4号519頁・百選Ⅱ224は，「国又は公共団体の公務員による一連の職務上の行為の過程において他人に被害を生ぜしめた場合において，それが具体的にどの公務員のどのような違法行為によるものであるかを特定することができなくても，右の一連の行為のうちのいずれかに行為者の故意又は過失による違法行為があったのでなければ右の被害が生ずることはなかったであろうと認められ，かつ，それがどの行為であるにせよこれによる被害につき行為者の属する国又は公共団体が法律上賠償の責任を負うべき関係が存在するときは，国又は公共団体は，加害行為不特定の故をもって……損害賠償責任を免れることができない」としました。

　ただし，この事案は少し厄介でした。税務署の関係者が国の職員であるのに対して，レントゲンを撮影した医師は県の職員であり，税務署長から嘱託を受けて健康診断を実施していたにすぎなかったのです。最高裁は，上記の法理が通用するのは，「当該一連の行為を組成する各行為のいずれもが国又は同一の公共団体の職務上の行為に該当する場合に限定され，一部にこれに該当しない行為が含まれているときには妥当しない」としました。つまり，全員が国の職員であったならばいずれにせよ国に責任を問うことができるけれども，県の職員が混じっていた以上，少なくとも国の職員の行為と県の職員の行為のいずれが原因なのかについては，特定できなければいけないということです。

3　公務員個人責任の否定と求償

（あ）公務員個人責任の否定

　国賠法1条については，被害者が担当公務員個人に対して直接に損害賠償を請求することはできないというのが，最判昭和30年4月19日民集9巻5号534頁・百選Ⅱ228以来，一貫した判例法理です。これを**公務員個人責任の否定**とよびます。

　公務員の個人責任が否定されるのは，公務員が職務を遂行する上では，複雑かつ専門的な判断を強いられることが多く，事後的な責任追及をおそれて，その活動を委縮させることは好ましくないとの考慮からです。

　これに対して，被害者の報復感情を満足させ，将来の違法行為を抑止するためには，公務員の個人責任を認めるべきであるという主張も，少数ながら有力です。

（い）求償権の行使

　ただし，担当公務員に故意・重過失があるようなあまりに酷い場合には，代わりに損害賠償を支払った国・公共団体から，担当公務員に対して，肩代わり分について求償することが認められています（国賠法1条2項）。

　となると，市に対する1000万円の国賠請求が認容されたとき，事後的に市から担当公務員に700万円を求償するならば，計算上は，担当公務員から被害者に対して700万円が支払われたのと同じことになります。しかし，その場合でも，最初から被害者が公務員に対して直接700万円の損害賠償を請求することはできないというのが，判例の立場です。

　これに対して，公務員に故意・重過失がある場合まで個人責任を否定する必要はなく，被害者から公務員への直接の損害賠償請求を認めるべきであるという有力説が唱えられています。

　大分県教員採用試験事件において最判令和2年7月14日民集74巻4号1305頁・百選Ⅱ229は，複数の公務員が共同して故意によって違法に他人に損害を加えた場合においては，国・公共団体に対し連帯して求償債務を負うとしました。

（う）公務員を保護する国賠法

　実は，民法の使用者責任（民法715条）と国賠責任の最大の違いは，行為者に個人責任が認められるか否かにあります。両者の条文上の取扱いの差異は，判例の積み重ねによって，実務上ほとんど違いがなくなっています。「国賠法1条が適用される」というのは，担当公務員を損害賠償責任の追及の矢面に立つことから逃れさせることなのです。

表11-3　民法715条と国賠法1条の比較

	民法715条	国賠法1条
使用者・国の免責	選任・監督の過失がなりれば免責されるはずだが（民法715条1項ただし書），実務上ほとんど認められない	認められない
行為者への求償権の行使	条文上特に制約はないが（民法715条3項），実務上は故意・重過失ある場合に限定される	行為者に故意・重過失が必要
行為者の個人責任	認められる	認められない

　「公権力の行使」の解釈で通説・判例のとる広義説では，私経済活動につい

ては国賠法1条の適用がないと説明しました。つまり，市営バスの運転手がバス事故を起こした場合には，民法の使用者責任が適用されて，市が使用者として責任を負うとともに，運転手自身も民法709条に基づき被害者との関係で個人責任を負うということです。しばしば誤解されるのですが，「私経済活動について国賠法1条の適用がない」というのは，市を免責させることではありません。市は，民法715条に基づき，いずれにせよ損害賠償責任を負うのです。そうでなければ，事故の被害者はたまったものではありません。

　市営バスの運転手が免責されないのは，民間のバス会社の運転手との間で，払うべき注意義務について何ら違いがないからです。

＊　学校の先生の待遇の差異

　しかし，それを言い出すと，公立学校の先生は学校事故に国賠法1条が適用されることで個人責任を免れるのに対して，私立学校の先生は民法709条に基づき個人責任を負うこと（なお，雇い主である学校法人は，民法の使用者責任を負います）の違いをいかにして説明するのかという難問に突き当たります。

第 **12** 講　国家賠償法②（規制権限不行使，国賠法 2 条, その他）

第 1 節　国賠法 1 条と規制権限不行使

1　総　　説

　第 11 講では，行政活動により直接に被害を受けた人たちが，国家賠償を請求する局面について学びました。しかし，実際に問題になるのは，そのような理解しやすいケースばかりではありません。行政活動により直接の被害を受けたとは言えないけれども，行政の怠慢によりいわば間接的な被害を受ける人たちから国家賠償が請求されることが，近年，とても増えているのです。

> ［設例］　保健所は何をしていたのか
> 　食堂で食中毒が発生し，3 人が入院した。実は，以前からこの食堂では食材の不適切な管理の噂が絶えず，客の中からも保健所に苦情を申し出る者が後を絶たなかった。3 人は，保健所に対して，どんな気持ちを抱くだろうか。

　言うまでもなく，一番腹が立つのは，食堂の店主に対してであると思います。入院した 3 人の客は，食堂の店主に対して，不適切な食材管理により自分たちを病院送りにしたことについて，医療費などの損害賠償（民法709条）を請求することが考えられます。

　しかし，この本の冒頭でも説明したように（⇒**第 1 講**・1 頁），この事案では，保健所は一体何をしていたのかについても，文句の 1 つくらい言いたくなることでしょう。行政の存在意義から考えても，職務放棄に等しいと言えるか

らです。

　これが，**規制権限不行使**が問題となる局面です。行政が適切に活動していれば［食堂に対して食品衛生法上の規制権限を行使していれば］損害を被らなかったのに，活動を怠っていたために被害者が出たような局面です。

　規制権限不行使の問題の特徴は，行政が直接に被害者に対して損害を加えたわけではなく，加害者は別に存在していて，行政は直接の当事者ではないことにあります。こうした事案には，公害，薬害，労働安全衛生問題，消費者被害など，行政の直面する現代的課題への示唆にあふれています。

　ここで，規制権限を行使されるべき直接の相手方（食堂の店主）のことを「規制対象者」とよび，規制権限の行使を怠ったことで被害を受ける人々（食堂の客）は「規制受益者」とよびます。なぜならば，規制権限の行使を怠ったことで被害を受ける人々は，裏を返せば，規制権限の行使によって生命や財産などの利益を守られているからです。好きな喩えではないのですが，学校での「いじめ」への指導に準えれば，学校の先生が行政，加害児童が規制対象者，被害児童が規制受益者です。

表12-1　行政，規制対象者，規制受益者の三面関係

① 　規制対象者の権利保護（二面関係）：　食堂の営業の自由
② 　規制受益者の利益保護（三面関係）：　食堂の客の安全確保（＝公益）

＊　食堂の店主の責任は？

　言うまでもないことですが，実務的には，国賠請求が単独でされるわけではなく，規制対象者（食堂の店主）に対する損害賠償請求（民法709条）があわせて行われます。しかし，こうした民間事業者は損害賠償を支払うだけの資力が不足していることが多く，被害者は賠償を支払ってもらえず泣き寝入りするしかありません。国賠請求を認めることは，マクロ的な視点で見ると，行政のミスを事由とする税金を原資とした一種の公的保険の支払いと同じ機能をもちます。

2　理論的な障壁

（あ）反射的利益論の克服

しかし，規制権限の不行使を理由とする国賠責任が認められるようになるまでには，いくつかの理論的な障壁がありました。1つ目が，反射的利益論です。これは，行政による規制権限は，誰か個々人の個別的利益を保護するために行使されるわけではなく，一般的公益（公共の利益）のために行っている活動であり，個々の規制受益者は，規制活動により，たまたま利益を受けているにすぎないとみるという考え方です（反射的利益というのは，事実上の利益にすぎず法律上の利益ではないということです）。したがって，行政による規制が不十分であるために被害が生じたとしても，個々人が損害賠償を受けられるわけではないと考えられていました。原告適格論における「法律上保護された利益説」と似たような発想なのですが（⇒**第8講**・116頁），現在では反射的利益論は克服されて，最高裁においても，規制権限不行使の場合に国賠責任が発生すること自体は認められています。行政の規制権限の行使により規制受益者が受ける利益は，反射的利益にとどまらず，法律上保護される利益であると考えられるようになったわけです。

（い）行政便宜主義の壁

そうはいっても，規制権限を具体的にいつ，どのように行使するかについては，依然として行政庁の幅広い判断（行政裁量のうち，効果裁量⇒**第2講**・19頁）に委ねられています。行政裁量を非常に幅広く認めてしまえば，規制権限を行使してもしなくても，適法か違法かという問題は生じないという考え方のことを，行政便宜主義とよびます。これが2つ目の障壁です。行政便宜主義に従えば，理論上，規制権限不行使が違法になることはありません。

現在では，この行政便宜主義の壁も乗り越えられて，宅建業法判決：最判平成元年11月24日民集43巻10号1169頁・百選II216以来，行政が規制権限を行使しなければならない状況にあったにもかかわらず，規制権限を適切に行使せず，そのために国民に被害が生じたような場面では，規制権限の不行使は国賠法上違法なものと評価されるようになりました。

一連の最高裁判決では，「国又は公共団体の公務員による規制権限の不行使は，その権限を定めた法令の趣旨，目的や，その権限の性質等に照らし，具体

的事情の下において，その不行使が許容される限度を逸脱して著しく合理性を欠くと認められるときは，その不行使により被害を受けた者との関係において，国家賠償法1条1項の適用上違法となる」（水俣病関西訴訟：最判平成16年10月15日民集58巻7号1802頁・百選Ⅱ219）として，規制権限の不行使が（消極的な）裁量権の逸脱・濫用となり違法と評価されるという枠組みがとられています。

＊　規制権限不行使の違法性を判断する枠組み

　（a）説と（b）説がありますが，両者は説明の仕方の違いにすぎず，結論的には同じであると考えられます。枠組みを明示してから，各要素を検討しましょう。
（a）権限不作為についての裁量の逸脱・濫用論（一連の最高裁判例）
　①法益侵害の重大性，②結果の予見可能性，③結果回避可能性，④期待可能性といった諸要素にかんがみて，権限不行使とした行政の判断が著しく不合理であれば，規制受益者にとって，その権限不行使は違法と評価される。
（b）裁量権収縮論（東京地判昭和53年8月3日判時899号48頁など）
　①②③④などの諸要素にかんがみて，行政裁量の幅がなくなった場合には，もはや権限を行使する以外に選択肢はなくなるから，規制受益者にとって，その権限不行使は違法と評価される。

（う）規制権限不行使の違法性を判断する基準

　（a）権限不作為についての裁量の逸脱・濫用論と（b）裁量権収縮論のいずれの枠組みに依拠したとしても，①法益侵害（結果）の重大性（生命，身体ないし健康，財産など，結果は重大な法益に関わるものであるか），②結果の予見可能性（結果の発生が具体的に予測できたか），③結果回避可能性（行政が適切な行動をしていれば，結果の発生を防ぐことができたか），④期待可能性（行政にその行動をすることが期待できたか，私人の問題解決能力には限界があり行政に期待せざるを得ない状況だったか）という考慮要素が問題となることは一緒です。多くの事案で問題となるのは，②③の要素です。また，①保護法益が生命や健康のように重大であるほど，行政にとって，②予見義務や③結果回避義務は高まります。

　以下の［設例］は，水俣病関西訴訟（最判平成16年10月15日民集58巻7号1802頁・百選Ⅱ219）を基にしたものですが，行政は昭和何年の段階で，具体的にどのような措置をとるべきであったのか，考えてみましょう。

［設例］　水俣病 と行政の予見可能性・結果回避義務

　水俣病は，水俣湾でとれた魚介類を大量に摂取したことで起こる中毒性中枢神経疾患である。水俣病は，（株）チッソの排出した工場排水中に含まれていたメチル水銀化合物を魚介類が溜め込み，その魚介類を摂取することで，人体にメチル水銀が蓄積されることで発症する。

　水俣病が公式に「発見」されたのは，昭和31年５月である（実際には，その数年前から水俣湾の沿岸に暮らす漁民の間で不可解な神経性の病気が発症していたのだが，医療従事者によって正確に認知されたのは，昭和31年になってからであった）。ただし，この段階ではメチル水銀が原因物質であるとは判明しておらず，正確な原因が究明されるまでにはさらに年月を要した。

　昭和32年，国と熊本県の関係者が参加した合同研究発表会において，魚介類の摂取が１つの原因であるという一応の結論に達し，住民や漁協に対して行政指導が行われた。だが，魚介類の摂取が関係していることはわかっても，この頃はまだ原因物質が不明であり，メチル水銀以外にも，他の物質が疑われていた。

　昭和34年11月に，食品衛生調査会が，厚生大臣に対して，水俣病の主因はある種の有機化合物であるとの答申をした。この頃になり，チッソに対する行政指導が行われたものの，チッソによるメチル水銀化合物の排出が止まったのは，昭和43年５月になってからであった。

　国は，同年９月，「チッソのメチル水銀化合物が水俣病の原因物質である」旨の政府見解を発表し，昭和44年に，水俣湾とその周辺水域を水質二法（水質汚濁防止法の前身）に基づく指定水域に指定した。

3　規制権限不行使と行政法の現代的な課題

（あ）概　　要

　メディアで頻繁に取り上げられる社会問題とも関係する規制権限不行使の問題ですが，現場の行政職員にとって難しいのは，適時・適切な規制権限の行使が要求される点です。これまで，行政が警察規制（⇒第1講・4頁）の局面において留意しなければいけなかったのは，規制対象者に対して過剰な規制を行うことでした（過剰規制禁止）。伝統的な比例原則（⇒第2講・20頁）が行政法において果たした機能は，規制対象者の権利・利益を侵害しすぎないように，目的と比較して過度な規制を行わないようにすることだったのです。

　ところが，規制権限不行使の局面では，行政は規制受益者の権利・利益を守るために，時には心を鬼にして，果敢に規制権限を行使しなければいけません。実務的に難しいのは，不利益処分としての監督処分を行わなければいけな

【タイプ4】

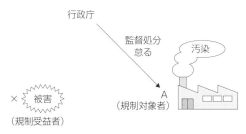

注：【タイプ4】において行政庁が権限を行使せずその結
　　果被害が生じた場面。

いにもかかわらず，（規制的）行政指導で済ませてしまうがごとく，現場の感覚
は，どうしても規制権限の行使を抑制する方向に働きがちであることです（い
わゆる民事不介入）。これは規制対象者の権利・利益に配慮した取扱いではあっ
たのですが，現代社会では，規制受益者の権利・利益を守るために，規制対象
者に対する規制があまりに過少になってもいけないとされます（過少規制禁
止）。

　最新の学説では，比例原則とは行政の行う過剰規制を禁止するとともに，過
少規制をも禁止する法理であると説かれるようになっています。

＊　行政介入請求（その2）

　本文で述べた構造【タイプ4】を規制受益者の側から見ると，規制受益者が行政
に対して私人間の紛争（規制受益者と規制対象者の間の紛争）に適時・適切に介入
し，紛争を解決するために，場合によっては，規制対象者に対する規制権限を行使
するよう請求するという，行政介入請求の構造（⇒**第10講**・160頁）になっていま
す。処分等の求め（行手法36条の3），非申請型義務付け訴訟（行訴法37条の2），
そして規制権限不行使の国家賠償の問題は，行政介入請求権の有無が争点となる点
で共通します。なお，前二者はいまだに被害が生じていない局面の話題であるのに
対して，後者は被害が生じた後に損害賠償を求める局面の話題です。

（い）公　　害

　以下，被害の類型ごとに最高裁が示した判断を紹介していきます。公害にお

いては，先の［設例］で示した水俣病関西訴訟（最判平成16年10月15日民集58巻7号1802頁・百選Ⅱ219）がリーディングケースです。この事案では，水俣病の原因物質がメチル水銀化合物であることが科学的に解明された年月日が，②結果の予見可能性が生じて，③結果回避義務（ただし，結果回避義務については，事案にもよりますが，行政には検討のために数日～数十日の猶予が与えられることもあります）が生じた時点ということになります。したがって，国は，昭和34年11月には，とにかく水俣湾でとれた魚介類は摂取しないように，そしてチッソはメチル水銀化合物を排出しないようにと，強制力をもった権限を行使しなければなりませんでした。実際にこれらの措置がとられたのが昭和43年以降というのは，あまりに行政の怠慢であるとして，損害賠償請求が認容されています。

（う）薬　　害

規制権限不行使の国賠訴訟の先駆けとなったスモン判決（東京地判昭和53年8月3日判時899号48頁）を経て，薬害について最高裁が初めて判断を示したのが，てんかんや腎疾患などの治療薬として用いられていたクロロキンの副作用（クロロキン網膜症）が問題となった最判平成7年6月23日民集49巻6号1600頁・百選Ⅱ217です。

薬害の特徴は，被害の発生に先立って必ず医薬品の製造承認と日本薬局方への収載という厚生労働大臣の作為が行われることです。ただし，副作用だらけで特段の効用も認められないような医薬品の製造が承認されるようなことはまずないので，通常は，副作用を上回る有用性が認められるならば，製造承認は違法となりません。その後，「効果を著しく上回る有害な副作用を有することが後に判明し，医薬品としての有用性がないと認められるに至った場合には」，製造承認の取消し，日本薬局方からの削除，場合によっては当該医薬品の回収などが求められることになります。

こうした権限の不行使が合理性を欠く場合には，国賠請求は認容されますが，最判平成7年6月23日は，当時の医学的・薬学的知見の下では，クロロキンの有用性が否定されるまでには至っていなかったとして，請求を棄却しました。その後，C型肝炎（東京地判平成19年3月23日判時1975号2頁）やイレッサ（東京高判平成23年11月15日判時2131号35頁）など，薬害の規制権限不行使をめぐる訴訟は後を絶ちません。

（え）労働安全衛生問題

　筑豊じん肺訴訟：最判平成16年4月27日民集58巻4号1032頁では，鉱山保安法に基づく省令である石炭鉱山保安規則の改正（行政立法⇒**第4講**・58頁）という規制権限の不行使が違法と認定されました。すなわち，当時の通商産業大臣は，粉じんの吸入によりじん肺が発生するメカニズムが認識されてから30年近くにわたり，穿孔前の散水や湿式削岩機の導入といった，じん肺の発生を防止するための保安規制措置を鉱山事業者に義務付けなければいけなかったのに，これを怠ってきたということです。

　泉南アスベスト訴訟：最判平成26年10月9日民集68巻8号799頁・百選Ⅱ218も，これと同様の論理で，石綿肺の医学的知見が確立した昭和33年5月26日以降，当時の労働大臣が労働基準法に基づいて特定化学物質等障害予防規則を制定した昭和46年4月28日まで，規制権限を行使してこなかったことを違法としました。

（お）消費者被害

　消費者被害の局面においては，①法益侵害として財産的損害が問題となるため，生命や身体の被害が問題となる事例と比較すると，相対的に，行政に求められる②結果の予見義務や③結果回避義務の程度は小さくなります。宅建業法判決（最判平成元年11月24日民集43巻10号1169頁・百選Ⅱ216）以来，消費者被害が問題となった事例で規制権限不行使の国賠責任が認められた最高裁判例はいまだにありません。下級審では，大和都市管財判決（大阪地判平成19年6月6日判時1974号3頁）や佐賀商工共済判決（佐賀地判平成19年6月22日判時1978号53頁）のような請求認容例が現れています。

（か）自然災害からの避難など

　東京電力福島第一原発事故訴訟：最判令和4年6月17日民集76巻5号955頁は，経済産業大臣が，地震活動の長期評価を前提に，電気事業法40条に基づく規制権限を行使して，東京電力がその義務を履行していたとしても，津波の到来に伴って敷地に侵入した大量の海水が主要建屋の中に侵入し，非常用電源設備が機能を喪失して同様の原子炉事故が発生するに至っていた可能性は相当にあるとして，③結果回避可能性が認められないという理由で，請求を棄却しました。

規制対象者と規制受益者が別である場合を挙げてきましたが、規制権限不行使の問題は、規制対象者と規制受益者が同一である場合にも生じます。噴火が予期されたにもかかわらず、入山規制を行わなかったために、登山者が怪我をしたような場合です。予見可能性の程度にも拠りますが、一般論として、このような場合にまで行政の責任を追及することは疑問です（参照、長野地松本支判令和4年7月13日D1-Law28301998）。突き詰めれば、行政が事後的に責任を取らされることをおそれて、登山は一切禁止とすることにもつながりかねないからです。

第2節　国賠法2条

1　公の営造物

道路、河川その他の**公の営造物**の設置・管理に瑕疵があったことで私人が損害を被った場合には、それを設置・管理する国・公共団体が損害賠償責任を負います（国賠法2条1項）。市立小学校の校庭の遊具に瑕疵があって子どもが怪我をしたような場合を思い浮かべてください。

ことば　公の営造物

公の営造物とは、国や公共団体が直接に公の目的に供している有体物のことを指します。本来、「営造物（Anstalt）」とは、人的・物的要素の複合体を意味していますが、さしあたり物的要素について着目すれば十分です。公の営造物は、地方公共団体における「公の施設」（地方自治法244条1項）と大きく重なり合います。

この営造物責任は、民法717条の定める工作物責任の特則です。ただし、国賠法1条の場合とは異なり、工作物責任については、戦前から、国・公共団体の損害賠償責任が認められていました（徳島市立小学校遊動円棒事件：大判大正5年6月1日民録22輯1088頁）。

民法717条とは別に国賠法2条を制定したことの意味は、その対象範囲が広がったことにあります。国賠法2条1項の「公の営造物」という概念は民法717条の「土地の工作物」より広く、けん銃、不発弾、パトカーのような動産

も含むからです（なお，人や無体財産は含みません）。また，「道路」のような人工公物はともかく，「河川」のような自然公物は「土地の工作物」とは言えませんが，国賠法2条が明文で「河川」も対象に含めたため，救済の範囲が拡大したのです。

2　設置・管理の瑕疵

（あ）高知落石判決

それでは，公の営造物の設置・管理に瑕疵があったか否かは，どのように判断されるのでしょうか。これについて判断した重要な先例が，高知落石判決（最判昭和45年8月20日民集24巻9号1268頁・百選II230）です。

> **判　例　高知落石判決**
>
> 　降り続いた雨や長年の風化が原因で，高知県内を通る国道56号線で落石事故が発生し，死者が出ました。道路の管理に瑕疵があったことを追及された国と県は，道路における崩土・落石の危険性に対して，防護柵・防護覆を設置したり金網を張るといった対策をとることは，予算の制約もあり無理だったと主張しました。
>
> 　最判昭和45年8月20日民集24巻9号1268頁・百選II230は，「国家賠償法2条1項の営造物の設置または管理の瑕疵とは，営造物が通常有すべき安全性を欠いていることをいい，これに基づく国および公共団体の賠償責任については，その過失の存在を必要としない」，「本件道路における防護柵を設置するとした場合，その費用の額が相当の多額にのぼり，県としてその予算措置に困却するであろうことは推察できるが，それにより直ちに道路の管理の瑕疵によって生じた損害に対する賠償責任を免れうるものと考えることはできないのであり，その他，本件事故が不可抗力ないし回避可能性のない場合であることを認めることができない旨の原審の判断は，いずれも正当として是認することができる」と述べて，請求を認容しました。

高知落石判決の要旨は，次の3点に整理されます。①営造物の設置・管理の瑕疵とは，「通常有すべき安全性」をいう。②国賠法2条に基づく国・公共団体の賠償責任は，無過失責任である。③道路に防護柵を設置するとしたら，相当多額の予算がかかるが，それによって国・公共団体が道路事故の損害賠償責任を免れるための言い訳にすることはできない（予算抗弁の排斥）。この3点に注目することで，国賠法2条の理解はだいぶ整理されます。

（い）「通常有すべき安全性」

　「通常有すべき安全性」が欠けているとされる典型例は，営造物に本来の用法を妨げるような致命的欠陥が含まれている場合です。道路に穴ぼこが空いていて自動車や二輪車の安全な通行に支障を来す場合や，道路の防護柵が非常に脆くて壊れやすい場合などを思い浮かべてください。そして，「通常」という言葉からわかるように，この概念を読み解くためには，社会通念との関係を避けて通ることができません（田舎の生活道路ならば，多少の凸凹があっても許容されますが，高速道路では道路の整備不良は命に関わります）。さまざまな意味で，「通常」とは言えないようなケースが問題となるからです。

　第1は，使用者が営造物の本来の用法に属しない異常な行動をとっていたような場合です。神戸市（Y）の設置した道路の防護柵（ガードレール）に後ろ向きで腰かけて遊んでいた6歳の子ども（X）が，転落して重傷を負いました。この場合，防護柵は「通常有すべき安全性」を欠いていたと言えるのでしょうか。最判昭和53年7月4日民集32巻5号809頁は，「Xの転落事故は，同人が当時危険性の判断能力に乏しい6歳の幼児であったとしても，本件道路及び防護柵の設置管理者であるYにおいて通常予測することのできない行動に起因するものであったということができる。したがって，右営造物につき本来それが具有すべき安全性に欠けるところがあったとはいえず，Xのしたような通常の用法に即しない行動の結果生じた事故につき，Yはその設置管理者としての責任を負うべき理由はない」として，Xからの請求を退けました。通常の用法から外れる使われ方をした場合まで設置管理者が責任を負うとなると，設置管理者はさまざまな使われ方を想定して対策を練らなければならないこととなるため，最高裁の結論は常識的なものと言えます。

　この論理は，最判平成5年3月30日民集47巻4号3226頁・百選Ⅱ235に引き継がれています。事案は，5歳の子どもが町立中学校の校庭のテニスコートの審判台に上り，後ろから降りようとしたためにバランスを崩し，下敷きとなって死亡したという痛ましいものです。最高裁は，「審判台は，審判者がコート面より高い位置から競技を見守るための設備であり，……通常有すべき安全性の有無は，この本来の用法に従った使用を前提とした上で，何らかの危険発生の可能性があるか否かによって決せられる」として，本来の用法に従って使用

する限り審判台は転倒の危険を有するものでなかったこと（何より，中学校の生徒らがこれを使用していた20年余の間まったく事故がなかったこと）を認定し，「幼児がいかなる行動に出ても不測の結果が生じないようにせよというのは，設置管理者に不能を強いるものといわなければならず……通常予測し得ない異常な方法で使用しないという注意義務は，利用者である一般市民の側が負うのが当然であり，幼児について……第一次的にその保護者にある」として，保護者からの国賠請求を認めませんでした。

　第2は，技術革新を伴う設備であって，当時はその技術が十分に普及しておらず，いわば標準装備とは言えなかったような場合です。この点が争われたのが，点字ブロック事件です。視力障害者の方が，国鉄大阪環状線福島駅のホームから転落し，両足を切断する重傷を負ったため，「公の営造物」である駅のホームに点字ブロックが設置されていないことは「通常有すべき安全性」を欠いたものであると主張して，国鉄（当時の国鉄は「公共団体」とされていました）に対して損害賠償を請求したという事案です。

　現在の感覚では，駅のホームに点字ブロックが敷設されていないことなど考えられませんから，疑いなく「通常有すべき安全性」の欠如が認められるのではないでしょうか。しかし，この事故が起きた昭和48年当時，点字ブロックはまだ開発されたばかりの最新設備であり，十分に普及していませんでした。

　最判昭和61年3月25日民集40巻2号472頁・百選Ⅱ234は，「点字ブロック等のように，新たに開発された視力障害者用の安全設備を駅のホームに設置しなかったことをもって当該駅のホームが通常有すべき安全性を欠くか否かを判断するに当たっては，その安全設備が，視力障害者等の事故防止に有効なものとして，その素材，形状及び敷設方法等において相当標準化されて全国的ないし当該地域における道路及び駅のホーム等に普及しているかどうか，当該駅のホームにおける構造又は視力障害者の利用度との関係から予測される視力障害者の事故の発生の危険性の程度，右事故を未然に防止するため右安全設備を設置する必要性の程度及び右安全設備の設置の困難性の有無等の諸般の事情を総合考慮することを要する」として，請求を退けました。

点字ブロック事件は40年前の出来事ですが，同じような転落防止の設備として，現在ではホームドアが開発されています。国鉄は民営化されて JR 各社に変わったため，市営地下鉄の駅の事案として考えてみましょう。

あなたが誤って駅のホームから転落して怪我をした場合，ホームドアがなかったことは「通常有すべき安全性」を欠いていたと主張すれば，市に対する損害賠償は認められるでしょうか？　ホームドアの場合，線路に落下することを物理的に食い止めてくれますし，酩酊者や急病人にも対応できますから，点字ブロックよりも効果は絶大です。

その反面，敷設が比較的安価で済む点字ブロックと比べて，ホームドアは大掛かりな設置工事が必要なので，利用者が多い都市部の駅ならともかく，費用対効果の面で，ローカル線も含めたすべての駅に設置されることは現実的ではありません。どんな秘境駅にでも点字ブロックがあるのとは対照的ですね。

（う）無過失責任

国賠法１条が明文で故意・過失の存在を要件としているのに対して，国賠法２条では営造物の設置・管理の瑕疵さえあれば損害賠償責任が認められる建前になっていて，これを「無過失責任」と表現することがあります。しかし，国賠法２条が問題となる局面ならば，いかなる場合でも常に，国が損害賠償責任を負うというわけではありません。高知落石判決でも，事故が不可抗力に基づく場合や回避可能性のない場合には，免責の余地が認められていたことに注意しましょう（不可抗力については⇒**第 13 講**・229頁）。

国賠法２条に関して，実質的に「過失責任」をとったというべき判断がされた事案があります。１時間前に走っていた自動車が道路工事の標識板，バリケード，赤色灯標柱を倒したことにより，後続車が工事現場に突っ込んで死亡事故を起こしたという事案において，最判昭和50年６月26日民集29巻６号851頁は，「道路の安全性に欠如があったといわざるをえないが，時間的に被上告人〔県〕において遅滞なくこれを原状に復し道路を安全良好な状態に保つことは不可能で……道路管理に瑕疵がなかった」として，時間的余裕がなかったことを理由に損害賠償を認めなかったのです。

他方で，87時間にわたり故障車を道路上に放置していたことで二輪車が追突

したという事案では，最判昭和50年7月25日民集29巻6号1136頁・百選Ⅱ231もさすがに瑕疵を認めています。

　無過失責任の建前と矛盾するのではないかという疑問と整合性をとるために，最高裁も，「過失がなかった」ではなく，「瑕疵がなかった」という表現を用いていますが，行政に対して無理を強いているわけではないことは確かです。

（え）予算抗弁の排斥

　高知落石事件において，最高裁は，道路に関しては予算抗弁が認められないとしました。しかし，河川管理の瑕疵が問題となった水害訴訟では，道路と河川の差異を考慮して，これとは異なる判断が出されています。

　というのも，道路は，国・公共団体が造り出した人工公物であり，供用開始の時点で安全に通行できることが求められるため，事故が起きたときに国・公共団体の責任を認める論理が立てやすいのです。通行に支障が生じたら通行止めにしなければならず（飛騨川バス転落事故：名古屋高判昭和49年11月20日判時761号18頁），通行を認めた以上は，（設計強度の範囲内では）絶対の安全性が求められるのです。逆に言えば，道路を通行止めにしてしまえば，事故は生じようがありません。

　これに対して，国家の設立以前から自然のうちに存在する河川（自然公物）は，本来的に危険を伴うものであって，国・公共団体が財政的・技術的・社会的制約をふまえつつ，ダムの開発や堤防の整備といった防災対策を施すことで，事後的に危険に対処してゆくべきものです。何よりも，大雨が降って危険な状態になっても，流水を止めることはできません。

　こうした考え方に立ち，大東水害訴訟において，最判昭和59年1月26日民集38巻2号53頁・百選Ⅱ232は，「未改修河川又は改修の不十分な河川の安全性としては，右諸制約のもとで一般に施行されてきた治水事業による河川の改修，整備の過程に対応するいわば過渡的な安全性をもって足りるものとせざるをえない」としました。

　他方で，改修完了河川については，多摩川水害判決：最判平成2年12月13日民集44巻9号1186頁・百選Ⅱ233が，「その改修，整備がされた段階において想定された洪水から，当時の防災技術の水準に照らして通常予測し，かつ，回避

し得る水害を未然に防止するに足りる安全性を備えるべき」としています。

　河川訴訟における最高裁の考え方は，未改修の河川は未改修なりの過渡的な安全性を，改修済みの河川は設計強度に応じた安全性を要求するものと整理できるでしょう。

3　供用関連瑕疵

　国賠法2条が本来想定しているのは，公の営造物の利用者との関係での安全性の欠如です。空港ならば，旅客や乗員にとって安全に飛行機を運航できる環境が求められますし，道路ならば，ドライバーや歩行者が安全に通行できる環境が求められます。

　ですが，空港や道路については，利用者である旅客やドライバーが通常の使用をしているうちに，施設利用者以外の第三者（多くは周辺住民）に向けて，騒音や振動などの被害が発生することがあります。このように，営造物が供用目的に沿って利用されることとの関連において，その利用者以外の第三者に対して危害を生ぜしめる危険性がある場合を指して，空港や道路に「供用関連瑕疵（機能的瑕疵）がある」と表現します。

　供用関連瑕疵は，「通常有すべき安全性」を欠くものとして，国賠法2条の「設置・管理の瑕疵」に含まれます。そのために，施設の利用者にとっては瑕疵がなくとも，国・公共団体は，被害を受けた周辺住民に対して損害賠償をしなければいけません。大阪空港判決（最大判昭和56年12月16日民集35巻10号1369頁・百選Ⅱ236）や国道43号線判決（最判平成7年7月7日民集49巻7号1870・2599頁）以来，供用関連瑕疵は判例でも広く認められており，施設の発する騒音や振動の被害をめぐって，周辺住民が公害訴訟を提起する際の理論的な根拠となっています。

ことば　**受忍限度論**

　騒音，振動，悪臭といった生活環境上の侵害に関して損害賠償の請求が認められるためには，被害者において我慢の限界（受忍限度）を超えた被害が認められることを要するという考え方が，受忍限度論です。私たちは自然界で生活する中で，常に一定程度の騒音や振動，においに取り囲まれており，神経過敏な人には気の毒で

すが，通常一般人の感覚においてやむを得ない程度までは，騒音，振動，悪臭も我慢しなければいけません。しかし，侵害が受忍限度を超えてしまった場合には（この境界の値を閾値とよびます），損害賠償の請求が認められることになります。

第3節　国家賠償の諸問題

1　国賠法1条と2条の競合

　国賠法1条が念頭に置くのは，担当職員に人的なミス（故意・過失）があった場合です。これに対して，国賠法2条は，行政が管理する公の営造物に物的なミス（瑕疵）があった場合を対象とする点で異なります。しかし，道路管理職員が87時間も故障した車両を放置していた最判昭和50年7月25日の事例のように，公の営造物に物的なミスがあるというのは，その営造物を管理する担当職員のミスであることもしばしばです。このような場合，国賠法1条と2条のいずれを適用すべきなのでしょうか。実は，国賠法1条と2条の適用は相互排他的ではなく，両方が競合することも妨げられません。したがって，裁判では，いずれか立証しやすいほうが根拠規定として主張されることになります。

2　費用負担の問題（国賠法3条）

　行政活動の中には，事業を遂行する主体（管理者）と費用を負担する主体（費用負担者）が異なるものが存在します。代表例が，市町村立学校に勤務する教職員の給与を都道府県が負担している県費負担教職員（市町村立学校給与負担法1条・2条）です。この場合，管理者以外に，費用負担者もまた国賠責任を負担します（国賠法3条1項）。

　となると，県費負担教職員が市立学校での不注意により学校事故を招いたような場合には，被害者は，県（費用負担者）と市（管理者）のいずれに対して請求すればよいのかという問題が生じます。この場合には，被害者の救済のために，県・市のいずれを相手にしても，全額の請求が認められます。県と市は共同不法行為責任を負うことになり，それぞれの債務は不真正連帯債務となるわけです。

そして，県と市は，内部での責任割合に応じて互いに求償権を行使することで，事後的に清算を行います（国賠法 3 条 2 項）。ちなみに，最判平成21年10月23日民集63巻 8 号1849頁・百選Ⅱ238は，県費負担教職員について，県と市の内部関係では，県が負担すべきなのは教職員の給与に限られており，損害賠償費用などは，学校の設置者である市が「公共団体の事務を行う経費」として全額負担すべきであるとしました。

3　民法の適用（国賠法 4 条）

　国賠法は民法の特別法ですから，時効（民法724条）など，国賠法に定めのないことについては，民法に従います。

　最判昭和53年 7 月17日民集32巻 5 号1000頁・百選Ⅱ239は，失火責任法のような民法付属法規も，ここに含まれるとしました。失火責任法は，「民法第709条ノ規定ハ失火ノ場合ニハ之ヲ適用セス但シ失火者ニ重大ナル過失アリタルトキハ此ノ限ニ在ラス」という 1 か条だけの法律ですが，軽過失の場合について免責することを定めたものです。

　ただし，公務員は専門家である以上失火責任法の軽過失免責を認めたことに疑問が向けられているほか，仮に軽過失免責を認めたとしても，この判例は，消防職員が残り火の不始末を起こしたという事案であり，私は結論的には重過失と評価してもよかったように思います。

4　他の法律の適用（国賠法 5 条）

　民法以外の特別法があるときには，そちらの定めが優先されます。この中には，国賠法の規定よりも国・公共団体の責任を加重するものや軽減するものなどがありますが，あまりに責任の軽減の程度が著しい場合には，憲法17条との関係が問題となります。

　最大判平成14年 9 月11日民集56巻 7 号1439頁・百選Ⅱ240は，当時の郵便法68条・73条が，①書留郵便物に関しては，郵便業務従事者に故意・重過失による不法行為に基づく損害が生じた場合であっても，国の免責・責任制限を認めていたこと，②特別送達郵便物については，郵便業務従事者の軽過失による不法行為に基づく損害が生じた場合にも，国の免責・責任制限を認めていたこと

について，このように免責・責任制限を幅広く認めることは，立法目的を達成する手段としての必要性・合理性を欠くものであり，違憲であると判断しました。

Tea Break　**国家権力の制約**

　公法学の根底にある考え方は，立憲主義とよばれます。権力は暴走しやすいので，国民の制定した憲法により権力を適切に制約しなければならない，という思想のことです。国民主権，権力分立，基本的人権の尊重という基本原理は，すべて権力を制約するという発想に立脚しています（ただ，それならばもう少し言葉の意味に忠実に，「権力制約主義」といった言葉遣いをしてほしいものです）。

　いかに時代が変わっても，立憲主義が基軸に据えられるべきことは疑いありません。ただ，私は，日本のような成熟した社会の行政実務においては，こうした「権力への懐疑」を前面に打ち出す理論ばかりでなく，適時・適切な権力行使の基準ないし枠組み（これを「行為規範」とよぶことがあります）を構築する理論も必要になっていると思います。誤解されやすい話題なので，慎重に説明すると，行政介入請求（⇒**第10講**・160頁，201頁）に見られるように，現代の行政には，公共の利益を守るために，時として特定の者に対する果敢な規制権限（不利益処分）の行使が求められる局面が増えています。しかし，規制を受ける「特定の者」にとっては，これは憎むべき権力の行使なので，猛反発を受けますし，行政のほうも腰が引けてしまいます。ところが，あまりに腰が引けていると，公害や薬害，消費者被害が拡大するなど，「特定の者」以外のすべての人の公共の利益が損なわれて，後から行政の怠慢であったと非難を浴びることになります。

　元々，権力を濫用しようとして公務員をめざす人などいないでしょうし，実際に権力を濫用しようとする人もごくわずかです。むろん，そうしたごくわずかな悪人のために，膨大なコストをかけて立憲主義的法制を構築し，運用していかなければならないことは間違いありません。しかし，私は，正解の存在しないリスク社会において，大多数の善良な公務員のみなさんが，勇気をもって的確に公共の利益を守るための活動をしていくことを後押しするような行為規範を提示していくことも，これからの行政法学者の大切な役割であると考えています。

第**13**講　損失補償，国家補償の谷間，救済の限界

第1節　損失補償

1　総　　説

（あ）概　　要

　損失補償とは，①国・公共団体の適法な公権力の行使により財産権が侵害され，②特別の犠牲が生じた者に対して，公平の見地から，全体の負担において金銭でその損失を補填することを意味します。国家賠償が違法な行政活動に起因する損害の補填であるのに対して，損失補償は，適法な行政活動に起因する損失の補填である点で異なります。損失補償が要請される背景には，社会全体の利益のために特別の犠牲を払った者には，公平の観点からその損失を補償されるべきであるという考え方があります。

（い）憲法上の根拠

　損失補償の憲法上の根拠は，同法29条3項（私有財産は，正当な補償の下に，これを公共のために用ひることができる。）に求められます。憲法29条は財産権条項とよばれており，同条1項（財産権は，これを侵してはならない。）は，不可侵の人権として，国民の財産権を保障している規定です。財産権がいかなる局面においても例外なく不可侵であるならば，権利者の同意がない限り，財産を収用することはできません。しかし，鉄道・道路といったインフラの建設のためには，どうしても国民の土地・家屋などの大切な財産をその意に反して収用しなければならない局面が出てきます。この問題を解決するために置かれたのが

同条3項であり，公共のための必要が生じたときは，私有財産を収用することができる旨を定めるとともに，大切な財産を収用されてしまう人に対しては，一般公共の利益のために特別な財産的犠牲を払ったものとして，税金を原資とする国家財政から補償を受けることができるという規定です。

（う）法律上の根拠

国家賠償について通則法としての国賠法が制定されているのとは異なり，損失補償に関する通則法は存在しておらず，個別法の中で損失補償条項が置かれているにとどまります。土地収用法68条以下や，消防法29条3項など，本講の中でふれることにします。

（え）個別法に補償規定が置かれていない場合の対処

問題は，憲法上，補償をすべきことが要請されるにもかかわらず，財産権の制約を根拠付ける個別の法律に補償規定が置かれていない場合です。裁判所としては大きく2つの対処方法が考えられます。（a）違憲無効説は，問題となっている法律は，補償規定が置かれていなければいけないにもかかわらず，補償規定を欠く欠陥法律であるとして，法律を違憲無効にする考え方です。これに対して，（b）直接請求容認説は，法律を違憲無効にせず，憲法29条3項を直接の根拠に，補償請求を認める考え方です。

このことが争われたのが，名取川砂利採取事件です。砂利採取業者Yは，河川堤外民有地を賃借した上で資本を投じて砂利採取業を営んでいたところ，数年後，その土地が河川附近地制限令に基づく河川附近地に指定され，知事から砂利採取許可も得られなかったために，適法に砂利採取を続けることができなくなりました。それにもかかわらず，Yは従前通り砂利の採取を続けたために，河川附近地制限令4条2号違反で起訴されました。被告人となったYは，補償をせずに砂利採取の権利を制限することは違憲であり，河川附近地制限令は違憲な法令として無効であるから，自分は無罪であると主張しました。

最大判昭和43年11月27日刑集22巻12号1402頁・百選Ⅱ247は，砂利採取が禁止されることにより生じる損失は補償の対象となり得るけれども，「直接憲法29条3項を根拠にして，補償請求をする余地が全くないわけではないから」，損失補償の規定を置いていない河川附近地制限令は違憲無効ではないとしました。最高裁は，（b）直接請求容認説を採用したわけです。

> **＊ 給付訴訟としての実質的当事者訴訟**
>
> 　国や地方公共団体に対して損失補償を請求する訴えは，給付訴訟としての実質的当事者訴訟（行訴法4条）の典型です（⇒**第10講**・168頁）。

　財産に制約を加えられた人の立場から見れば，（b）直接請求容認説のほうが好ましいようにも思えます。しかし，個別法に補償規定が置かれていないということは，立法者である国会が，補償規定は必要がないと考えて，あえて置かなかったということです。損失補償の財源は，言うまでもなく，国民の税金です。ならば，裁判所が個別の事例ごとに救済の必要性やその額について判断を下すのではなく，（a）違憲無効説のように，法律を違憲無効にしてボールを国会の手に渡し，あらためて国民の代表である国会の立法的な対応を求めるほうが，理にかなっているように思われます。

2　補償の要否

（あ）「特別の犠牲」

　損失補償を支払うべきかどうか（補償の要否）は，その人の払ったものが「特別の犠牲」に当たるか否かで判断されます。「特別の犠牲」は，一般公共の利益のために誰か特定（範囲）の個人が財産的な損失を被った場合を指すとされます。公共の利益のために「特別の犠牲」を払った人がいた場合，みんなから集めた税金の中からその人が被った損失を補償しないと，公平の理念に反するからです。

　「特別の犠牲」は，具体的には，①侵害行為の特殊性，②侵害行為の強度，③侵害行為の目的といったさまざまな要素の総合判断で決められます。ただし，やはり「特別の」というだけあって，①侵害行為の特殊性が重要です。たとえば，日銀が通貨を大量発行したことにより，急激なインフレーションが進行したような場合，（外国と比較すると）個々の国民の有する資産の価値は暴落するわけですが，損失の補償は必要でしょうか。この場合，国民の有する資産の価値がひとしく目減りしており，侵害行為の特殊性に欠けるため，「特別の犠牲」とは言えません。

　戦前のわが国には，大陸などに渡り，多くの財産を投じて商売をしていた人たちがいました。しかし，敗戦によって，こうした在外資産は事実上または法的に外国に接収されてしまいました。こうした在外資産の補償の要否について，最大判昭和43年11月27日民集22巻12号2808頁は，戦争損害は国民のひとしく受忍しなければならなかったところであるという理由で，補償を認めませんでした。

（い）財産権に内在する制約（内在的制約）

　ある人が享受していた財産的利益が，元々財産権に内在する制約であった場合には，補償は不要であると考えられます。少し難しいので，奈良県ため池条例事件を例に見ていきましょう。私有地であるため池の堤とうでは，昔から耕作が行われてきたのですが，それによって堤とうの地盤が弱り，大雨の際に決壊して洪水を引き起こすことがしばしばでした。そこで，昭和29年に，奈良県は「ため池の保全に関する条例」を制定して，ため池の堤とうに農作物を植えることを禁止しました。それにもかかわらず，Ｙらは先祖代々の権利だからとして耕作を続けたために，裁判所で罰金刑を受けました。Ｙらは，ため池の堤とうでの耕作を無補償で禁止することは，補償なしに財産権を制限することを禁じた憲法29条3項に違反するから，条例は違憲無効であり，自分は無罪であると主張しました。

　最大判昭和38年6月26日刑集17巻5号521頁・百選Ⅱ246は，ため池の堤とうに農作物を植えることを禁止するのは，財産権の行使をほぼ全面的に禁止するものではあるけれども，災害を防止して公共の福祉を保持する上で社会生活上やむを得ない制約であって，ため池の堤とうについて財産権を有する者が当然受忍しなければならない責務であるとしました。言い換えれば，ため池の堤とうを使用する権利には，元々内在的な制約が付されており，ため池の堤とうが破壊されるような態様での使用は，そもそも憲法の財産権保障の埒外にあるとしたのです。

　元々財産権の補償範囲外である以上，Ｙらに対して損失補償を支払う必要はありません。こうして，最高裁は，補償なしに財産権制限を定めた奈良県ため池条例は違憲とは言えないとしました。

（う）警察規制と内在的制約

　同じような事理は，爆発物，武器，毒物等の危険物のように，厳しい要件の下に所有することが認められているものにもあてはまります。たとえば輸入禁制品である薬物や銃火器を国内に持ち込もうとすれば，税関検査で容赦なく没収されますが（図画や書籍の場合と取扱いが異なります⇒**第7講**・111頁），このとき，没収の対価についての要求を認めることはできませんよね。よく考えれば末端価格で数億円の薬物が無償償で没収されているわけで，財産権の重大な侵害ではないのかとも思えるのですが，そのような主張を認めるのはナンセンスです。

　他にも，例として挙げられるのが，破壊消防です。現に燃えているか延焼のおそれのある建物は，消防活動の中で，補償なしに破壊することが許されます（消防法29条1項・2項）。ここでも財産権の内在的制約という理由付けが用いられるのですが，すでに燃えている（あるいは，燃えているのと同然である）ので，財産権が無価値になっていると考えてよいでしょう。これに対して，延焼のおそれのない建物を，人命救助や消火活動の効率性などを理由に破壊する場合には，補償が必要となります（同条3項，最判昭和47年5月30日民集26巻4号851頁・百選Ⅱ241）。

　ところで，まだ燃えているわけではないのに，消防法29条2項が損失補償なしの破壊消防を認めているのは，現代の感覚では違和感を覚えるかもしれません。これは「紙と木でできている」などと揶揄されるほど燃えやすかった昔の日本家屋を想定した規定であり，不燃性の住宅が増えた現代では，消防法29条2項の認定は限定的になされるものと思われます。

---

§　消防法（昭和23年法律第186号）

第29条　消防吏員又は消防団員は，消火若しくは延焼の防止又は人命の救助のために必要があるときは，火災が発生せんとし，又は発生した消防対象物及びこれらのものの在る土地を使用し，処分し又はその使用を制限することができる。

2　消防長……は，火勢，気象の状況その他周囲の事情から合理的に判断して延焼防止のためやむを得ないと認めるときは，延焼のおそれがある消防対象物及びこれらのものの在る土地を使用し，処分し又はその使用を制限することができる。

3　消防長……は，消火若しくは延焼の防止又は人命の救助のために緊急の必要があるときは，前2項に規定する消防対象物及び土地以外の消防対象物及び土地を使用し，処分し又はその使用を制限することができる。この場合においては，そ

> のために損害を受けた者からその損失の補償の要求があるときは，時価により，
> その損失を補償するものとする。

　判断が難しいのが，ガソリンタンク事件です。ガソリンタンクは危険物であるため，道路等からは一定の距離を離して設置する必要があります。石油会社がガソリンタンクを設置し，適法に維持管理していたところ，国が地下道を新設したために，石油会社は，ガソリンタンクの移設工事をせざるを得なくなりました。そこで，この移設工事は，地下道の新設に起因するものなのだからという理由で，道路法70条1項に基づき，国に損失補償を請求しました（道路法70条1項は，土地収用法75条と同様に，移転料の補償について定めた規定）。

　ところが，最判昭和58年2月18日民集37巻1号59頁・百選II242は，「警察法規が一定の危険物の保管場所等につき保安物件との間に一定の離隔距離を保持すべきことなどを内容とする技術上の基準を定めている場合において，道路工事の施行の結果，警察違反の状態を生じ，危険物保有者が右技術上の基準に適合するように工作物の移転等を余儀なくされ，これによって損失を被ったとしても，それは道路工事の施行によって警察規制に基づく損失がたまたま現実化するに至ったものにすぎず，このような損失は，道路法70条1項の定める補償の対象には属しない」として，損失補償を認めませんでした。この判決の背後には，そもそも警察規制に係る被規制者の財産権は多くの負担と引き換えに認められるものだという発想が垣間見えます。危険物を所有するためにはお金をかけて安全設備を維持・管理する義務が課せられるわけですが，それと同じということです。

（え）目的外使用許可の撤回と損失補償

　目的外使用許可の撤回（⇒**第4講・**57頁）と損失補償との関係が争われたのが，中央卸売市場事件です。昭和21年，Xは，Y（東京都）から，中央卸売市場の中にある土地を，使用期間の定めなしに，事業用地として使わせてもらうことになりました。この事案では，そのうち1044坪の土地が問題となったのですが，Xは，昭和24年末に建坪55坪の木造平屋の喫茶店を開業した以外は，これを放置していました。昭和32年になって，Yは，この土地を卸売市場用地として使用するために，960坪の使用許可を取り消しました（講学上の「撤回」に

当たります）。Ｘは，960坪の使用許可取消しは，Ｘに特別の犠牲を課すものであるとして，Ｙに損失補償を請求したところ，控訴審がこれを認めたため，事件は最高裁に持ち込まれました。

　最判昭和49年２月５日民集28巻１号１頁・百選Ⅰ87は，「行政財産たる土地につき使用許可によって与えられた使用権は，それが期間の定めのない場合であれば，当該行政財産本来の用途または目的上の必要を生じたときはその時点において原則として消滅すべきものであり，また，権利自体に右のような制約が内在しているものとして付与されているものとみるのが相当である。すなわち，当該行政財産に右の必要を生じたときに右使用権が消滅することを余儀なくされるのは，ひっきょう使用権自体に内在する前記のような制約に由来するものということができるから，右使用権者は，行政財産に右の必要を生じたときは，原則として，地方公共団体に対しもはや当該使用権を保有する実質的理由を失うに至る」として，損失補償は不要であるとしました。元々行政財産は行政目的のために使われるべきもので，持て余しているから（遊休財産であるから）目的外使用許可という形でＸに使用させていたにすぎず，本来の目的のために使用する必要が生じたときは，いつでも目的外使用許可は撤回されることが内在されているという趣旨です。

　ただし，最高裁は，「使用権者が使用許可を受けるにあたりその対価の支払いをしているが当該行政財産の使用収益により右対価を償却するに足りないと認められる期間内に当該行政財産に右の必要を生じたとか，使用許可に際し別段の定めがされている等により，行政財産についての右の必要にかかわらず使用権者がなお当該使用権を保有する実質的理由を認めるに足りる特別の事情が存する場合」には，例外的に損失補償が認められ得るとしています。これは，行政財産の目的外使用許可を得て事業を行おうとしたけれども，投下資本がまだ回収できていない段階で返還を迫られたような場合です。

3　補償の水準
（あ）完全補償説と相当補償説
　損失補償の水準（いかなる基準に基づいて，補償額を算定するか）に関しては，（ａ）生じた損失を市場価格により算定して完全に補うことのできる補償額が

必要であるとする完全補償説と，（b）合理的な理由があれば，市場価格を下回る社会通念上相当な補償額でも許容されるとする相当補償説の対立があります。憲法29条1項が不可侵の人権として財産権を保障しており，憲法29条3項は損失補償と引き換えにその財産を収用することを認めるものであるという趣旨から考えれば，完全補償説が妥当です。

（い）農地改革と最高裁判例

ところが，最大判昭和28年12月23日民集7巻13号1523頁・百選Ⅱ243は，憲法にいう正当な補償とは，その当時の経済状態において成立することが考えられる価格に基づき「合理的に算出された相当な額をいう」として，相当補償説に立った判決を出しています。ただし，これは戦後間もない農地改革の事案であるという文脈を考慮に入れなければいけません。戦後の農地改革において大量の所有地を手放すことになった地主に対する補償が争われた事案なのです。

学説では，農地改革によりようやく新憲法を受け容れる素地が整ったものであり，農地改革そのものには日本国憲法の財産権保障は及ばないと考えて，最大判昭和28年12月23日の結論自体は支持されています。しかし，現在では，この事理は農地改革のような究極的な状況に限定される，非常に特殊なケースとして理解するのが一般的です。

ことば　農地改革

　地主による大土地所有が日本の近代化・民主化を阻んできた要因であるとして，戦後，占領軍の主導で大規模に行われた改革。自作農創設特別措置法に基づき，政府が地主から土地を非常に安い価格で買い取り（農地買収処分），小作農に売り渡しました（農地売渡処分）。これによって自作農を中心とする戦後農業の根幹が形成されたと言われます。

（う）土地収用法と現在の実務

土地収用法の解釈においては，最判昭和48年10月18日民集27巻9号1210頁・百選Ⅱ245が，完全補償説を採用することを明言しています（土地収用法のシステムについては⇒**第9講**・143頁）。ただ，大法廷判決ではないので，最大判昭和28年12月23日は（形式的には）現在でも変更されていないことになります。

もっとも，土地収用法に限らず，現在の行政実務は，すべて完全補償説で動いています。

　土地収用法の個別の規定を見ていくと，まず，土地を収用することによって土地所有者・関係人が受ける損失は，起業者が補償しなければならないこと（同法68条），補償は金銭で支払うこと（同法70条），権利対価補償の額は，事業認定の告示の時の近傍類地の取引価格等を考慮して算定した「相当な価格」に，権利取得裁決の時までの物価の変動に応ずる修正率を乗じて得た額とすること（同法71条）が定められています。事業認定時の価格で固定して，その後の値上がりは考慮しないということです。

　それ以外にも，一団の土地の一部を収用すれば，残地にも影響が及ぶことにかんがみて，残地の価格が減じるときは，その損失を補償すること（残地補償，同法74条1項），残地に通路，みぞ，かき，さくその他の工作物の新築等をする必要が生ずるときは，その費用を補償すること（みぞ・かき補償，同法75条），残地だけでは使い物にならないときは全部の収用を請求することができること（残地収用請求権，同法76条1項）が定められています。収用する土地に物件があるときは，その移転料についても補償する必要があります（移転料補償，同法77条）。これらは，土地を収用または使用することにより土地所有者・関係人が通常受ける損失に関する補償であることから，通損補償とよばれます。

ことば　任意買収

　実際には，強制収用まで至る前に，起業者と土地所有者との間での売買契約が成立することがほとんどであり，これを任意買収とよびます。任意買収は行政契約であり（⇒**第5講**・74頁），強制収用の場合とあまりに売却額に差異を生ぜしめてもいけないので，実務上，「公共用地の取得に伴う損失補償基準要綱」（昭和37年6月29日閣議決定）に従って行われています。ただし，これは要綱にすぎないため，強制収用については，平成14年に，「土地収用法第88条の2の細目等を定める政令」が定められて，収用委員会を拘束する実定法上の根拠が設けられました。

> **ことば　生活権補償**
>
> 　通損補償に対して，住み慣れた土地の移転を余儀なくされる人々が生活再建に要する費用まで含めて補償することを，生活権補償とよんでいます。行政実務は，生活権補償の要否は政策的な判断に委ねられているとして（政策補償⇒227頁），特別な立法がない限り，生活権補償までは必要ないという考え方が主流です（なお，学説の中には，用語法として，生活権補償も「通常受ける損失」に含まれるとするものがあります）。生活権補償を定めた立法例としては，ダム建設に伴い立退きを余儀なくされる者について，①宅地，農地など土地の取得，②住宅，店舗など建物の取得，③職業の紹介，指導，訓練，④土地の環境整備といった生活再建のための措置のあっせんについて規定した水源地域対策特別措置法8条があります。

第2節　国家補償の谷間

（あ）概　　要

　国家賠償と損失補償は，それぞれの沿革はだいぶ異なるものの，国家賠償が違法で故意・過失ある公務員の行為（行政活動）から私人に生じた財産的損害を賠償するものであり，損失補償は適法な行政活動から私人に生じた財産的損害について補償するものであるという点で，機能的にはかなり接近しています。しかし，両者の定義から見ると，行政活動が違法であるけれども，担当公務員に故意・過失がないとき（違法・無過失であるとき）は，救済の谷間に陥ることになります。これが，**国家補償の谷間**とよばれる問題です。

　国家賠償：　行政活動が違法で故意・過失があるとき（違法・有過失）の財産的損害の救済

> Q．違法・無過失であるときはどうなるの？　→　国家補償の谷間

　損失補償：　行政活動が適法であるときの財産的損害の救済

（い）予防接種禍

　国家補償の谷間という問題が意識されるようになったのは，予防接種禍においてです。予防接種では，弱い病原体（ワクチン）を人体に注射することで，

抗体をつくるという原理が用いられています。ほとんどの人にとって微弱な副作用しか生じないワクチンですが，稀に禁忌者とよばれる人がいて，重篤な副作用を生じることがあります。これが予防接種禍の問題です。

　ところが，現在の医学水準では，完全に副作用を予見することは困難です。どんなに気を付けて制度を構築しても，10万人に2〜3人のレベルの重篤な副作用が不可避的に生じてしまうのです。予見可能性がないので，理論上，過失は認められません。

　さらに，予防接種禍は，生命・身体の損害であって財産の損害ではないため，そのままでは損失補償の対象にはなりません。

（う）さまざまなアプローチ

　予防接種禍に対して救済が必要であることに異論はなく，問題はどのようなアプローチをとるかです。第1に考えられるのが，（a）損失補償からのアプローチです。たしかに損失補償は，財産上の侵害を対象とするのですが，財産の侵害について損失補償がされるのに，より重要な生命・身体の侵害について損失補償がなされないのは不合理です。このアプローチでは，財産の侵害についてすら損失補償がなされるのだから，より重要な生命・身体の侵害についてはもちろん損失補償がなされるべきと考えることになります。

　東京地判昭和59年5月18日判時1118号28頁は，「憲法13条後段，25条1項の趣旨に照らせば，財産上特別の犠牲が課せられた場合と生命，身体に対し特別の犠牲が課せられた場合とで，後者の方を不利に扱うことが許されるとする合理的理由は全くない。従って，生命，身体に対し特別の犠牲が課せられた場合においても，右憲法29条3項を類推適用し，かかる犠牲を強いられた者は，直接憲法29条3項に基づき，被告国に対し正当な補償を請求することができる」と述べて，損失補償を認めました。

　（a）のアプローチに対しては，損失補償さえなされれば生命・身体の侵害を認めるということになりかねないという批判があります。しかし，そのようなことまで含意するものではないという反論が可能です。

　第2に考えられるのが，（b）国家賠償からのアプローチであり，国には医師が予診を十分に行うことによって禁忌者を的確に識別・除外する組織体制を構築する責任があり，その体制構築を怠ったことに注意義務違反を見出す考え

方です。その中では，過失の存在を推定するなどして，立証責任を事実上国の側に負わせたりするといった手法が用いられます（小樽予防接種禍訴訟：最判平成3年4月19日民集45巻4号367頁・百選Ⅱ211⇒**第11講**・185頁）。

　東京地判昭和59年5月18日の控訴審である東京高判平成4年12月18日高民集45巻3号212頁では，「予防接種は時に重篤な副反応が生ずるおそれがあるもので，危険を伴うものであり，その危険をなくすためには事前に医師が予診を十分にして，禁忌者を的確に識別・除外する体制を作る必要がある。厚生大臣としては，右の趣旨に沿った具体的施策を立案し，それに沿って省令等を制定し，……接種担当医師や国民を対象に予防接種の副反応や禁忌について周知を図るなどの措置をとる義務があったものというべきである」として，厚生大臣の過失を認定しています。

　（b）のアプローチに対しては，禁忌者を予診だけですべて発見することは不可能であり，事実上の無過失責任を認めるのに等しいという批判があります。これに対しては，行政の組織的な過失を問題にしているだけで，無過失責任を認めるわけではないという反論がされています。

（え）政策的な課題

　予防接種禍への対応は，政策的に大きな課題を残しました。最終的に東京高判平成4年12月18日は上告されなかったため，最高裁の判断は示されることなく，裁判では，（b）国家賠償からのアプローチにより，国の過失と違法性を認めて，被害者に損害賠償を支払うことで決着が図られました。

　しかし，強制接種のしくみを採用すると，どうしても10万人に数人のレベルで重篤な副作用が生じてしまいます。そのたびごとに行政が過失・違法を追及されるのは，大きな負担となります。そこで行政としては，事後的に過失・違法を追及されることをおそれて，予防接種の強制を取り止めることになり，勧奨接種，任意接種というように，国の予防接種への関与は引き下げられてきました。

　しかし，その結果，わが国では抗体をもっていない世代が増えて，思わぬ感染症が再流行を見せることがあります。公共政策の見地からは，（a）損失補償からのアプローチに立脚して，法律で十分な水準の損失補償を定めた上で，予防接種への強い関与を維持すべきであったと思われます。

第3節　救済の限界

1　戦争損害

　第二次世界大戦の戦争損害に関しては，日本国憲法・国賠法の制定前であっ
て，国家賠償は認められず，「特別の犠牲」には該当しないことを理由に，損
失補償も認められません。このことが問題となったのが，カナダ政府によって
当地における資産を接収されたＸが，サンフランシスコ講和条約を締結した日
本国政府を相手取って補償を求めた事案です。というのも，同条約14条（ａ）
項２Ｉでは，各連合国はその管轄下にある日本国・日本国民のすべての財産・
権利等を処分する権利を取得すると規定しており，直接には，条約の発効に
よって，Ｘが財産を取り戻すことが不可能になったからです。

　最大判昭和43年11月27日民集22巻12号2808頁は，「戦争中から戦後占領時代
にかけての国の存亡にかかわる非常事態にあっては，国民のすべてが，多かれ
少なかれ，その生命・身体・財産の犠牲を堪え忍ぶべく余儀なくされていたの
であって，これらの犠牲は，いずれも，戦争犠牲または戦争損害として，国民
のひとしく受忍しなければならなかったところであり，右の〔対日平和条約によ
る〕在外資産の賠償への充当による損害のごときも，一種の戦争損害として，
これに対する補償は，憲法の全く予想しないところ」であるとして，請求を棄
却しました。ところで，資産を接収したカナダ政府を相手取っていないのは，
サンフランシスコ講和条約19条（ａ）項で，日本国民は戦争状態から生じた連
合国に対するすべての請求権を放棄しているためです。

　なお，在外資産の接収に関しては，引揚者給付金等支給法により，一部につ
いて立法的救済が図られています。

　在外資産の接収と同じ理由から，アメリカが日本各地の都市に対して行った
空襲の損害についても，日本国政府に対する国家賠償・損失補償の請求は認め
られておらず，アメリカ政府に対する請求権は放棄されています。旧ソ連が
行ったシベリア抑留についても，日ソ共同宣言６項後段によって，日本国民は
ソ連に対して損害賠償請求権を放棄しているのですが，抑留者が国を相手どっ
て補償を求めた事案において，最判平成９年３月13日民集51巻３号1233頁・百

選Ⅱ249は，最大判昭和43年11月27日と同様の論理で，請求を退けました。

　ただし，原子爆弾の被害を受けた被爆者については，旧原爆医療法とそれを引き継いだ被爆者援護法において，日本国政府に対して医療・福祉的な支援を求めることが認められています（原爆医療法の運用が問題となった事件として，在ブラジル被爆者訴訟：最判平成19年2月6日民集61巻1号122頁・百選Ⅰ23⇒**第2講**・31頁）。

　注意する必要があるのは，被爆者援護法は政策補償としての社会保障給付であるという点です。とはいえ，最判昭和53年3月30日民集32巻2号435頁が，旧原爆医療法について，「特殊の戦争被害について戦争遂行主体であった国が自らの責任によりその救済をはかるという一面をも有するものであり，その点では実質的に国家補償的配慮が制度の根底にある」と述べるなど，国家補償的性格があることは否定できません。

　それでは通常の空襲と原爆とで具体的に何が異なるのかということですが，放射線による健康被害が残り続けるという点でしょう。平成6年に旧原爆医療法を引き継ぐ形で制定された被爆者援護法前文にも，「我らは，原子爆弾の惨禍が繰り返されることのないよう，恒久の平和を念願するとともに，国の責任において，原子爆弾の投下の結果として生じた放射能に起因する健康被害が他の戦争被害とは異なる特殊の被害であることにかんがみ，高齢化の進行している被爆者に対する保健，医療及び福祉にわたる総合的な援護対策を講じ，あわせて，国として原子爆弾による死没者の尊い犠牲を銘記するため，この法律を制定する」と謳われています。

　被爆者援護法の趣旨からすると，最判平成27年9月8日民集69巻6号1607頁・百選Ⅱ250が，日本国内に居住地・現在地を有しないいわゆる在外被爆者が日本国外の医療機関で医療を受けた場合にも同法の支給要件を満たすとしたことは妥当と思われます。

ことば　**義務的補償と政策補償**

　学問的にはさまざまな見解があるのですが，行政実務の拠って立つ考え方としては，義務的補償と政策補償の区別を理解しておきましょう。損失補償（憲法29条3

項）は義務的なのに対して，社会保障給付を行うか否かは立法政策（立法裁量）の問題であり，具体的な支給根拠法が制定されていない状態で直接憲法25条を根拠に請求を行うことは認められないと理解されます。憲法学でいうプログラム規定説，抽象的権利説（通説），具体的権利説の議論に対応します。

2　自然災害と国家補償の境界

　自然災害は，そもそも行政活動が介在しないために，国家補償の範囲外です。また，戦争損害と同様に，自然災害は国民がひとしく損害を分かち合うべきだからという理由付けも可能でしょう。地震が起きないと思われていた地域が直下型の大きな地震に見舞われた例は，この30年の間にも少なくありません。火山や豪雨など，日本の国土は何かしらの自然災害と無縁ではないのです。

　しかし，水害はそもそも豪雨がなければ発生しませんし，落石事故もそれ自体は自然災害に他なりません。「自然災害は国家補償の対象外である」という事理は，注意して用いる必要があります。元々が自然災害であるのに，国家補償の問題にならない事例と，国家賠償が問題となる事例との境界は，どこに引かれるのでしょうか。

　自然災害によってだけではなく，公務員の人的ミス（国賠法1条）や公の営造物の設置・管理のミス（国賠法2条）が相まって，被害が拡大することがあります。行政が的確な避難の指示を出していれば被害に遭わなかったのに，実際には指示が不十分であったために被害が生じたような場合には，国賠法1条が問題となります。堤防や防潮堤が「通常有すべき安全性」を備えていたならば洪水や津波の被害には遭わなかったのに，そのような安全性を備えていなかったために決壊して被害が生じたような場合には，国賠法2条が問題となります。

　河川の水害で言えば，一般的には50年に一度くらいの規模の水害に堪えられる程度の治水が施されているので，10年に一度くらいの規模の水害で堤防が決壊したならば，それは「通常有すべき安全性」を備えていたとは言えないでしょう。しかし，これは河川の改修が100パーセント終わっていた場合のこと

です（多摩川水害判決：最判平成２年12月13日民集44巻９号1186頁・百選Ⅱ233）。河川の改修には，危険度や流域人口に応じて優先度がありますから，改修途上の河川については，過渡的な安全性で足りると言われます（大東水害判決：最判昭和59年１月26日民集38巻２号53頁・百選Ⅱ232⇒**第12講**・209頁）。

　問題は，50年に一度の水害に堪えられる程度の強度を備えていたにもかかわらず，実際には1000年に一度の水害が来てしまったような場合です。東日本大震災のときの三陸沖の防潮堤がまさにこの局面でした。この場合，そもそも設計強度として1000年に一度の津波にも堪えられるような防潮堤を築くことはコストのかけすぎであり，到底望ましい政策ではありません。避難体制を整備することで，的確な避難を図ることが最優先されるべきであり，防潮堤が崩れたことによる国賠法２条の責任は認められないと考えられます。

ことば　不可抗力

　いかなる注意を払っていても防ぎようがなかった（結果回避可能性がなかった）場合を，不可抗力とよびます。一般には，自然災害が不可抗力の例として挙げられます。とはいえ，考え出すと難しい問題でして，高知落石事件だって自然災害ではないかと言われると，返答に困ります。本当に国賠法２条の責任がまったく発生する余地がない事例を挙げよと尋ねられたら，上空から落下してきた隕石が直撃したようなケースくらいしか思いつきません。ただ，道路などは，およそ通行の用に供している段階で，事故が起きたら行政が責任を取るという前提に立っていると考えてよいでしょう。しかし，阪神・淡路大震災の頃から，震度７級の被害をもたらす超巨大地震が目立つようになってきました。橋梁などは，一度の震度６強〜７くらいの揺れには耐えられても，熊本地震のように短期間で震度７の地震が繰り返し襲うことになると，設計強度を超えているように思われます。正確には，設計強度以内の揺れに耐えられなかったような場合を，設置・管理に瑕疵があったと考えるべきでしょう。そして，設計強度をどの程度に設定するのかが，政策課題として問題となります。

Tea Break 大多数と少数者

　みなさんは，生まれ育った環境に満足しているでしょうか？　日本人は，現状に満足している人の割合がとても高いそうです。自己啓発本ではありませんから，現状に満足している人の割合が高いことは，本当に喜ばしいと思います。

　よく言われることですが，歴史的な世相分析を行う際は，資料の取捨選択が必須です。残された刑事裁判の記録ばかり読めば，21世紀の日本とはなんと不穏なところだったのかと誤解されてしまうでしょう。同じことで，新聞の社会面やテレビのドキュメンタリーから世相を分析すれば，21世紀はなんて弱者に冷たい，社会問題が氾濫した混迷の時代だったのだろうということにもなりかねません。多くの人がおいしいものをお腹いっぱいに食べて，健康で，笑って長生きした時代だったなどという記録は，残されにくいものです。

　行政法を学ぶ過程は，必ず最初に制度の趣旨や構造をしっかり理解してから，なぜ判例で現れた事案ではその制度が上手に機能しなかったのかを考察することの繰り返しです。私などは，まず，既存の法制度を調べるほどに，実によくできていることに感心させられます。その上で，なぜ当該事案の原告はその制度の枠組みから外れてしまったのか，考えをめぐらせます。

　予防接種禍のところでふれたように，制度設計は世の中の大多数を相手にして行われるのに対して，裁判による救済は，既存の法制度から零れ落ちる少数者を対象に行われます。公務員に必要なのは，この双方の視点をバランスよくもつことです。数の論理で少数者を抑圧するのは論外ですが，声の大きい少数者によって大多数が不便を強いられるのも，公共政策にとっては望ましくありません。「全体の奉仕者であつて，一部の奉仕者ではない」（憲法15条2項）という言葉の意味は深いのです。

第14講　行政上の実効性確保

第1節　さまざまな義務履行確保の手段

1　総　説

［事例①］

　Xの自宅の敷地内にある倉庫は，道路に面しているところ，少しの揺れで倒壊する危険があり，脇の道路を通るときは冷や冷やして仕方がない。Y市もこの状況を問題視し，Xに対して倉庫を取り壊すようにと除却命令（建築基準法9条1項）を発した。しかし，Xは従う気配がない……。

［事例②］

　さらに，Xは，税金や水道料金を滞納している。税務署やY市は，Xから税金や水道料金を適正に徴収しようと考えている。

　いきなり2つの［事例］を掲げたのは，具体的な問題状況を理解してもらうのが肝心だからです。［事例①］について，根本的な解決法は，直接，義務が履行されたのと同じ状況をつくり出してしまう，言ってみれば，Xの倉庫を取り壊してしまうことです。そのための手段として法定されているのが，**行政代執行**です。「行政がXの代わりにXの義務を執行してしまう」という手法です。むろん，行政代執行の費用は税金から支出されていますから，事後的にXに対して費用を請求しなければなりません。

　［事例①］におけるもう1つの解決法は，Xに対して，義務に従わないと刑罰等を課すぞと威嚇して，しぶしぶ義務に従わせることです。法律や各地方公共団体の条例では，行政刑罰，秩序罰（過料），執行罰（履行強制金），義務違反

事実の公表といった手法が用意されています。これらは，Ｘの心理に働きかけて義務の履行を促す手段であることから，間接強制的手法とよばれます。

　続いて，［事例②］ですが，行政は，みんなから集めた税金や公共料金によって運営されています。Ｘもその便益を十分に享受しているはずなのに，自分だけ税金や公共料金を支払わないことは許されません。

　最初に，私人に対して課される義務の種類を理解しましょう。これらの義務は，この本の冒頭から説明してきたように，行政処分によって課されることがほとんどですが，法律によって直接課されることもあります。

表14-1　さまざまな行政上の義務

・不作為義務：　してはならない義務のこと。無許可で食堂を営業しない義務，無免許運転をしない義務，特定の施設を利用しない義務。
・代替的作為義務：　しなければならない義務のうち，他人が代わりに行うことのできる義務のこと。違法建築物を除却する義務，違法駐車の車を移動する義務。
・非代替的作為義務：　しなければならない義務のうち，他人が代わりに行うことのできない義務のこと。健康診断を受ける義務，退去する義務。

　その上で，実効性確保の措置の全体像を理解しましょう。実効性確保のための措置には，行政自身が直接に，義務が履行されたのと同じ状況を作出する手法と，罰則など不利益な措置について威嚇することで，義務者が義務を履行するように仕向ける間接強制的手法があります。

図14-1　実効性確保のための措置

代執行：　代替的作為義務のみ，行政代執行法
強制徴収：　金銭支払義務のみ，国税徴収法の準用　　　　行政自身が直接に，義務が履行されたの
直接強制*　　　　　　　　　　　　　　　　　　　　　　と同じ状況を作出する
執行罰*（履行強制金）

行政罰 ┌ 行政刑罰
　　　　└ 秩序罰　　　　　　　　　　　　　　　　　　　罰則など不利益な措置について威嚇する
インフォーマルな手段 ┌ 違反事実の公表　　　　　　　　ことで，義務者が義務を履行するように
　　　　　　　　　　　└ 行政サービスの拒否・停止　　　　仕向ける（間接強制機能）

即時強制：　義務の賦課を前提としない

注：*は，条例で用いることができないもの。

2　戦前の行政執行法

　戦前には，実効性確保のための措置についての通則法として，行政執行法という法律がありました。そこでは，裁判所を通さず行政限りで執行する手段である直接強制，代執行，執行罰，強制徴収がフルセットで規定されており，実効性確保のための措置の法律上の根拠という意味では，特に問題がありませんでした。しかし，戦後改革のときに，行政の実効性確保は主に裁判所による刑罰の賦課によってなされるべきであると考えられるようになり（司法的執行などと言われます），行政執行法は廃止されました。

3　戦後の司法的執行

　このとき，代執行についてのみ，通則法としての行政代執行法が制定されました。その他には，国税徴収法が，強制徴収についての実質的な通則法として機能しています。となると，正面から実効性確保について定めた法律は行政代執行法だけになるので，この法律の冒頭に，次のような規定が置かれました。

---

§　行政代執行法（昭和23年法律第43号）

第１条　行政上の義務の履行確保に関しては，別に法律で定めるものを除いては，この法律の定めるところによる。

第２条　法律（法律の委任に基く命令，規則及び条例を含む。以下同じ。）により直接に命ぜられ，又は法律に基き行政庁により命ぜられた行為（他人が代つてなすことのできる行為に限る。）について義務者がこれを履行しない場合，他の手段によつてその履行を確保することが困難であり，且つその不履行を放置することが著しく公益に反すると認められるときは，当該行政庁は，自ら義務者のなすべき行為をなし，又は第三者をしてこれをなさしめ，その費用を義務者から徴収することができる。

　説明すると，同法１条で規定されている「別に法律で定めるものを除いては」の中の「法律」は，同法２条の冒頭で「法律（法律の委任に基く命令，規則及び条例を含む。以下同じ。）」と書いてある以上，命令，規則，条例を含まない純然たる「法律」のことであると解釈するしかないと考えられているのです。したがって，純然たる「法律」の中に規定されていないにもかかわらず，条例

において新たに行政上の義務の履行確保手段を創設することは許されません。

　かねてより，この規定が不合理であることは広く認識されており，学説でも，この規定の間隙を縫って，何とか実効性のある条例を制定するための解釈が提示されてきました。特に有力なのは，同法1条が定める「義務の履行確保の措置」とは，行政代執行法が制定された昭和23年当時に想定されていた「義務の履行確保の措置」に限られるのであって（代執行のほか，直接強制，執行罰，強制徴収のことを指します），それ以降に開発された新たな「義務の履行確保の措置」は，条例でも創設することが可能であるという解釈です。地方公共団体の実務はこの有力説に基づいて行われており，違反事実の公表や行政サービスの停止など，近年になって開発された「義務の履行確保の措置」は，法律に根拠がなくとも，各地の条例で続々と規定されています（⇒243頁）。

第2節　行政代執行と直接強制

1　行政代執行

（あ）概　　要

　代替的作為義務について，行政が義務を課せられた私人の代わりにその義務を履行して，あとから費用を私人に対して徴収する手続が，**行政代執行**（単に代執行ともよばれます）です。代執行については，通則法として行政代執行法が制定されています。①法律によって直接に命ぜられた義務の履行の確保，②法律に基づき行政庁により命ぜられた義務の履行の確保のいずれについても，代執行を用いることは可能です（行政代執行法2条）。

（い）代執行の手続

　代執行は強制的な手段であって権利侵害の危険性が高いことから，文書での戒告（同法3条1項）および代執行令書による時期や費用の通知（同条2項）といった手続を経る必要があります。義務者に対しては，不利益処分としての命令の賦課（それに先立つ告知と聴聞⇒**第3講**・44頁），戒告，通知と，多段階に分けて義務を履行するよう促すことが予定されており，このすべての段階で義務の履行がなされなかったときに限り，最後の手段として代執行が認められているわけです。

　危険が切迫しているような場合には，これらの手続を省略する緊急代執行が認められています（同条3項）。

┌─────────────────────────────────
│　**＊　略式代執行**
│
│　　相手方が誰であるのか過失なく覚知できないときは，公告を行った上で代執行を行うことが認められます。これを略式代執行とよび，特別法に規定が置かれています（都市計画法81条2項，空家対策の推進に関する特別措置法14条10項）。私は，略式代執行は，その法的性質が即時強制（⇒244頁）と変わらないことから，条例で規定することも可能と考えています。
└─────────────────────────────────

　代執行は権力的事実行為として処分性が認められますが，代執行が完了すると訴えの利益が失われると考えられていることとの関係上，戒告や通知に処分性を認めるのが通説かつ下級審の大勢です（⇒**第7講**・108頁）。

　執行責任者は，その旨を示す証票を携帯しなければなりません（同法4条）。

（う）費用の徴収

　費用の徴収は，行政上の強制徴収手続（国税滞納処分）の例により行われます（同法6条1項）。詳細は，強制徴収の項を参照してください（⇒241頁）。執行費用は，場合によっては数百〜数千万円にも上ることがあるにもかかわらず，十分な回収が見込めないこともしばしばであり，地方公共団体が代執行を躊躇する理由になっています。

2　直接強制

　直接強制は，私人の身体・財産に対して直接に実力を加えて行政上の義務の実現を図る手段です。とりわけ身体に対して実力を加えることから，類型的に人権侵害の危険性が強いとされ，厳重な手続の下に実施される必要があります。現在，直接強制について定めた一般的な根拠法は存在せず，条例において直接強制を採用することはできません。

　直接強制は，非代替的作為義務，代替的作為義務，不作為義務のいずれについても用いることが可能ですが，代替的作為義務の場合には代執行があるので，具体的に直接強制の活用が話題になるのは，非代替的作為義務と不作為義

務についてです。

不作為義務の履行として直接強制を用いることが考えられるのは，過激派の
アジトの使用を禁止するための手段として（成田国際空港の安全確保に関する緊急
措置法3条6項），条例で禁止されている違法なパチンコ屋の建設を阻止する手
段として（参照，最判平成14年7月9日民集56巻6号1134頁・百選Ⅰ106），あるい
は，病院を抜け出した感染症患者を連れ戻す手段としてです。

これに対して，非代替的作為義務の履行として直接強制を用いることが考え
られるのは，健康診断の受診や，庁舎の一室や土地を明け渡してもらう局面で
す。明渡義務は，他の誰かが代わりに行うことはできないので，非代替的作為
義務に分類されます。判断が難しいのは，職員組合に対して与えていた市庁舎
の一部屋についての使用許可を撤回したにもかかわらず，職員組合が立ち退か
ない場合に，その部屋に置いてある物件の搬出を代執行で行うような局面で
す。物件の搬出だけを見れば，代替的作為義務と言えるからです。

大阪高決昭和40年10月5日行裁例集16巻10号1756頁は，物件の搬出に関する
代執行は認められないとしました。「物件の搬出は組合事務所の明渡ないし
は立退き義務の履行に伴う必然的な行為であり，それ自体独立した義務内容を
なすものではな」く，「〔明渡〕義務の強制的実現には実力による占有の解除を
必要とするのであつて，法律が直接強制を許す場合においてのみこれが可能と
なる」というのが，その理由です。

第3節　間接強制的手法

1　行政刑罰
（あ）概　要
　行政刑罰は，義務に従わなかった者に対して刑罰という重大な制裁を科すと
いうものです。刑罰なので，刑法総則の適用を受け，刑事訴訟法の手続が及び
ます。具体的には，窃盗犯や放火犯などの刑法犯と同様に，警察による強制捜
査が行われ（必要に応じて，被疑者の逮捕・勾留といった身柄拘束がなされることも
あります），検察官による公訴の提起，公判手続を経て，裁判所の判決を通じ
て，刑罰が科されるということです。

　食品衛生法や建築基準法など，この本で扱ってきたさまざまな行政法令の中にも，行政上の義務に違反したときは刑罰を科す旨を定める規定が置かれています。また，地方公共団体の定める条例においても，2年以下の拘禁刑，100万円以下の罰金，拘留，科料，没収の刑罰を科すことが認められています（地方自治法14条3項）。

> **ことば　行政罰**
>
> 　用語法として，行政刑罰と行政上の秩序罰とを合わせたとき，行政罰とよぶことがあります。

> **ことば　直罰方式とワンクッション方式**
>
> 　公益上望ましくない行為を禁止する手法として，直罰方式とワンクッション方式（命令前置方式とも）があります。直罰方式とは，法律違反を行った者をただちに処罰する方式のことで，殺人罪や強盗罪など，刑法犯罪に多く見られます。青少年保護育成条例の淫行処罰も，直罰方式です。これに対して，ワンクッション方式（命令前置方式）とは，法律違反行為に対して一旦行政庁の業務停止命令などの不利益処分を介在させ，それに従わなかった者を処罰する方式のことで，行政法関係の刑罰に多くみられます（阿部泰隆『行政法解釈学Ⅰ』（有斐閣・2008）616頁）。

（い）不満表明の手続

　刑罰が科されることに不服のある者は，刑法犯の場合と同様に，被告人となり，刑事訴訟の中で防御を尽くさなければなりません（交通事犯については⇒**第7講**・111頁）。なお，ワンクッション方式のときも，あらかじめ不利益処分について行政争訟で取消しを得ておく必要はなく，刑事訴訟の中で，「不利益処分は違法だからそれに従わなくとも刑罰を科せられることはない」という主張（違法の抗弁）をすることが許されます（最判昭和53年6月16日刑集32巻4号605頁・百選Ⅰ66）。

（う）行政刑罰の機能不全とその理由

　法令の中で間接強制的な義務履行確保の手段として，刑罰は幅広く用いられています。ところが，実務的には，刑罰は強力である反面，手続が厳重である

ため，行政にとって使い勝手のよい手法ではないと言われます。刑罰の規定は幅広く置かれていても，実際に違反者が処罰される例は，脱税，交通事犯，風営法違反，産業廃棄物の不法投棄など，膨大な行政刑罰の規定から比較すると，ごくわずかだからです。

　行政刑罰が機能不全を起こしている1つ目の理由として，とりわけ市町村の職員は刑罰規定を設けることに慣れていないため，構成要件（処罰範囲）が不明確になることが挙げられます。2つ目の理由として，警察が行政刑罰で立件することに慣れておらず，適切な取締りがなされないことが挙げられます。検察協議を活用することで，捜査当局との連携を図ることが肝要です。

2　行政上の秩序罰（過料）

（あ）概　要

　刑罰に対して，近年，条例の中で積極的に用いられているのが，**行政上の秩序罰**です。行政上の秩序罰は，過料という形で科されます（刑罰の一種である科料〔とがりょう〕と区別して，過料〔あやまちりょう〕などとよばれます）。過料には，法律に根拠をもつものと条例に根拠をもつものがあります。

　法律に根拠をもつ過料には，転居届の不提出（住民基本台帳法23条・52条2項・53条）や会社の登記・公告・開示の懈怠（会社法976条では，100万円以下という高額の過料が設定されています）などがあります。法律に根拠をもつ過料は，非訟事件手続法に基づいて，裁判所によって科されます。

　これに対して，条例に根拠をもつ過料は，地方公共団体の長の行政処分によって科されます。

（い）行政上の秩序罰と過失責任主義

　「秩序罰」という名称や，その違反について過料を科している法律の内容をみると，元々過料の活用が想定されていたのは，届出義務の懈怠など，行政事務の円滑な遂行を妨げるような違反行為であったと推察されます。届出を行うべきなのにしなかったという事実さえあれば，故意・過失の有無にかかわらず，過料を科すべき（無過失責任主義）と考えられていました（浦和地決昭和34年3月17日下級民集10巻3号498頁，東京高決昭和51年8月3日判時837号49頁）。

　しかし，近年では，本来行政刑罰によって対処すべきように思われる違反事

実についても，過料で対応する条例が少なくありません。こうした対象の変化・広がりを受けて，過料を科す場合にも行為者の過失が求められるとする見解が有力になっています。少なくとも行政刑罰を科すべきと考えられるような違反事実に対して科される過料については，行為者の違反に対する非難をその内容とするわけですから，故意・過失が要件として求められるのではないかということです。

　「横浜市空き缶等及び吸い殻等の散乱の防止等に関する条例」の違反者に対する過料の賦課の可否が争われた事案において，横浜地判平成26年1月22日判時2223号20頁とその控訴審である東京高判平成26年6月26日判時2233号103頁・地方自治判例百選49では，行為者に過失がなければ過料を科すことはできない（過失責任主義）という判断が示されています。

（う）秩序罰と事前手続

　法律に根拠をもつ過料については，非訟事件手続法に基づき裁判所が関わるので，事前の手続は保障されていると言ってよいでしょう（事後手続については，即時抗告であるため公開の法廷における対審・判決が保障されていないことがかねてより指摘されています）。

　これに対して，条例に根拠をもつ過料については，不利益処分を課すための事前手続が刑事手続の代わりとなります。端的に言えば，各地方公共団体の行政手続条例に従って，告知と聴聞（弁明の機会の付与）と理由の提示を行うことです（⇒**第3講**・41頁）。

　路上喫煙禁止条例への違反に基づき監視員がその場で違反者から過料を賦課・徴収するような場合には，権限ある行政庁から監視員に対して権限の委任を的確に行うとともに，事前手続が十分に実施されているかについて，組織的に入念に確認しておきましょう。

3　執　行　罰

（あ）概　　要

　執行罰は，過去の義務の不履行に対して科される刑罰とは異なり，現在進行中（さらには将来）の義務の不履行に対して課されるものです。「罰」という名称は付いていますが，一種の強制金です。また，執行罰では「過料」を課すこ

ととされているのですが，秩序罰としての過料と名称が紛らわしいので，私は，「履行強制金」とよぶことをおすすめします。

執行罰は，代替的作為義務，非代替的作為義務，不作為義務のいずれの不履行に対しても科すことができると考えられています。

注目すべきなのは，執行罰の場合，義務が履行されるまで義務者に対し反復していつまでも強制金を課し続けることが可能なことです。つまり，1日あたり1,000円の強制金を課すとすれば，1日あたりの金額はわずかでも，1か月で約30,000円，1年放置すれば365,000円にも積み上がることになり，早く履行しないと雪だるま式に金額が増えていくのです。これは義務者にとっては義務を履行する金銭的インセンティブ（義務を履行しないディスインセンティブ）となるため，早めの義務履行が期待できるというわけです。

（い）戦後の冷遇

このように有用な義務履行確保手段であると考えられる執行罰ですが，なぜか戦後になって顧みられることなく，砂防法36条（私人ニ於テ此ノ法律若ハ此ノ法律ニ基キテ発スル命令ニ依ル義務ヲ怠ルトキハ国土交通大臣若ハ都道府県知事ハ一定ノ期限ヲ示シ若シ期限内ニ履行セサルトキ若ハ之ヲ履行スルモ不充分ナルトキハ500円以内ニ於テ指定シタル過料ニ処スルコトヲ予告シテ其ノ履行ヲ命スルコトヲ得）を除いて削除されてしまいました。

その理由としては，戦前でも執行罰は運用実績に乏しかったこと，課し得る額が僅少で実効性に疑問がもたれたこと，執行罰の間接強制的機能は行政罰により代替し得るものと考えられたことなどが挙げられています。砂防法36条は「条文の消し忘れ」によって残った規定であるとまで説かれていました。

その真偽はともかく，現在，執行罰について定めた一般的な根拠法は存在せず，条例によって執行罰を採用することはできません。

（う）近年の再評価

近年では，執行罰を再び評価する動きが高まっています。義務が履行されるまで履行強制金を反復して課すことができるという執行罰の性格が，公害企業等に対する義務履行確保手段として見直されているためです。上に挙げた削除理由のうち，運用実績についてはともかく，課し得る強制金の額はどのようにでも調整できますし，行政罰が機能不全を来している現状では，執行罰のもつ

間接強制機能は見過ごすことができません。現状では，行政代執行法1条の解釈から（⇒233頁），条例で執行罰を規定することは認められないのですが，法改正によって取扱いを改めるべきでしょう。

第4節　金銭債権の徴収

（あ）租税債権の滞納処分

　国や地方公共団体も法人なので，権利・義務の帰属主体（具体的には，財産権の主体）となります。そして，さまざまな局面で，私人に対して金銭債権を有しています。そのうち最も重要なのが租税債権ですが，租税債権については，確実迅速に賦課徴収を図らなければならないこととの関係から，裁判所の民事執行手続に頼ることなく，**滞納処分**という自力執行の方法で強制徴収することが認められています（国税通則法40条，国税徴収法）。地方税の徴収についても，滞納処分が用いられます（地方税法48条1項など）。

　滞納処分は，［財産の差押え→公売等による換価→換価代金の配当］というプロセスを辿ります。民事執行における金銭徴収に倣ったしくみです。

　租税債権以外にも，社会保険料関係の金銭債権（健康保険法180条4項，国民年金法95条・96条，厚生年金保険法86条・89条），都市計画法75条の受益者負担金，河川法74条の負担金・流水占用料，土地区画整理法41条の賦課金などについて，強制徴収を行うことが認められています。

（い）代執行の費用，制裁として科される金銭債権

　行政上の義務履行を確保した後，その費用をいかにして義務者から徴収するかについては，大きな問題です。金銭の賦課・徴収それ自体が，義務者に対する制裁として機能する場合についても同様です（過料について⇒238頁。なお，罰金の場合は刑罰ですので，行政が徴収する必要はありません）。代執行の費用として義務者から徴収すべき金銭債権については，強制徴収が認められています。

（う）強制徴収が認められていない債権

　これらに該当しないものについては，行政は，通常の民事債権と同様に，債務者を裁判で訴えて，債務名義（確定判決や和解調書など，債権の存在を公に証する書面のこと）を取得してから，民事執行手続をとる必要があります。公営住

宅の家賃，公立学校の授業料，上水道料金などが，これに該当します（参照，国の債権の管理等に関する法律15条，地方自治法施行令171条の2）。即時強制の費用などは，徴収の根拠を条例に置いた上で，民事執行手続を通じて徴収する以外にありません。

第5節　民事執行手続の利用

1　財産権の主体として権利実現を求める場合

　このように，租税債権など一部の債権を除いては，国・地方公共団体は，民事裁判などを経て債務名義を取得した上で，裁判所の民事執行手続を利用して，債権の回収を行います。

　実務的にとても多いのは，公営住宅の家賃を徴収したり，その不払いが続く入居者に対して，建物明渡請求権を行使したりする訴訟です。道路の占有権のような物権についても，妨害排除請求権を行使して，民事執行手続を利用することが認められています（最判平成18年2月21日民集60巻2号508頁・地方自治判例百選60）。

　以上，国や地方公共団体が財産権の主体として権利の実現を図る場合には，裁判所の行う民事執行手続を利用することができることに争いはありません。これらの局面は，私人が他人に貸したお金を返してもらったり，自己の所有地を不法占拠している者に立退きを求めたりする局面と違いがないからです。

2　行政権の主体として権利実現を求める場合

　問題は，国・地方公共団体が違法建築物の建築中止命令のような行政上の義務の履行を求めるために，裁判所の行う民事執行手続を利用できるか否かです。学説・下級審の多くが民事執行手続の利用を認めていたのに対して，最高裁は，宝塚市パチンコ条例判決（最判平成14年7月9日民集56巻6号1134頁・百選Ⅰ106）において，財産権の主体としてではなくもっぱら行政権の主体として権利実現を求める場合は，法規の適用ないし一般公益の保護を目的とするものであって自己の権利利益の保護救済を目的とするものではないから「法律上の争訟」（裁判所法3条）とは言えないとして，法律に特別の定めがなければ裁判

所を利用することはできないとしました。しかし，裁判所に求めている内容は民事差止め請求としての工事中止の場合と何も変わらないのに，行政権の主体として権利実現を図る場合にはなぜ民事執行手続の利用が認められないのか，違法建築物の放置を助長するに等しい結論であるとして，学説・行政実務から強い批判を浴びています（公法・私法二元論との関係を指摘する論者もいます⇒**第6講**・93頁）。

3　公害防止協定の履行を求める場合

　他方で，最高裁は，地方公共団体が工場事業者などと個別に締結する公害防止協定の遵守を求める場合には，民事執行手続を利用することを認めています。最判平成21年7月10日判時2058号53頁・百選Ⅰ90は，公害防止協定で約束した期間を過ぎても，産業廃棄物最終処分場の事業者が操業を停止しなかったという事案において，民事執行手続を通じて操業差止めを強制することを認めました（⇒**第5講**・79頁）。しかし，この場合の地方公共団体は，財産権の主体として公害防止協定の履行を求めているのではなく，それこそ行政権の主体として，公益実現のために公害防止協定の履行を求めているのであり，宝塚市パチンコ条例判決と矛盾していると思います。いずれにせよ，協定を通じて課した義務の履行については，国・地方公共団体も民事執行手続が利用できることは，実務的にはきわめて重要です。

第6節　新たな義務履行確保の手段

　新たな義務履行確保の手段には，違反事実の公表や行政サービスの拒否・停止などがあります。違反事実の公表については，後述します（⇒**第15講**・267頁）。

　行政サービスの拒否・停止というのは，税金や使用料等の滞納者に対しては許認可をしないとか，公営住宅の入居を拒否するといった手法です。こうした行政サービスの拒否・停止についても，法律の留保（条例の留保⇒**第1講**・8頁）と事前手続（⇒**第3講**・41頁）の問題があります。地方公共団体において政策として実施する場合には，念のために条例に根拠規定を置き（小田原市市税の滞納

に対する特別措置に関する条例6条1項），事前手続についても配慮すべきでしょう（同条例7条以下）。

---

§　小田原市市税の滞納に対する特別措置に関する条例

（滞納者に対する措置）

第6条　第2条又は前3条の手続に着手しても，なお，市税が滞納となっている場合において，当該滞納となっている市税の徴収の促進に必要があると認めるときは，市長は，当該滞納者に対し，他の法令，条例又は規則の定めに基づき行うものを除くほか，市長が必要と認める行政サービスの停止，許認可の拒否等（以下「行政サービスの停止等」という。）の措置を執ることができる。

2　市長は，必要があると認めるときは，前項の行政サービスの停止等の措置と併せて滞納者の氏名，住所その他必要と認める事項（以下「氏名等」という。）を公表することができる。ただし，当該滞納者が，地方税法に規定する滞納処分に関する罪又は滞納処分に関する検査拒否等の罪に処せられたときは，この限りでない。

　また，行政サービスの拒否・停止が苦肉の策であることは理解できますが，水道料金を滞納している者に対して水道の供給を停止するなど，滞納している使用料等と関連性を有するものに限られるべきでしょう。たとえば，行政指導に従わないことを理由とした給水停止は認められません（参照，最決平成元年11月8日判時1328号16頁・百選 I 89⇒**第5講**・71頁）。

　なお，公営住宅で家賃を滞納した入居者に対しても，民法・借地借家法における信頼関係破壊の法理が及び，事業主体（公営住宅の貸主のこと）である地方公共団体からの賃貸借契約の解除は制限されるとするのが判例（最判昭和59年12月13日民集38巻12号1411頁・百選 I 7）です。

第7節　即時強制

（あ）概　要

　即時強制とは，公益に違反する事態が切迫しており，私人に対して義務を課している暇がないようなときに，やむなく義務の存在を前提とせずに，公益上望ましい状態を強制的に実現する手段のことです。定義からもわかるように，

義務の賦課を前提としないで行われる点が，即時強制の最大の特徴です。

　これは，天災事変における避難のように，義務を賦課している時間的余裕がないほど事態が切迫している場合（警職法4条1項）や，泥酔者を保護するときなど，義務を課しても意味がない場合（同法3条1項1号）が想定されているからです。

　即時強制の機能面や実際の態様は，これまで解説してきた義務履行確保の手段と非常に似ているのですが，即時強制の場合は義務の賦課を前提としないことから，定義上，「義務履行確保の手段」からは外れます。したがって，条例でも規定することが可能です（行政代執行法1条⇒233頁）。むろん，即時強制は，私人の権利を制限し，義務を課す強制的な手段なので，侵害留保の原理（⇒**第1講**・7頁）から，法律や条例に根拠規定を置くことは必須です。

判　例　浦安町ヨット係留杭強制撤去事件

　昭和55年6月，千葉県浦安町（現在の浦安市）の町長は，緊急の必要から，漁港に打ち込まれていたヨット係留用の鉄杭を強制撤去しました。これが法律・条例に根拠をもつ行為であれば行政代執行として位置付けられたのですが，当時の浦安町は漁港法に基づく漁港管理規程を制定しておらず，強制撤去を行う法律上の根拠を欠いていたことが問題となりました。言ってみれば法律の根拠のない即時強制を行ったようなものだからです。この撤去を実施するために町長が業者と請負契約を締結して職員に時間外勤務を命じ，請負代金と時間外勤務手当を支出したことは財務会計上違法な支出であるとして，住民訴訟（改正前の地方自治法242条の2第1項4号に基づくいわゆる旧4号請求⇒**第10講**・171頁）が提起されました。

　最判平成3年3月8日民集45巻3号164頁・百選I98は，浦安町長が漁港の管理者として鉄杭の撤去を強行したことは漁港法の規定に違反しており，行政代執行法に基づく代執行としての適法性を肯定する余地はないとしながらも，事故・危難が生じた場合の不都合・損失を考慮すれば，むしろ町長による鉄杭撤去の強行はやむを得ない適切な措置であったと評価すべきであり，緊急避難（民法720条）の法意に照らしても，町長が鉄杭撤去の費用を支出した行為に財務会計上の違法は認められないとしました。

　法律の根拠がない以上，町長の行為が行政代執行法に基づく代執行として適法と評価される余地はありません。しかし，財産的価値に乏しい鉄杭を抜いただけであるから，被侵害利益は重大であったとは言えず，撤去作業は船舶事故を回避するために緊急を要するものであったこと，施設所有者が不法占拠していたこと，漁港管

理規程が制定されていなかったといっても浦安町は本来漁港管理者として予定されていることなどを参酌すると，町長に損害賠償を請求するだけの違法性は備わっていなかったとして，判例の結論には賛成する見解が多数です。

（い）即時強制の特徴

即時強制では相手方に義務を課さないので，相手方を確知する必要がありません。現在，問題となっている空き家対策の1つのポイントが，いかにして空き家の管理責任者を見つけ出すかにあったことを思えば，義務の相手方がわからなくても実施できるということには，大きな意義があります（この点でも，略式代執行と即時強制は厳密には区別できません）。こうした特色を活かして，即時強制は，放置船舶撤去条例や放置自転車撤去条例で威力を発揮しています。

興味深いところでは，宮城県ピンクちらし根絶活動の促進に関する条例4条1項のように，財産的価値の乏しいちらしの除去・廃棄の権限を私人にも付与した例があります。

一般に，即時強制の適法性は，比例原則（⇒**第2講**・20頁）によって決められます。相手方の身体や財産に制約を加えてまで，公益上望ましい状態を実現するわけですから，①即時強制を行う必要性・緊急性（即時強制によって守られる法益），②執られる手段の相当性，③制約が加えられる法益（身体・財産）といった諸要素について，複合的に考慮しなければいけません。放置自転車や放置船舶について即時強制を執ることが認められるのは，あくまで自転車や船舶を空いている場所に移動させるだけであって，それらを破壊したりするわけではないので，②執られる手段が穏当であり，③財産に対する制約の程度が低いからです。ピンクちらし条例でちらしを除去・廃棄してもよいとされるのは，③ちらしの財産的価値がわずかだからです。

（う）手続保障

即時強制が義務の賦課を前提としないことには，問題もあります。たとえば不利益処分によって義務が課される場合，行手法ないし行政手続条例の規定に従い，事前手続としての聴聞や弁明の機会の付与，理由の提示といった手続的保障がすでに及んでいます。ところが，即時強制の場合には，定義上，事前に義務が賦課されることは想定されていないため，手続保障について，心許ない

部分があるのです。

　横浜市船舶の放置防止に関する条例10条は，船舶の所有者等が勧告（行政指導）に従わない場合や，船舶の所有者等を確認できない場合において，職員に対し即時強制によって船舶を移動させる権限を付与しています。その際，前段階として，放置船舶を移動すべき旨の指導・勧告を発することとして，手続保障に配慮しています。

　ただし，緊急事態であるからこそ即時強制が求められることを思うと，放置船舶が航行に支障を来していて，ただちに移動すべき必要があるときには，指導・勧告を発するといった悠長なことはしていられないというジレンマがあります。行政の機動性と相手方の手続保障のバランスをどのように図るべきかについては，難しい課題です。

（え）費用負担

　実務的には，即時強制の実施に要した費用の徴収が問題になります。即時強制においては，行政代執行法5条・6条のように，執行費用を国税滞納処分の例により義務者に請求できるとする法律の根拠規定はありません（即時強制の事実上の通則法と言われる警職法には，費用徴収の規定は置かれていません）。町田市自転車等の放置防止に関する条例17条1項は，明文の規定を置くことで，費用徴収の法的根拠付けを明確にしています。ただし，即時強制の費用について強制徴収できることを認めた法律はないため，滞納処分を用いることは認められず，民事執行に委ねることになります（⇒241頁）。

第15講　行政と情報

第1節　現代の行政活動と情報

　行政活動にとって，情報は不可欠です。市政を運営していくためには，自分の市の人口は何万人であるか，老年人口と若年人口の比率は何対何か，産業構造は農業と商工業のいずれが中心か，税収の比率の推移はいかほどか，近年の財政状況は健全であるかといったように，正確な情報の把握が欠かせません。社会のしくみが複雑になっている現在，情報の役割はいよいよ増しています。さらに，行政活動は法律を初めとするルールに則った組織的な指揮・命令系統に基づいて整然と行われるため，行政活動の記録だけでも膨大な情報が蓄積されています。

　デジタルトランスフォーメーション（DX）という言葉が花盛りですが，情報通信技術の発達に伴い，膨大な情報を処理する手法も様変わりしています。住民の把握自体が，住民基本台帳システムに電磁的に記録されることで行われますし，転出入の手続を簡素化するために，住民基本台帳ネットワークも導入されました。申請や届出はオンラインでも行われます。課税処理や社会保険の実務では，コンピュータに情報を入力して電算処理することが職務の大半を占めており，マイナンバーはそのための簡易確実な本人確認のしくみです。役所内での情報の共有も，クラウドシステムによって行われることが一般的です。

　これらの情報を上手に利活用することで，効率的でよりよい行政が実現されることは疑いありません。行政が保有する情報を上手に活用することで，新た

な産業が生まれる可能性に強い期待が寄せられています。その反面，行政が蓄積している膨大な情報が誤った目的のために使われれば，個人の権利・利益を著しく損なうことにもなりかねません。情報の正しい活用は，現代の行政活動のカギなのです。

　この本では，情報の収集・管理，情報公開法制，個人情報保護法制，情報の利活用という構成にして，これまで説明してきたことの復習や応用問題にもふれながら，行政と情報のライフサイクルについて理解してもらうことを意図しました（参照，宇賀克也『行政法〔第3版〕』（有斐閣・2023）102頁以下，阿部泰隆『行政法解釈学Ⅰ』（有斐閣・2008）475頁以下）。

第2節　情報の収集・管理

1　申請と届出

　申請（行手法2条3号⇒**第3講**・35頁）は，行政が許認可をするか否かを審査する上で，必要な情報を収集するための手続であるとも言えます。これは，届出（行手法2条7号⇒**第3講**・36頁）においても同様で，許認可が予定されているわけではなくとも，申請や届出によって行政が監督対象となるべき事業を把握すること自体が重要なのです。近年では，登録というしくみも多用されます（**第4講**・48頁の分類では公証に属し，許可よりも覊束性が強いなどと言われますが，許可と登録の差異は相対的です。参照，ストロングライフ事件：最判昭和56年2月26日民集35巻1号117頁・百選Ⅰ57）。

　行政は，申請や届出によって規制対象事業者について把握した上で，不適切な行為があれば監督処分（不利益処分⇒**第3講**・41頁）を下すことが法定されています。こうした手法を，「規制の網」をかぶせると表現します。過不足なく「規制の網」をかぶせるために，虚偽の申請・届出や無届出に対しては行政罰による制裁が科せられます。このようにして，行政が能動的に調査をしなくとも，私人からの申請・届出により，行政は効率的に情報を収集することができるわけです。

　届出義務違反に対して罰則を科すことが黙秘権の保障（憲法38条1項）を侵害するのではないかという問題について，川崎民商判決：最大判昭和47年11月

22日刑集26巻9号554頁・百選 I 100は，一般論として刑事責任追及のための資料の収集に直接結び付く手続には憲法38条1項の法意が及ぶとしながらも，収税官吏による帳簿書類の検査は，もっぱら所得税の公平確実な賦課徴収を目的とする手続であり，「自己に不利益な供述」を強要するものとは言えないとしています。つまり，届出義務が刑事責任追及のための資料収集と直接結び付くものでない限りは，黙秘権の侵害とはならないということです。

＊　報告義務と黙秘権の保障

　交通事故の報告義務（道路交通法72条1項）については，最大判昭和37年5月2日刑集16巻5号495頁が，発生日時，場所，死傷者数，負傷の程度などの届出を義務付けるにとどまり，事故の原因等，刑事責任を問われるおそれのある事項についてまで報告義務が課されているわけではないから，黙秘権の保障を侵害するものではないとしています。

2　行政調査

（あ）さまざまな行政調査

　行政機関が行政目的のために能動的に行う情報収集のことを，**行政調査**とよびます。強制力の度合いはさまざまであり，①調査に応じるか否かがまったく任意である調査（純粋な任意調査），②調査に応じる義務はあるが，行政罰などの義務履行確保のしくみが法定されていない調査，③調査に応じる義務が課せられており，拒否すると行政罰が科せられる調査，④調査に際して相手方の抵抗を実力で排除する権限が認められている調査などに分かれます。論者によって任意調査とか強制調査といった用語が不統一的に用いられるので（さらには刑事訴訟法学の用語法が混乱を増幅させます），注意しましょう。従来，④は即時強制（⇒**第14講**・244頁）として理解されてきたのですが，近年では行政調査として整理されています。

（い）個人情報の目的外収集の禁止

　収集する情報が個人情報保護法上の個人情報（定義については→260頁）に該当する場合には，制限がかかります。行政機関の長は，個人情報を保有するに当たっては，法令の定める所掌事務を遂行するため必要な場合に限り，かつ，

その利用の目的をできる限り特定しなければなりません（個人情報保護法61条1項）。利用目的の達成に必要な範囲を超えた個人情報の保有は禁じられます（同条2項）。本人から個人情報を取得するときは，例外的な場合を除き，あらかじめ利用目的を明示することが求められます（同法62条）。

（う）職務質問に付随した所持品検査

　警察官の行う職務質問（警職法2条1項）は，上記①の純粋な任意調査です。したがって，応じるか否かは自由です。ただし，最判昭和53年9月7日刑集32巻6号1672頁は，職務質問に付随して行われた（所持人の承諾のない）所持品検査を一定の要件の下で許容しています。同判決では，「所持品検査の必要性，緊急性，これによって害される個人の法益と保護されるべき公共の利益との権衡などを考慮し，具体的状況のもとで相当と認められる限度においてのみ，許容される」という比例原則（⇒**第2講**・20頁）に従った要件が示されています。

（え）行政調査と事前手続（その1）一般論

　所得税などの質問検査（いわゆる税務調査）における令状主義（憲法35条1項）の適用について，川崎民商判決：最大判昭和47年11月22日刑集26巻9号554頁・百選I 100は，「当該手続が刑事責任追及を目的とするものでないとの理由のみで，その手続における一切の強制が当然に右規定による保障の枠外にあると判断することは相当ではない」と述べて，一般論としては，行政手続にも令状主義が及ぶことを認めました。その上で，質問検査は刑事責任追及を目的とする手続ではなく，刑事責任追及のための資料収集に直接結び付く作用を一般的に有していないことなどを理由に，令状主義がとられていなくても違憲ではないとしました。

　成田新法事件：最大判平成4年7月1日民集46巻5号437頁・百選I 113も，令状なき規制区域内の工作物への立入り（現在の「成田空港の安全確保に関する緊急措置法」3条3項）について，同様の理由で違憲の主張を退けています。

　つまるところ，こうした質問検査権は，「犯罪捜査のために認められたものと解してはならない」（国税通則法74条の8など）というのが，令状を要しないとする理由です。ただし，最決平成16年1月20日刑集58巻1号26頁・百選I 102は，税務調査によって取得・収集された証拠資料が後に犯則事件の証拠として利用されることが想定されたとしても，そのことによってただちに，当該

権限が犯則事件の調査または捜査のための手段として行使されたことにはならないとしており、この論法を用いると、令状主義の広範な潜脱が可能になるようにも思えます。

＊　税務調査と事前通知

　荒川民商判決：最決昭和48年7月10日刑集27巻7号1205頁・百選Ⅰ101は、税務調査に先立つ事前通知までは要請されないとしましたが、平成23年の国税通則法改正で税務調査に関する手続規定が設けられ、原則として事前通知を行うこと（同法74条の9）が定められました。ただし、事柄の性質上、例外的に事前通知を行わないことが許容される局面を探る必要は残ります。

（お）行政調査と事前手続（その2）犯則調査手続

　説明が前後しましたが、納税者一般に対して行われる税務調査に対して、国税局査察部（いわゆるマルサ）が犯則調査のために行う臨検、捜索、差押え（旧国税犯則取締法、改正後の国税通則法132条）は、比較にならないほど悪質な事案を想定しています。犯則調査は、手続自体が捜査手続と類似しており、刑事事件に移行することが予定されているなど、実質的には租税犯の捜査としての機能を有することから、裁判官の許可が必要とされるほか（同条1項）、黙秘権の保障（憲法38条1項）が及びます（最判昭和59年3月27日刑集38巻5号2037頁）。

3　公文書管理法

　精密な情報公開法制を定めても、肝心の文書管理が杜撰であれば、絵に描いた餅です。平成23年に施行された「公文書等の管理に関する法律」（公文書管理法）は、国の行政機関に対し、保存期間が満了する前の現用文書と保存期間が満了した後の非現用文書を包括した、公文書のライフサイクル全体を見据えた管理義務を定めたものです。

　具体的には、文書の作成（公文書管理法4条）、分類・整理（同法5条1項・2項・3項）、保存（同条1項・3～5項・6条）、移管・廃棄（同法8条）について規定が置かれました。行政機関の長には、毎年度、行政文書の管理状況について内閣総理大臣に報告する義務が課されたほか（同法9条1項）、行政文書の管

理が適正に行われることを確保するための行政文書管理規則の制定義務が課されました（同法10条）。

　国立公文書館等へ移管された歴史公文書等（特定歴史公文書等）は，永久保存が義務付けられます（同法15条1項）。注目されるのは，特定歴史公文書等の利用請求権が法定されて，一定事由に該当する場合を除き，これを利用させる義務が課せられたことです（同法16条1項）。拒否処分がなされたときには，公文書管理委員会への諮問など，情報公開法制に準じた不服申立てのしくみ（⇒257頁）が定められています。沖縄「密約」訴訟の事案（最判平成26年7月14日判時2242号51頁・百選Ⅱ187）のように，わが国の文書管理体制の杜撰さには，かねてより厳しい目が向けられています。公文書管理法は，為政者の後世に対する説明責任を課したものです。

第3節　情報公開法制

1　趣旨・目的

　情報公開が求められるのは，行政の判断過程について国民に説明することを通じて，「国民の的確な理解の下にある公正で民主的な行政の推進に資する」（行政機関情報公開法1条）ためです。行政活動は膨大な文書に基づいて行われるため（文書行政），それらが開示されれば，いかなる過程で意思決定がなされ，いかなる指揮・命令系統を経て，誰の手でどのように当該活動が実施されたのか，事後的な検証が可能となります。

　もし特定の利益集団からの働きかけにより行政の意思決定が歪められた事実が明らかになれば，事後的に国民の強い批判に晒されます。それだけではありません。行政の側でも事後的に情報公開がなされることがわかっていれば，癒着が生じることは未然に防がれるでしょう。

　情報公開法制の背後には，表現の自由（憲法21条1項）から派生した「知る権利」があります（ただし，行政機関情報公開法1条の目的規定には，「知る権利」という言葉は書き込まれていません）。国民から見られているという意識を通じて，行政に生じる不正の芽を事前に摘み取ることが，情報公開法制の目的なのです。

2　情報開示のしくみ

（あ）行政文書の開示請求

　情報開示の基本的なしくみは，法律・条例とも同様なので，国の行政機関情報公開法を例に説明します。何人でも情報開示請求は可能であり（外国人や子どもであってもよい），開示請求の目的は問われません（同法3条）。ただし，比較的初期に制定された地方公共団体の情報公開条例の中には，開示請求権者を住民に限定するものが見られます。

　情報の開示を求める者は，行政機関に対して，当該行政文書の開示を申請します（同法4条1項）。この「行政文書」は，組織内部での決裁・供覧を終えたか否かを問いません。決裁・供覧の有無を問題にすると，「この文書はまだ決裁を終えていません」として開示を拒む運用が続出するからです。また，テープやビデオも「行政文書」に含まれます。

　行政機関では，行手法・条例の「申請に対する処分」の規定に従い（⇒**第3講**・35頁），開示の可否につき審査することになります。

（い）不開示情報

　行政機関は，当該行政文書が不開示情報に該当していない限り，開示請求に応じなければなりません（行政機関情報公開法5条各号。国の法律の場合は「不開示情報」，条例の場合は「非開示情報」とよばれることが多い）。

表15-1　さまざまな不開示情報（かっこ内は行政機関情報公開法5条の号数）

①	個 人 識 別 情 報 （1号）：	特定の個人を識別できる情報。
②	法 人 等 情 報 （2号）：	営業のノウハウなど，法人の権利や競争上の利益を害するおそれがある情報。
③	国 家 秘 密 （3号）：	国防上・外交上の国家機密。
④	公共安全情報 （4号）：	犯罪捜査や公共の秩序維持に関する情報。
⑤	審議検討情報 （5号）：	審議・検討・協議に関する情報。
⑥	事務事業情報 （6号）：	公開すると事務事業の適正な執行に支障をきたす情報。

　いくつか補足すると，1号については，特定の個人が識別できれば不開示とするという個人識別型を採用しています。これに対して，大阪府情報公開条例のように，特定の個人が識別できるだけではなく，一般に他人に知られたくない情報を含む場合に限り不開示とするというプライバシー型を採用しているものもあります。なお，公務員の職および職務遂行の内容に係る部分は，開示すべきこととされます（行政機関情報公開法5条1号ハ）。

　2号については，単に当該情報が「通常他人に知られたくない」というだけでは足りず，当該情報が公開されることによって当該法人等の競争上の地位その他正当な利益が害されることを要し，また，そのことが客観的に明らかでなければなりません（最判平成13年11月27日集民203号783頁）。しばしば「公にしないとの条件で任意に提供されたもの」（同号ロ）の要件に該当するか否かが争われますが，単に情報の公開に当該法人が同意しないというだけでは，この要件を満たさないと解されます。そうでなければ，あまりに不開示の範囲が広がってしまうからです。

　3号と4号については，「特定秘密の保護に関する法律」3条によって，防衛，外交，特定有害活動の防止，テロリズム防止に関する情報が特定秘密として指定された場合には，開示の対象から包括的に除外されます。指定の有効期間は5年以内ですが（同法4条1項），30年までの期間延長が可能です（同条2項・3項）。指定の適正を図るため，内閣保全監視委員会，独立公文書管理監，情報保全観察室が設置されています。

　5号は，審議・検討・協議に関する情報のうち，公開すると率直な意見交換や自由な中立的な意思決定が不当に損なわれたり，不当に社会を混乱させたり，特定の者に不当な利益・不利益を生じさせるおそれがあるものを指します

（参照，鴨川ダムサイト判決：最判平成 6 年 3 月25日判時1512号22頁・百選 I 33）。

　6 号は，実務的に最も争いになる条項であり，公共調達（⇒**第 5 講**・74頁）における予定価格などの情報（同号ロ），採用試験の情報（同号ニ）などが該当します。

（う）部分開示

　行政機関の長は，開示請求されている行政文書の一部に不開示情報が記録されている場合でも，その部分を容易に区分して除くことができるときは，除いた残りの部分を開示しなければいけません（行政機関情報公開法 6 条 1 項）。

（え）裁量的開示

　行政機関の長は，開示請求されている行政文書に不開示情報が記録されている場合でも，公益上特に必要があると認めるときは，開示を行うことが認められます（行政機関情報公開法 7 条）。あくまで情報公開法制は，開示する方向にベクトルを向けた制度だからです。

（お）存否応答拒否

　行政文書の中には，有名人が国公立病院に入院していた記録など，その行政文書が存在しているか否かを答えるだけで，不開示情報を開示するのと同じ結果になるものがあります。そのような文書は，「あるともないとも答えられない」として，存否を明らかにせずに開示請求を拒否することになっています（行政機関情報公開法 8 条）。入院記録は個人識別情報（同法 5 条 1 号）ですから，当然に不開示とされますが，「当該文書には個人識別情報が含まれているので不開示とします」という理由を付して不開示決定をすれば，当該文書が存在することが開示請求者に判明し，有名人が病院に入院していたという事実が明らかになるからです。アメリカでグローマーという船の存否に係る情報開示請求をめぐり現れた法理であることから，グローマー拒否ともよばれます。

（か）第三者に対する意見書提出の機会の付与

　開示請求されている行政文書に第三者の情報が含まれているときは，行政機関の長は，その第三者に対して，意見書を提出する機会を与えることができます（行政機関情報公開法13条 1 項）。第三者から反対の意思を表明した意見書が提出されたときは，開示決定の日から開示を実施する日の間に少なくとも 2 週間を置かなければいけません（同条 3 項）。

＊　逆 FOIA 訴訟

　情報開示請求をめぐる紛争は，おおむね【**タイプ1**】なのですが，開示請求の対象文書に第三者の情報が含まれているときは，【**タイプ3**】の紛争となります。つまり，開示請求に応じて対象文書の開示決定がなされたことに対して，対象文書を開示されることで不利益を被る第三者から取消訴訟の提起と執行停止の申立てがされるような場合です（開示決定がなされる前ならば，差止め訴訟が提起されます）。このような訴訟を，逆訴訟とか，アメリカの情報公開法（Freedom of Information Act）に倣って逆 FOIA 訴訟とよびます。

3　行政不服審査法と情報公開

（あ）情報公開・個人情報保護審査会

　不開示決定がなされた場合，開示請求者は，審査請求，取消訴訟，開示決定を求める申請型義務付け訴訟を提起することができます。不服申立て前置（⇒**第8講**・134頁）は定められていないので，いきなり取消訴訟や申請型義務付け訴訟を提起することも可能です。

　審査請求がなされた場合，行政機関の長は，**情報公開・個人情報保護審査会**に諮問しなければなりません（行政機関情報公開法19条）。情報公開・個人情報保護審査会は，諮問機関として，開示すべきか否かについて，行政機関の長に対して答申を行います。諮問機関ですので，答申に法的拘束力はありませんが，実務上はほぼ答申に従った裁決が下されています。なお，裁決を行うのはあくまでも行政機関の長であり，情報公開・個人情報保護審査会には，人事委員会や建築審査会のように裁決を行う権限はないので，注意しましょう。

ことば　諮問機関

　諮問に対して答申を下す機関のことを，諮問機関とよびます。諮問機関の判断には法的拘束力がありません。これに対して，法的拘束力のある判断を下す機関のことを参与機関とよびます。群馬中央バス事件において，最判昭和50年5月29日民集29巻5号662頁・百選 I 115は，諮問機関の答申を経て行政処分が下される場合，諮問機関の審議に法の趣旨に反すると認められるような瑕疵があるときは，行政処分

の違法事由になり得るとしました（⇒**第3講**・33頁）。

（い）審理員の適用除外

　情報公開の案件については，中立・公平な第三者から構成される情報公開・個人情報保護審査会が諮問を経て答申を行うシステムがとられているので，審理員（⇒**第6講**・96頁）の適用が除外されています（行政機関情報公開法18条，地方公共団体においては，行審法9条1項）。審理員手続が除外される以上，審理員意見書も出されないので，行政不服審査会の出番もありません（行審法43条1項に定める「審理員意見書の提出を受けたとき」に該当しない）。

＊　行政不服審査会と情報公開・個人情報保護審査会の違い

　行政不服審査会（⇒**第6講**・97頁）と情報公開・個人情報保護審査会の役割はだいぶ異なります。両者とも諮問機関である点は同じなのですが，行政不服審査会は，審理員が実質的な審理を行って書き上げた審理員意見書について中立・公平な第三者的立場でチェックを行う（にすぎない）機関であるのに対して，情報公開・個人情報保護審査会は，行政機関の長から情報の開示・不開示のいずれの決定を行うべきかについて，その理由も含めて実質的な審理・判断を「丸投げ」される機関なので，仕事の範囲は格段に増えます（ただし，双方の委員を務めた経験から言うと，行政不服審査会の場合は事実認定のチェック作業が膨大であるのと，さまざまな法律を扱うため，最終的な仕事量にはあまり違いがないように感じます）。単純な表現をすれば，情報公開・個人情報保護審査会は，行政不服審査会のような第三者機関に審理員の役割を併設した機関であると言えるでしょう。

（う）インカメラ審理

　情報公開・個人情報保護審査会には，**インカメラ審理**が認められています（情報公開・個人情報保護審査会設置法12条）。インカメラ審理とは，審理を行う者が実際に行政文書を閲覧してその開示の可否について判断するしくみのことであり，当該文書を開示すべきか否かを判断するためには現物を見るのが最も手っ取り早いことから認められています。なお，インカメラ審理は訴訟では認められていません（参照，最決平成21年1月15日民集63巻1号46頁・百選I35）。

4　取消訴訟・申請型義務付け訴訟の審理と情報公開

　情報公開をめぐる行政訴訟においては，訴訟資料が偏在しているなどの理由から，証明責任（⇒**第9講**・138頁）が被告（行政）の側に帰せられます。

　情報の開示請求は，行手法の「申請」として扱われるので，**【タイプ1】**の取消訴訟および申請型義務付け訴訟の審理について説明するための事例として最適です。もう一度，ここで説明しましょう。

　［事例］　情報の開示請求のプロセスと理由の追加・差替え

　　Xは，Y市に対して，新設するスポーツ公園の整備に関する会議の議事録の公開を請求しました（Y市の情報公開条例の条文の非開示事由等の定めは，行政機関情報公開法の条文とまったく同じ配列・内容であるとします）。

　　Y市の実施機関は，当該情報について，審議検討情報（Y市情報公開条例5条5号）を理由に，非開示決定を行いました。

　　Xは，当該情報は幅広く市民との間で共有すべき情報であり，公開しても有意義な意見交換や自由な意思決定が不可能になったり，社会を混乱させる情報ではないから，第5号には該当しないとして，取消訴訟を提起して争いました。

　　どうも旗色が悪いY市の実施機関は，そうだ，当該情報は事務事業情報（同条6号）にも該当するから，こちらを根拠にしてしまおうと考え始めました。

　［事例］において，Y市が非開示決定の理由をY市情報公開条例5条5号から同条6号に変更することを「理由の差替え」，同条5号に加えて同条6号を追加することを「理由の追加」とよびます（⇒**第9講**・141頁）。いずれにせよ，Xの側としては，一生懸命，同条5号に該当するか否かに絞って訴訟の準備をしてきたわけで，新たに同条6号の理由を繰り出されることは，不意打ちに他なりません。

　しかし，不意打ちは許さないとして，Y市による理由の追加・差替えを認めなかったとしても，Xが所期の目的を達することができるとは限りません。取消判決の反復禁止効（行訴法33条2項）は，訴訟で争われた行政処分と同一理由・同一事情の下で同一内容の判決をすることを禁じることにしか及ばないからです（⇒**第9講**・148頁）。つまり，裁判所が取消訴訟の審理の中でY市情報公開条例5条5号から同条6号への理由の差替え（ないし追加）を認めない場合，取消判決が下された後に，Y市が（取消訴訟の中で審理されなかった）同条6号を理由とする当該情報の非開示処分（再処分）を行うことは妨げられない

のです。Ｘとしては，すべての非開示事由を潰すまで，延々と再処分と取消訴訟のスパイラルに付き合わされることになりかねません。

　これに対して，裁判所がＹ市の理由の差替え（ないし追加）を幅広く認めることにすると，Ｙ市としては考えられるすべての非開示事由を取消訴訟の中で主張してくるでしょうから，取消訴訟の審理は長引きますが，取消訴訟は１回で済むことになります（紛争の１回的解決）。判例はというと，最判平成11年11月19日民集53巻８号1862頁・百選Ⅱ180は，そうした理由の差替え（ないし追加）を認めています。

　実は，申請型義務付け訴訟の審理は，最後のタイプの取消訴訟の審理と同じです。つまり，Ｙ市情報公開条例５条１号～６号までのすべての不開示事由に該当しないことが確認できない限り，開示決定の義務付け判決を出すことはできないというわけです。

第4節　個人情報保護法制

1　自己情報コントロール権

　個人情報保護というと，「私のプライバシー（privacy）にふみ込まないで！」という面倒な状況を思い浮かべる人が多いと思いますが，現代の個人情報保護とは，自身の私的（private）な領域を他者からふみ込まれないという消極的な意味合いにとどまらず，より積極的に「自己情報コントロール」の手段まで発展した内容を意味しています。

　ことば　個人情報

　　多義的な用語ですが，個人情報保護法制における「個人情報」とは，生存する特定の個人を識別することができる情報のことを意味します（個人情報保護法２条１項１号）。他の情報と容易に照合することができ，それにより特定の個人を識別することとなるものを含みます。また，平成28年の法改正により，いずれにおいても，マイナンバーや旅券番号のような個人識別符号が含まれるものも「個人情報」に加わりました（個人情報保護法２条１項２号）。この本では，「個人情報」を，すべてこの厳密な意味で用いているので，注意してください（行政機関情報公開法５

条１号の不開示事由は，「個人識別情報」とよんでいます）。

　行政は職務を遂行する関係上，多くの個人情報を収集・管理しています。しかし，収集した情報の内容が間違っていたり，収集目的以外に情報を流用されたりしたら，個人の権利・利益を著しく損ないます。そのような事態を防ぐためには，個々人に対して，自己に関する情報を把握する手段が認められる必要があります。

　行政に限らず，銀行，クレジットカード会社，保険会社，IT企業などの民間企業も，場合によっては行政以上に個人情報を収集・管理しています。そこで，以前は，行政も民間もすべて含めて適用対象とした「個人情報の保護に関する法律」（個人情報保護法），とりわけ国の行政機関に対して厳しい規律を課した「行政機関の保有する個人情報の保護に関する法律」，そして地方公共団体ごとに個人情報保護条例が制定されていました。ところが，EU一般データ保護規則（GDPR）の十分性を得る必要など国際的な標準化の要請が高まったことや，セキュリティレベルを確保することがもはや小規模な地方公共団体の手に負えなくなったこと，個人情報を利活用するという視点においてはフォーマットが統一されていた方が望ましいといった理由で，令和５年から，すべて個人情報保護法へと制度が一本化されました。

　なお，以下で述べる訂正請求権，開示請求権，利用停止請求権について，行政機関から拒否処分を受けたときは，拒否処分の不服申立ておよび抗告訴訟を提起することができます。不服申立てがなされた場合，国の行政機関の長等は情報公開・個人情報保護審査会に（個人情報保護法105条１項），地方公共団体の機関はそれぞれの地方公共団体の審査会に（同条３項）諮問しなければなりません。審理員に関する規定の適用は除外されます（同法104条）。

2　訂正請求権──自己情報の正確性の確保──

　しばらく前に「消えた年金記録」が問題となったことを覚えている人は多いでしょう。たとえば，20歳から切れ目なく年金保険料を納付し続けてきたXが，受給開始年齢に達したにもかかわらず，何ら国民年金の支払いがなされな

かったとします。Xは心配になって日本年金機構に問い合わせたところ，20歳から40歳まで年金保険料を納めていなかったと記録されていたことが判明しました。20年も未納期間があったと扱われていれば，道理で国民年金は支払われないわけです。

このように，年金記録が消えたために国民年金の支払いに支障を来したり，誕生日が間違えて記録されていたために18歳になっても選挙の通知が来なかったりと，行政が個々人の情報を誤って記録していると，その人たちの権利・利益を著しく損なう危険があります。誤った犯歴が16年間も登録され続けていたことにより，警察から頻繁にマークされていたという事案（大阪地判平成22年6月10日判タ1341号60頁）などは最たるものです。行政機関の長等は，保有個人情報の内容面の正確さを確保しなければなりません（個人情報保護法65条）。

さて，Xには，いかなる権利が認められれば，状況を打開することができるでしょうか。常識的に考えても，20年間もの未納期間があることは事実に反するから，年金記録を，その期間きちんと年金保険料を納めてきたという内容に訂正することが認められなければいけません。これが，訂正請求権です（同法90条1項）。

地方公共団体の職員が住民の情報を正確に把握しようとしても，限界があります。自己の情報について最も正確に知っているのは本人なのですから，本人に行政の記録している自己の情報の内容を確認させ，誤りがあれば訂正してもらうというのは，合理的なしくみであると言えるでしょう。このあたりに，現代の個人情報保護法制が前提とする個人像――受け身ではなく能動的に自らの権利を行使する個人――が窺えます。

判 例　レセプト訂正訴訟

　国民健康保険の被保険者であった原告は，保険医療機関で診療を受けた内容について，保険者である市に対して診療報酬明細書（レセプト）の開示請求を行いました。ところが，開示されたレセプトの内容が実際に受けた診療内容とは異なると考えたため，市に対して訂正請求を行ったところ拒否されたので，拒否処分の取消訴訟を提起しました。

　最判平成18年3月10日判時1932号71頁・百選Ⅰ37は，レセプトは保険医療機関か

ら療養給付についていかなる請求がなされたかを記録するものであって，実際にな
された診療内容を正確に記録するものではない（実施機関が有する対外的な調査権
限にも限界がある）といった理由から，原告の取消請求を認めませんでした。

3　前提としての開示請求権

　Xの場合には，日本年金機構への問い合わせにより自己の年金記録が間違っ
ていることが判明しましたが，何らの法的義務も課されていなければ，行政が
サービスとしてこうした情報を開示してくれる保証はありません。つまり，訂
正請求権を行使する前提として，自己に関する情報の開示を求めることのでき
る開示請求権が認められなければいけないのです。かつては，本人または未成
年者・成年被後見人の法定代理人に限り，自己を本人とする保有個人情報の開
示請求が認められていたのですが，法改正により，委任による代理人について
も，開示請求を行うことができるようになりました（個人情報保護法76条１項・
２項）。

　実際に開示請求権が用いられる目的は，訂正請求の手段としてばかりでな
く，カルテや成績の開示など，自己に関する診療記録や成績評価についての情
報の確認であることがしばしばです。元々は自己情報の内容の正確性を確保す
ることが目的であったのですが，開示されて初めて自己に関する情報を把握で
きるような局面では，自己情報の確認それ自体もまた，個人情報保護法制の機
能となっているわけです。

　行政機関の長等は，開示請求があったときは，個人情報保護法78条１項各号
に掲げる不開示情報が含まれているときを除き，保有個人情報を開示しなけれ
ばなりません。おおむね，行政機関情報公開法５条（⇒254頁）と似たような事
由が列挙されています。

　ところで，保有個人情報の開示請求の場合，自己に関する情報なのだから，
開示を拒否される局面があまり思いつかないかもしれません。公務員の勤務評
定のように，開示すると上司による率直な評価が妨げられるような場合には，
開示を拒否することが認められます。かつては，回復困難な病気の症状につい
てはカルテの開示を拒否することができるとされましたが，インフォームド・

コンセントの高まりとともに，むしろ患者への告知は推奨すべきとされるなど，このあたりは流動的です。

＊　情報公開法制に基づく本人開示

　情報公開法制における開示・不開示の判断は，開示請求者の属性を問わず，問題となっている情報の性質から，誰に対しても画一的に決められます。したがって，Ｘに関する個人識別情報が記載されている情報は，たとえＸが開示請求者であっても，不開示としなければなりません。Ｘに対して開示を認めるならば，ＹやＺに対しても同様に開示を認めるというのが，情報公開法制だからです。

　しかし，個人情報保護法制が未整備である段階では，情報公開法制に基づく本人からの開示請求を認めるのが判例（最判平成13年12月18日民集55巻7号1603頁）です。

　なお，法人については個人情報保護法制の適用対象外であることから，法制上，本人開示は認められていません。

4　利用停止請求権──自己情報の使われ方の把握──

（あ）概　　要

　自己情報コントロールは，その使い道の範囲を把握することにまで及ぶ必要があります。行政が保管している情報の内容は大抵の場合正確なので，住民基本台帳ネットワークやマイナンバー法制のように，現代では，むしろ利用範囲の把握が個人情報保護法制における論点となります。そして，開示請求権や訂正請求権が昔からある問題なのに対して，利用停止請求権は，電算機システム（コンピュータ）と情報通信技術の高度な進展により出現した新たな問題です。この点，情報の流出を防ぐという意味での個人情報の保護は，技術の進展によって，一面では向上し，他面において危険性が増したという事実を正確に認識しておきましょう。

（い）情報通信技術の進展がもたらした変化

　市町村がかつて紙媒体の手作業で住民のデータを管理していた時代には，個別の住民の情報は役場の職員に筒抜けでした。誰が，いつ，どの住民のどのような情報にアクセスしたのか，確認することがきわめて困難だったからです。これに対して，現代では，戸籍の情報，納税者情報，社会保険の情報などは，

専門の部署の職員であっても ID とパスワードによって認証を経なければアクセスできませんから，興味本位で隣人の情報を覗いたりすれば，すぐに判明します。その意味でのセキュリティは，過去とは比較にならないほど向上しています。

　他面において，情報通信技術の飛躍的な進歩は，大規模な情報の流出の危険ももたらしました。昭和の時代に横浜市の300万人の住民データを盗もうとすれば，段ボール箱何百個分のリヤカーを引かなければいけませんでした。そんな馬鹿を企てる人はいないか，やろうと思ってもすぐに露見したでしょう。第一，首尾よく段ボール箱を運び出しても，いちいち仕分け作業を行わなければならず，効率よく欲しいデータに辿り着くことは困難を極めました。

　ところが，情報通信技術の格段の進歩により，状況はまったく変化しました。行政の便宜のために，住民データは，紙媒体から表計算ソフトの電子データで記録されるようになりました。そして，記録媒体の容量は飛躍的に増大し，手のひらサイズの記録媒体に何ギガ，何テラバイトの情報が詰まっています。さらにはインターネットの発達で，今や大容量の動画まで瞬時に送受信できる世の中です。民間事業者が数百万人規模の顧客情報を流出させる事件も珍しくなくなりました。表計算ソフトで管理される情報は，他の情報と突合させることが技術的に容易なことから，氏名，生年月日，性別，住所，職業，家族構成，収入，病歴，犯罪の前科など，蓄積されたさまざまな個人情報を個人の名前を手がかりに突き合わせることで（名寄せ，データ・マッチング），まるでジグソーパズルのピースを埋めるように，ある個人の生きざまを手に取るように把握することが可能になりました。

（う）行政機関の責務，利用停止請求権

　個人情報の目的外保有の禁止（個人情報保護法61条1項・2項）と，利用目的を明示した個人情報の取得（同法62条）については，前述しました（⇒250頁）。言うまでもなく，個人情報の漏えいは許されません。行政機関の長等には，保有個人情報の適切な管理のために必要な措置を講じることが義務付けられます（同法66条1項）。

　そして，行政機関の長等は，法令に基づく場合を除き，利用目的以外の目的のために保有個人情報を自ら利用し，または提供してはなりません（同法69条

1項）。ただし，本人の同意があるときなどは除かれます（同条2項1号）。

　何人も，自己の個人情報が利用目的以外の目的で使用されていることが判明したときは，利用停止請求権を行使することができます（同法98条1項）。

（え）今後の課題

　個人情報の適切な管理は，その膨大な作業量と高度な専門性から，情報通信技術の業者に委託するほかない水準に達しています。となると，一般の行政職員が遵法意識をもって取り組んだところで，情報処理システムに対する組織的な攻撃への対処などは，正直なところ手に負えない問題です。令和5年の個人情報法制の一元化の背景には，こうした技術的な事情も存在します。技術の進歩に応じて，情報を管理する側と悪用しようとする側のイタチごっこは永遠に続くことと思われます。しかし，将来的に組織を管理する立場に立つことになるみなさんは，少なくとも制度趣旨と基本理念については理解しておく必要があるでしょう。

第5節　情報の利活用

1　自発的な情報の提供（情報提供目的での公表）

　頻繁に開示請求がなされる情報については，請求に先んじて積極的に公開することが望まれます。また，感染症や食中毒，あるいは自然災害などから公共の利益を守るためには，国民に対して十分な情報が提供される必要があります。しかし，場合によっては，情報提供により特定の事業者が損害を被ることもあり得ます。この問題は，O-157による集団食中毒の原因がカイワレ大根である可能性を指摘した厚生大臣の報告について，カイワレ大根の事業者らから提起された国賠請求訴訟において注目されました。一連の裁判例では，不法行為法の名誉毀損法理（民法723条）から来る「真実性・相当性の法理」ではなく，比例原則（⇒**第2講**・20頁）を根拠とする「比較衡量の法理」が提示されました。

　ただし，結論はそれぞれに異なり，東京地判平成13年5月30日判時1762号6頁が請求を棄却したのに対して，控訴審である東京高判平成15年5月21日判時1835号77頁は，調査結果ではカイワレ大根が集団食中毒の原因と断定するには至らなかったにもかかわらず，公表方法において，厚生大臣が何について注意

を喚起し，国民に対していかなる行動を期待したのかに関する判断・意見が明
示されておらず，曖昧な内容をそのまま公表して誤解を広く生じさせた点で相
当性が欠如していたとして，請求が一部認容されました。大阪地判平成14年３
月15日判時1783号97頁は，情報の発信者には，その表現方法や情報の正確性に
ついて細心の注意を払い，第三者の名誉や信用を害することがないようにする
注意義務があるとした上で，やはり相当性の欠如を理由に，請求を認容してい
ます。

　しかし，一連の下級審判決が行政に厳しい判断を示したことは，情報を開示
しても出し惜しみしても非難されるという行政の無常観を増したきらいがあり
ます。国民の生命や身体の安全といった重要な法益侵害の危険がある場合に
は，比例原則からの逸脱を認定することは抑制的であるべきです。法解釈は，
国民の生命や身体の安全が脅かされそうな事態において，行政が果敢に情報提
供することを後押しするものでなければいけません。

　情報公開制度が私人からの開示請求を受けて行政が受動的に情報を公開する
ものであるのに対して，これらは自発的に情報提供が行われる点で異なりま
す。制裁的な意味をもたないので，侵害留保の原理（⇒**第１講**・７頁）からは法
律・条例の根拠は必要ないとされるとともに，不利益処分に準じた事前手続も
必須ではありません。

ことば　**媒介行政**

　自発的な情報提供においては，行政は私人に対して判断の素材となる情報を提供
するのみで，誘導的な側面は弱く，最終的な意思決定は私人自身が行います。こう
した行政活動のことを，最新の学説では媒介行政とよびます。助言的行政指導（⇒
第５講・68頁）も媒介行政の一種と見て構いませんが，行政にとって望ましい方向
へと相手方を誘導するニュアンスが強くなれば，誘導行政（⇒**第５講**・76頁）に近
付くでしょう。

2　制裁的公表と違反事実の公表

　公表が制裁的な趣旨で行われる場合には，侵害留保の原理から，法律・条例
の根拠は不可欠ですし，不利益処分に準じて，弁明の機会の付与などの事前手

267

続（小田原市市税の滞納に対する特別措置に関する条例10条）を行う必要があります。

　実務的には，行政上の義務や行政指導に従うことを促すために，これらに正当な理由なく従わない私人の氏名等を公表するという「違反事実の公表」が（同条例6条2項），広く行われています（⇒**第14講**・243頁）。こうした違反事実の公表は，情報提供の趣旨である場合には法律・条例の根拠も事前手続も要しないとされているのですが，事柄の性質上，制裁的公表と紙一重であることが問題となります。

　もし新規に違反事実の公表を制度化しようとするときは，念のために法律・条例に根拠規定を置くとともに，不利益処分に準じた事前手続を規定すべきでしょう。また，制裁的公表と違反事実の公表のいずれにせよ，違法に損害を被った私人がいた場合には，国賠請求を免れることはできません。

3　行政機関等匿名加工情報の利活用

　行政機関等匿名加工情報とは，行政機関等が保有する個人情報に所定の措置を講じて特定の個人を識別することができないように加工して得られた情報であり，当該個人情報を復元することができないようにしたもののことです（個人情報保護法2条6項，60条3項）。

　行政機関の長等は，行政機関等匿名加工情報に係る事業提案を募集し（同法111条），それに応じて提案を行ってきた民間事業者との間に契約を締結することで（同法115），行政機関等匿名加工情報の利活用を促進していくことになります。

　事業者には，所定の手数料の支払義務（同法119条）や，情報漏えい防止などの義務が課せられ（同法122条），違反があれば契約を解除されます（同法120条）。行政機関の長等には，事業者がしっかりそれらの義務を全うしているか監視する役割が課せられます。

＊　匿名加工情報の現状

　匿名加工情報に関する一連の制度は，産業界からの強い要望によって導入されたものですが，具体的な提案が出てこないと対応しようがなく，匿名加工の手法も含めて，地方公共団体レベルでは様子見といったところです。産業界からの要望は，

むしろ統計情報の積極的な提供によって実現すべき部分も少なくありません。ただし，情報産業は独創的なアイデアによって飛躍的な発展を遂げることが稀でなく，やがて匿名加工情報についても思わぬ提案を考えつく事業者が現れることでしょう。

Tea Break　公務員の将来

　脱穀用の道具である千歯扱きが実用化されたとき，「後家殺し」とよばれたそうです。これは徳川家康の異名ではなく，後家（未亡人）の生業を奪う道具という意味です。扱き箸で籾を脱穀する仕事は，後家の重要な生活の糧であったのに，技術革新によって仕事を奪われたということです。

　技術革新は，絶えず人々の仕事のあり方を変化させ続けています。IT革命はその最たるものでしょう。ネット流通業の飛躍的な発展により，仲卸・小売などの伝統的な流通業は大きな打撃を受けていますし，情報が手軽に入手できるようになったことは，出版や音楽業界に構造転換を強く促しています。

　行政職員の仕事にあてはめてみましょう。窓口業務の外部委託の動きが進んでいますが，そればかりでなく，裁量性の小さい申請への応答（審査）の事務などは，やがて多くが人工知能（AI）に取って代わられるものと思われます。切符の自動販売機や自動改札機の導入によって見慣れた駅の光景が一変したように，みなさんが公務員として働く30〜40年の間に，役所の光景もだいぶ様変わりしていることでしょう。

　変わり続けることはないと思われるのは，組織を管理（マネジメント）する役職です。機械は人間が制御しなければ動かないし，最終的な責任は組織を管理する人間に帰せられなければならないからです。そして，マニュアル通りの審査が通用しない，個別事情考慮義務（⇒**第2講・26頁**）が働くような局面における対応も，人間の仕事です。逆に言えば，機械的な処理を行うことで頭が一杯になり，さまざまな状況への臨機応変な対処ができなければ，仕事は人工知能に奪われていくのです。

判例索引

〔高等裁判所の判例〕

〔地方裁判所の判例〕

事項索引

278

【著者紹介】

板垣 勝彦（いた がき かつ ひこ）　横浜国立大学大学院国際社会科学研究院教授

昭和56年，福島市生まれ。
福島県立福島高等学校，東京大学法学部卒業。東京大学法科大学院修了。
東京大学大学院法学政治学研究科助教，国土交通省住宅局住宅総合整備課主査，
山梨学院大学法学部講師などを経て，令和4年より現職。
平成19年，司法試験合格。平成26年，博士（法学）（東京大学）学位取得。
専攻は行政法，地方自治法，都市・住宅法。

〔主要著書〕
『条例づくり教室─構造の理解を深め，使いこなそう！』（ぎょうせい・2023）
『都市行政の変貌と法』（第一法規・2023）
『自治体職員のための ようこそ地方自治法〔第3版〕』（第一法規・2020）
『地方自治法の現代的課題』（第一法規・2019）
『住宅市場と行政法─耐震偽装，まちづくり，住宅セーフティネットと法』（第一法規・2017）
『保障行政の法理論』（弘文堂・2013）

Horitsu Bunka Sha

公務員をめざす人に贈る 行政法教科書〔第2版〕

2018年9月20日　初　版第1刷発行
2023年9月30日　第2版第1刷発行

著　者　　板垣勝彦

発行者　　畑　　　光

発行所　　株式会社 法律文化社

〒603-8053
京都市北区上賀茂岩ヶ垣内町71
電話 075(791)7131　FAX 075(721)8400
https://www.hou-bun.com/

印刷：中村印刷㈱／製本：㈲坂井製本所
章扉ジオラマ：板垣勝彦
装幀：仁井谷伴子

ISBN 978-4-589-04285-9

北村和生・佐伯彰洋・佐藤英世・高橋明男著

行 政 法 の 基 本 〔第8版〕
— 重要判例からのアプローチ —

A5判・376頁・2970円

公務員受験者を念頭におき重要判例をもとに条文・学説を整理し、基本論点を解説した好評書の改訂版。個人情報保護法改正をはじめ最新動向を反映させるべく各章の導入・新聞記事・判例・コラム等を刷新。『行政判例百選〔第8版〕』にも対応。

須藤陽子著

行 政 法 入 門

A5判・278頁・3190円

行政法を体系的に学ぶ入門書。行政法独自の法体系にかかわる概念などを丁寧に解説。「理解のポイント」で理論の要点をつかみ、重要判例や練習問題などを通じて理解を深める。法制度の制定過程や実態などについて紹介する「行政こぼれ話」も収録。

市橋克哉・榊原秀訓・本多滝夫
稲葉一将・山田健吾・平田和一著

アクチュアル行政法〔第3版補訂版〕

A5判・384頁・3410円

基本的な原理と仕組みをおさえたうえで、制度変化や担い手の多様化を視野にいれて、判例を中心に行政法運用について解説した骨太の教科書。個人情報保護法改正に伴い加筆修正と行政機関関連の削除を施し、判例索引は『行政判例百選〔第8版〕』に対応。

高橋明男・佐藤英世編

地 方 自 治 法 の 基 本

A5判・312頁・3300円

地方自治の法制度の概要と全体像を学ぶための標準テキスト。歴史的展開や諸外国の概観をふまえ、理念・仕組み・機能など制度の根幹に重点をおいて概説。重要判例は厳選のうえ詳解し、デジタル改革関連法による制度改正もフォロー。

白藤博行・榊原秀訓・徳田博人・本多滝夫編著

地 方 自 治 法 と 住 民
— 判例と政策 —

A5判・248頁・2750円

地方自治法と地方自治関連法の一般的・抽象的な理論の解説にとどまらず、判例をもとに行政領域ごとの政策課題を提示。学習課題や具体的判例・事例を掲げることで基礎知識の習得とともに、地方自治の政策立案力の涵養をめざす。

馬場 健・南島和久編著
〔Basic Study Books〕

地 方 自 治 入 門

A5判・288頁・2750円

地方自治を理解するうえで必須の歴史、制度論、管理論を軸に基本的事項と知識を、最新の情報を織り込みながら解説。丁寧な側注解説とクロスリファレンスによって全体を把握しながら学習できる初学者（現場含む）むけのテキスト。

————— 法律文化社 —————

表示価格は消費税10%を含んだ価格です